JN232661

近代イギリス地方自治制度の形成

岡田章宏 著

桜井書店

カバー・表紙（表）：ロンドン近郊のレディング（Reading）に新築されたタウン・ホール
カバー・表紙（裏）：当時のレディングの風景
（出典：*The Illustrated London News*, July 8, 1882）
扉：ロンドン市（City of London）のギルド・ホールで開催される市長叙任式
（出典：*London Interiors*, 1841）

序

イギリスでは一九七〇年代末から開始されたドラスティックな改革が今なお続き、それまで堅固な伝統とされてきた統治構造上の諸制度が次々に改変されている。経済が猛烈に落ちこむなかで登場したサッチャー政権は、公的部門の縮小と民間部門の拡大という新自由主義的改革路線を、とりわけ地方自治領域において強力に推進し、不可逆的な改革の流れに先鞭をつけたことで知られる。この国の地方政府は、もともと、豊富な自治サービスの提供主体として福祉国家を支える重要な制度的基盤であったから、戦後福祉国家体制を根底から否定しようとした彼女は、まずは地方に対し執拗な攻撃をかけたといえよう。

例えば、都市部における多様なサービスの提供を包括的に担ってきた大ロンドン都議会（Greater London Council）や大都市圏カウンティ議会（Metropolitan County Councils）の廃止、地方政府が歳出額に応じて納税額を自律的に決定できたレイト（rate）（地方税）制度に対する直接介入とその廃止、一定のサービスにつき直営現業組織と民間事業者との間で競争入札を義務づけ失敗すれば当該組織を解体するという強制競争入札制度（compulsory competitive tendering）の導入、医療・教育・住宅等の分野で地方政府が担ってきたサービスを移管するためのクワンゴ（Quangos）と呼ばれる単一目的の非公選団体の設置など、そこで行われた改革は様々であった。

近年、わが国でも、多くの自治体が深刻な財政問題を抱え、それを解決しようと、これらの改革のもつ有効性に注目が集まっている。しかし、イギリスにおいて以上のごとき改革手法がとられたのは、それが普遍的な可能性をもつからというよりは、むしろ対象のもつ固有の性格に規定されたところが大きい。ここで標的にされたのは、この国に独自の地方自治制度である。それは、一九世紀に形成され、その後いくつかの変化を伴いながらも基本的な枠組みを変えることなく、今日まで維持されてきた近代的な制度である。

その特徴をあげようとすれば、次のように整理できる(1)。

まず第一に、単一の地方政府が数多くの機能を持つという多機能性(multifunctionality)である。地方政府は、住民に身近な存在であるとの理由から、その生活にかかわるサービスを直接提供する主体と理解され、したがって、地方政府は当該地域の特性に応じて必要なサービスを柔軟に提供してきた。ここでは、大陸的な地方と中央の事務配分という発想はみられず、専ら地方政府が多様な役割を一手に引き受けるという構図が一般化している。

第二に、様々なサービスを提供する際に前提とされるべき広範な裁量権である。そもそもイギリスの地方政府は、「国会主権(Parliamentary Sovereignty)」原理の要請で、その設立から権限、内部構成にいたるまで国会制定法により統制されている。そのため、地方政府が活動する際には、常に制定法上の根拠が必要とされ、それを欠けば、たとえ地域住民の利益向上を目的とした行為であっても、裁判所は権限踰越(*ultra vires*)として無効の判断を下すとされている。その枠組み自体、わが国にはなじみのないものであるが、事態をさらにわかりにくくしているのは、このような統制があるにもかかわらず、地方政府は、事実上相当な裁量権を行使してきたという点である。中央政府は、地方政府との間で「合意と協議」という関係を保ちながら、地方の実質判断を尊重する傾向にあったし、裁判所もまた、制定法上の権限に付随する領域を合理的な範囲で認め、地方政府が独自の判断で活動する余地を容認してきたのである。その背後には、長きにわたる自治の伝統が大きく横たわっていると考えられるだけに、容易には説明しがたい実態といえる。

第三に、課税権である。地方政府は、レイトに関し課税評価額の決定から税率の設定、徴収にいたるまでを包括的に管轄し、一連のサービスにかかる財源をそこから充当することができたのである。福祉国家体制が本格的に展開していくなかで、中央政府の交付金や補助金への依存率も高まるが、それでも、基本的な支出はすべてレイトで賄われ、地方の財政的自律性を確保してきたといわれる。

第四に、代表制に関する特徴ももっている。地方政府には包括的なリーダーシップを行使する首長が存在せず、公選された議員から構成される地方議会が、全体として立法機能と行政機能をあわせもつ。議会には、サービス内容ごとに委員会が設置され、ここで具体的な意思決定が行われると同時に、そのもとにおかれた事務組織の執行に責任をもつことになる。

このような特徴をふまえれば、地方政府を「船の漕ぎ手」から「舵取り」へと変えつつあるサッチャー以来の諸改革が、この国の伝統ともいうべき近代的地方自治制度の根幹を直接ねらい打ちしたものであることがわかろう。だからこそ、彼の地イギリスでは、四半世紀にわたる改革の結果が、[2]「地方自治の終焉」をもたらすとまでささやかれるのである。それにもかかわらず、例えば、「近隣地域再生（neighbourhood renewal）」[3]の分野で開始されつつある地域住民自身を含めた粘り強い自治的試みを目の当たりにするとき、そうした悲観論とは別に、伝統的な精神は今なお生き続けているとも実感させられる。そして、中央集権的傾向が一貫して強固なわが国からすれば、住民自治的性格をかくも色濃くもつ地方自治制度が一〇〇年以上もの間維持され、制度の大きな転機に立ち向かいながら依然として脈を打ち続ける現実の姿に、驚かされるのである。

近年、日本でも「地方分権」が叫ばれ、まさに地方自治の激動期に入りつつある。そしてその際、イギリスをはじめとした諸外国の改革動向に範を求めようとする傾向が強い。しかし、地方自治の歴史が未だ浅いわが国において、住民意思に基づく「公共性」の実現主体として今後の自治体像を構築しようとするならば、改革手法の安易な移入に終始するのではなく、それをも包摂する過去の豊富な経験にあらためて目を向けるべきと考える。

とりわけ、本書が対象とするイギリスの場合、眼前で推移する事象であっても、それだけで理解しにくい部分を多く含んでいる。しばしば「地方自治の母国」と称されるイギリスではあるが、そこに現れた諸制度は、ある時点における特定の理念に基づき体系的に整備されてきたわけではない。むしろ、常に過去の継承を基本としながら、時代の要請に応じ試行錯誤を繰り返し、結果として漸次的かつ柔軟な変容を遂げてきたとの印象が強いのである。そうであるとすれば、たとえ今日の現象を捉えるにあたっても、時間の経緯のなかで重層的に積み重ねられた多様な人間的営為を切り捨てることは、重大な誤解を招くだけでなく、本来参考にされるべき事柄を見落とすことにもつながりかねないと思われる。

そこで、本書では、以上のような問題意識に立ちながら、強靱な生命力を保持する近代的地方自治制度が、どのように形成され、いかなる構造をもつにいたったのかを、歴史実証的に明らかにしていくことにする。議論の対象となるのは一九世紀の改革であるが、連続した変容過程に着目するとの視点から、その前提となる一八世紀の統治構造にも射程を広げることにする。そして、これら一連の作業をとおして、現代にまで続くこの国の地方自治制度の原像が確かめられればと考えている。

あらかじめ、ここでの流れをおおまかに解説しておくと、次のようになる。

本書は三章から構成されている。第一章ではまず、一九世紀の改革が直接対峙した「名誉革命体制」期の統治構造を概観している。政治的には絶対王政を否定し立憲君主制を確立したものの、経済的には未だ工業化が全面的に展開するにいたっておらず、また社会的には大土地貴族がきわめて強い支配力をもっていた時期である。ここでは、「国会主権」原理と「法の支配（Rule of Law）」原理という近代的な統治構造原理を軸に、それに基づく制度と運用の実態をやや詳細にみながら、身分的ヒエラルヒーを維持する上で都合のいい統治構造が生み出され、総体として、中央から自律した「地方の自己統治」が展開したことを確認している。

続く第二章では、一八三五年都市法人法の制定過程に注目し、近代的地方政府の原型が形作られていく過程を検討している。第一章でみた大土地貴族を頂点におく支配体制は、産業革命を経ることで大きく動揺するが、「地方の自己統治」の構造も、それを契機に、急速に変化を遂げていくことになる。ここでは、特定構成員の「共同利益」を実現する私的団体であった旧来の都市法人が、住民に開かれた「公共利益」を実現する公的団体へと変質していく様子を追っている。右にみた近代的地方自治制度の特徴との関連では、代表制や課税権にかかわる実態がやや具体的にみてとることができよう。

第三章では、対象を一九世紀中葉から後半にかけての公衆保健改革に向け、地方の当局が、近代的地方政府として多様な活動を開始していく動きを追っている。ここでも、一八世紀における「地方の自己統治」の構造が、産業革命を経て、新たな方向へと向かう動きが主題とされ、そのなかで、多機能性や広範な裁量権が地方自治制度の基本的な特徴となっていく道筋を読み取ろうとしている。また、この章では、従来から特殊な意味合いを付して説明されてきたこの国の「行政」権についても、その構造の解明に向け若干の試みを行っている。

なお、本書は、過去に発表した論文をもとにしている。ただ、執筆時点からすでにかなりの時間がたっており、その間に問題関心も得た知見もかなり違ってきている。したがって、本来、全面的に書き直すべきところであるが、そうしなかったのは、当時の感覚を少しでも形にしておきたいという個人的な思いがあったからにほかならない。とはいえ、記述の齟齬や訳語等の不統一などを訂正し、甚だ読みにくかった文章をできる限り平易なものにかえた。また、当初は十分に構想していたわけではなかった体系性も、この機会に整えるよう大幅な加筆修正を試みた。本書に収めた原論文は以下のとおりである。

第一章　前史――「名誉革命体制」期における統治構造（原題「『名誉革命体制』期における統治構造――その実態的考

察をふまえて㈠㈡」『名古屋大学法政論集』第一一一号、第一一三号、一九八六年六月、一二月）

第二章　近代的地方政府の形成――「共同利益」を実現する団体から「公共利益」を実現する団体へ（原題「近代イギリスにおける『行政』主体の生成――一八三五年都市法人法の歴史的意義について㈠㈡㈢」神戸大学教育学部『研究集録』第八三号、第八四号、第八六号、一九八九年九月、一九九〇年三月、一九九一年三月）。ただし、本章第三節2は書き下ろし。

第三章　近代的地方政府の始動――「自発性の原則」に基づく自治的活動（原題「一九世紀イギリスにおける地方統治の変容――公衆保健問題を素材にして」『名古屋大学法政論集』第一一七号、一九八七年一二月）

註

（1）M. Loughlin, "The Restructuring of Central-Local Government Relations," in J. Jowell and D. Oliver eds., *The Changing Constitution, 4th ed.*, Oxford UP, 2000, pp.149–150.

（2）今日のブレア政権にいたるまでの改革動向については、さしあたり、拙稿「現代地方自治の構造」及び「地方財政システム」（いずれも戒能通厚編『現代イギリス法事典』新世社、二〇〇三年、所収）を参照。また、ブレア政権とサッチャー政権との関係については、拙稿「ブレア労働党政権の『第三の道』」『ポリティーク』第四号、二〇〇二年六月、参照。

（3）この点につき、現在進行途中にある変化の諸相については、未だまとまった形で発表していないが、さしあたり、以下を参照。拙稿「イギリスにおける『荒廃した近隣地域』の再生政策」（平成一四年度―平成一六年度科学研究費補助金基盤研究(B)(2)研究成果報告書『いわゆる近隣政府ないし都市内分権制度と基礎地域組織との関係に関する法社会学的研究』（代表 名和田是彦）二〇〇五年、所収）。

凡例

一　本書の対象とするイギリスとは、イングランドとウェールズを指す。

二　引用については、引用文中の傍点は原文中イタリック体による強調を示し、引用文中に付した〔　〕は筆者の補足説明を意味する。

三　訳語については、原則として田中英夫編集代表『英米法辞典』（東京大学出版会、一九九一年）に従い、そこに含まれていない用語については、意味するところをふまえ筆者が充てた。

目　次

近代イギリス地方自治制度の形成

第一章　前　史

――「名誉革命体制」期における統治構造――

はじめに

本書は、イギリスにおける近代的地方自治制度が、いかなる過程をへて形成され、いかなる特徴をもつにいたったかを検討の主な対象とする。そして本章では、次章以下で一九世紀における改革の諸過程をみていくのに先立ち、まずはその前史として「名誉革命体制」期における統治構造（constitution）[1]を概観していくことにする。

「名誉革命体制」期とは、名誉革命から産業革命にいたる一〇〇年余の期間を意味する。政治的には絶対王政を否定し立憲君主制を確立したものの、経済的には未だ工業化が全面的に展開する段階にいたっておらず、社会的には大土地貴族がきわめて強い支配力をもっていた時期である。近代という時代に属してはいるが、依然として数多くの前近代的要素が残され、しばしば固有の性格を測りにくいといわれる時代でもある。

そして、本章において「名誉革命体制」期をそれ自体として扱うのは、産業革命後の急激な社会変動のなかで、この時期の統治構造が改革の直接の対象とされていくからにほかならない。一九世紀における改革の諸過程において、何が否定され、何が残され、結果として、どのような制度が作り上げられていくのかを検証していくためには、まずもってその起点を確かめておく必要がある。長期にわたる時代であるだけに、本来多様な分析を要するが、ここでは、次章以降の議論を意識しながら、その特徴を大まかにつかみとっておきたい。ただ、地方自治制度を議論しようとしている本書において、この時期に関しては、その視野を統治構造全体にひろげることについては、あらかじめ若干の説明が必要であろう。

市民革命を経た「名誉革命体制」期においては、国王を中心とした官僚的組織が弱体化し、あわせて国会の活動も「休止」状態であったため、地方に対する中央の影響力は急速に弱まることになる。地方においては、未だ地方政府（local government）と呼びうる制度は存在しなかったが、相対的に自律性が拡大したことで、「生まれながらの支配者（natural rulers）」としての大土地貴族による統治の実態が実質的に大きな意味をもって登場することになる。さしあたりここでは、この時期の地方社会に現れた統治のあり方を、一九世紀の用語法にしたがい、「地方の自己統治（local self-government）」[2]として議論していくが、その内容を理解するためには、地方の現実にだけ注目すべきではないと考える。ここではむしろ、国会や中央政府を含め統治構造全体を概観することで、「地方の自己統治」を導いたこの時期の特質を明らかにしていきたい。

ともあれ、「名誉革命体制」期の統治構造がどのようなものであったか、さっそくみていくことにしよう。

註

（1）イギリスは、わが国のごとき単一の成文憲法典をもたないため、本書では、通常「憲法」と訳される“constitution”に対しては、その実体的語義を捉えて「統治構造」という語をあてている。

（2）「地方の自己統治」という用語は、第三章で議論するように、一九世紀の改革過程において、本章の主な対象となる旧来の伝統を擁護しようとする立場からしばしば主張されたものである。具体的に意味するところは多義的であるとしても、概ね、一八世紀の統治構造を前提にしながら地方の自律性（local autonomy）に価値をおく概念と理解でき、一九世紀において表出する“local government”概念とは明確に異なる。なお、厳密な意味で“local government"が何を示しているかについても一義的に答えられる問題ではないが、以下ではさしあたり「地方政府」という訳語をあて、文脈に応じて、より一般的な意味をもつ「地方統治」という語句を用いる。ちなみに、「地方行政」という訳語を採る事例もあるが、行論から明らかとなるように、わが国に通常みられる「行政」概念が、この国では一貫して希薄であるため、あえてこれを用いることを避けた。

第一節　「土地財産」を基礎とする社会構造

1　「名誉革命体制」期における統治構造を捉える視角

ところで、「名誉革命体制」期あるいは一八世紀のイギリスについては、近年歴史学の領域において注目を浴び、様々に捉え返しの作業が進みつつある(1)。わが国の社会科学にも多大な影響を及ぼしたかつてのウィッグ的発展史観において、この時期は、一七世紀と一九世紀という「偉大な世紀」に挟まれた比較的安定・停滞した時代という以上に特別の意義が認められることはなかった。しかし、社会・文化にかかわる詳細な研究が進むにつれ、この時期においても、他の時期には認められないいくつかの特徴がみいだされるようになったのである。そして、一八世紀の歴史的な位置づけと評価をめぐるこうした社会史の議論の先駆けになったとされるのが、P・アンダーソン（Perry Anderson）やT・ネアン（Tom Nairn）、E・P・トムソン（E. P. Thompson）らによるひとつの論争であり、とりわけそのなかで語ったトムソンの所論である。論争自体は三〇年以上も前に行われたものであり、既に旧聞に属することではあるが、この時期のイギリス社会を捉える基本視角を示しているという点で、その意義は今なお色あせてはいないと考えられる。

この論争では、現代のイギリスがかかえる危機的状況の原因、なかでもこの国に特有な土地貴族の社会的支配に対する歴史認識の方法が主な争点の一つとされていた。アンダーソンが、土地貴族の存在を、名誉革命以降今日にいたる資本主義発展の歴史過程をとおし一貫してヘゲモニー集団であったと捉え、そのヘゲモニーがフランスにみられるごとき典型的な資本主義の発展を阻害したとする「イギリス例外論（British exceptionalism）」を展開したのに対し、トムソンは、統治制度と支配階級との間に一定の距離をおくことにより、それら相互の矛盾的関係を前提に、例外的でも典型的でもない特殊イギリス的な資本主義発展の過程を描こうとするのである。この論争が示唆する問題は多岐におよぶし、わが国でもすでに多くの指摘がされているが、(2) ここではとりあえず、イギリスに固有な歴史が存在していることを前提に一八世紀統治構造の現実を理解するという観点から、トムソンの議論に注目しておきたい。

彼は、市民革命後の社会を次のごとく端的に叙述している。

「革命は、新しい財産ではなく、すでに存在していた財産に対する権原、すなわち、それまで君主の無制約な強制的取立てに威嚇され、さらには封建勢力以上に生き延びた権威主義的魔術的イデオロギーに対し確固とした対抗力をもちえなかった権原を確認した。……

そしてこの決着によって恩恵を受けた者は、まさしく、国会に代表されていた人々、すなわち、実体的な財産、とりわけ土地財産を有する人々であった。そうした財産を享有する彼らの権原は、王冠（the Crown）を包囲する統治構造上の障害物と、実体的な財産権の裁定にあっては冷静であるもののその権利を侵害する者に対しては激しく報復する法の支配とによって、確保されたのである。そして同時に、制限的でかつ巧みに操作された選挙権と、審査法や法人法のごとき制約的な諸立法は、小マニュファクチュア生産者や職工たちを排除したのである。(3)」

ここで彼は、市民革命を、「すでに存在していた財産」すなわち「土地財産」を「確認」した歴史的事実と位置づけ、その後の社会を、「土地財産を有する人々」が「統治構造上の障害物」や「法の支配」を駆使することにより、自らの利益を追求しようとした社会であると捉えている。これらの人々は、別の箇所で用いる彼自身の用語法に従えば、「一定の農業大富豪と特権化された大商人およびその追従者[4]」から構成される「略奪を目的とした諸利益の第二次的複合体（a secondary complex of predatory interests）[5]」とも理解される。社会において実在する支配者を「第二次的」と呼ぶことにより、「統治制度が『支配階級』の直接的、明示的、かつ無媒介の組織として現れる機会はきわめて稀であるし、またあったとしても一時的なものである[6]」ことを強調していると考えられるが、それは、制度そのものに支配者の直接的な利害とは相対的に区別される一定の自律的論理、すなわち近代的性格を具備した論理が内在していることを認める議論といえる。そして、前近代の時代から生き延びた支配者はといえば、そうした論理の存在を認めながら、同時にそれを彼らの立場から利用することで、自らの地歩を着実に固めていったというのである。

実際、市民革命は国王の絶対的権力行使を否定し「国会主権」や「法の支配」といった今日まで続く統治構造上の原理を確立させたが、後にみるとおり、革命後の社会において、そうした原理はそのまま現実態として現れたわけではない。そのため、先にあげたアンダーソンは、統治構造転換の意義を認めることなく、あくまで土地貴族支配の連続性という観点から歴史発展の可能性を拒否しようとする。これに対してトムソンは、こうした単純な「土台―上部構造論（base-superstructure metaphor）」を排除すべきと批判する。法的・政治的上部構造の相対的自律性を前提に、経済的土台との間に展開する多様な事実を正当に評価しながら、「イギリス例外論」に陥ることのない固有の資本主義発展の道を模索しようというのである。

ひるがえって考えてみれば、このようなトムソンの視角は、比較的最近にいたるまでこの国の歴史展開をいわば資本主義社会の典型と捉えてきたわが国の一般的傾向に対しても、批判の視野をひろげることに気づこう。市民革命の歴史を単に国王権力に対する「市民階級の勝利」と措定し、その後の歴史もこの「勝利」を確定するための統治構造上の再編と捉える「イギリス典型論」は、とりわけ法律学や政治学の分野で暗黙の前提とされてきた議論である。しかし、当然のこととはいえ、専ら法的政治的諸制度の動向に注目が集まるため、それらと経済的社会構造との連関は必ずしも分析の射程にはいることはなく、結果として、「議会主権原理の論理的帰結として政党制→責任内閣制→議会制民主主義の成立を十八世紀政治史の過程のなかに性急に読みとるきらい(7)」があったことは否定できないのである。なるほど、革命は国王による絶対主義的な権力行使のメカニズムを排除はしたが、君主制はその後も維持されたし、そのなかで国王の権力も単なる形式としてのみ残ったわけではない。そうした歴史的事実を軽視するこの議論が、戦後の日本の社会科学が総じて意識した実践的役割において一定の意味があったとしても、歴史認識の手法として大きな弱点があることはやはり認めざるをえないところであろう。

ここでは、イギリスの歴史をア・プリオリに「例外」または「典型」とみる見方を排し、独自の歴史発展を遂げた国として捉える視点に立ちながら、この国の統治構造を検討していくことにしたい。そこでまずは、統治構造と一定の距離をおく社会構造のありようを大まかにみておくことにする。

2　土地財産を基礎とする身分的ヒエラルヒー

トムソンの指摘にもあるように、当時のイギリス社会を解く一つの鍵として土地財産というカテゴリーがある。土地は、むろん唯一の財産形態ではなかったが、それでも最高のものと考えられていたのであり、それゆえ、そこからは単なる経済的な富だけでなく政治的権力や社会的影響力も生み出され、土地を所有する者は社会を支配する資格を有するとみなされたのである。一七世紀の市民革命は、それまでの封建的主従関係を基礎とする人格的支配＝従属関係を基本的に否定したが、それに代わって登場した関係が、こうした土地財産に媒介される身分関係であり、それに基づいた社会的支配＝従属関係であったと考えられる。以下、この点を少し詳しくみていくことにしよう。

ピューリタン革命後の「長期議会（Long Parliament）」（一六四〇―六〇年）は多くの法律を制定したが、そのうち、一六六〇年騎士土地保有態様等廃止法（Military Tenures Abolitions Act 1660）は、封建的土地保有関係を明確に否定する契機となった。すなわち、それは、軍役的土地保有態様（tenure in chivalry）を鋤奉仕保有態様（socage tenure）に転換することにより、土地保有に随伴する封建的付随負担を廃止し、それに先行する一五三五年ユース法（the Statute of Uses 1535）および一五四〇年遺言法（the Statute of Wills 1540）によって拡大された遺言による土地譲渡の自由、[8]一四世紀末以来の定期賃借権（leasehold）の訴訟方式上の地位向上や第三者によるその侵害の排除の確立による安定化[9]といった土地の商品化傾向と結びつくことにより、定期賃借権と複雑に結合した自由土地保有権（freehold）の私的所有権化を導いたのである。

しかし、それがそのまま絶対的な土地所有権の確立に向かわず、中世的な性格を色濃く残すこの国に固有な土地所有権の現実的形態をもたらすこととなったのは、私的所有権化の傾向に内在した不徹底さに起因するところが大きい。なるほど、国王の独占的な上級所有権は相対化され、それに伴って自由土地保有権の実質的解放ははかられたものの、その動きは、封建的関係に深く根ざした謄本保有権（copyhold）の否定にまではいたらず、その結果、農民層の分解とマナー領主権の弱体化を前提に、小農民的土地保有が認められることはなかったのである。[10]先に引用した「革命は、……すでに存在していた財産に対する権限……を確認した」とするトムソンの指摘は、こうした脈絡のなかで理解されるべきものであり、その必然的な帰結が、革命後の社会における土地所有権の少数者への集中化・独占化という事態であった。こうして一八世紀社会の特質ともいえる貴族的大土地所有は全面的に展開していくことになる。

ここで注目しておきたいのは、そうした所有のあり方に規定された土地財産の含意である。実際に土地を所有する者たちは、厳格継承的財産設定（strict settlement）や婚姻継承的財産設定（marriage settlement）等エクイティ（equity）上の様々な法的技術を駆使しながら、その移転を家族の構成員間に固定化した。[11] それは、むろん土地の散逸を防ぐことを目的としたものではあったが、所有権概念に含まれるはずの一定の自由＝売却の自由を自ら厳格に規制する行為であり、それゆえ、これらの法的技術が一般化することで、土地財産に付着した中世以来の身分的価値はそのまま温存されていくのである。換言すれば、土地はそれ自体として、単なる私的財産としての価値を表すものというよりは、歴史的に刻印された社会的財産としての価値を示すものとして維持されたのであるし、[12] そうであったがゆえに、市民革命後の社会においては、土地財産の大きさがそれをもつ者の社会的身分を左右するという秩序が形成・展開していくのである。

かつての封建社会であれば、国王との主従関係に基づく身分が土地財産を保有する資格を規定していた。しかしここに現れた社会では、それとは逆に、保有する土地財産が身分を規定する関係が表出したのであり、[13] そのことについては、十分に留意しておくべきである。一見すると中世的な秩序を丸ごと引き継いでいるようにみえながら、その根底では、新たな秩序が徐々に新たな地歩を固めつつあったといえよう。そして、こうした土地財産に基づく秩序が社会編成の基本原理となることで、封建社会における身分的ヒエラルヒーが、外見的には過去と一定の連続性を保ちながら、実質的には異なる基準に依拠し、あらためて登場することとなる。

ところで、ここに現れる身分的ヒエラルヒーをみる際、商業資本をいかに位置づけるかは問題とされるのかもしれない。しかし、革命直後のイングランドとウェールズにおいては、約二五〇〇万エーカーの耕地があり、そこからは年間約一一〇万ポンドの地代収入が創出され、その額は当時の国民所得の四分の一に匹敵したというし、地主には、それに加えて約一五〇万ポンドの価値の家畜、九〇万ポンドの収穫物（bore crops）が土地からの収益として得られたというのである。[14] また、G・キング（Gregory King）が作成した有名な人口統計表（次頁表参照）をとおして、個々の家族についてみるならば、大土地所有者のほとんどを占める世俗貴族（temporal lords）一六〇家族が得た一家族当たりの年間所得は三二〇〇ポンド、いわゆるジェントリー（gentry）層に含まれる準男爵（baronet）八〇〇家族は八〇〇ポンド、騎士（knight）六〇〇家族は六五〇ポンド、エスクワイヤ（esquire）三〇〇〇家族は四五〇ポンド、ジェントルマン（gentleman）一万二〇〇〇家族は二八〇ポンドであったのに対し、大商人の場合は三〇〇〇家族、四〇〇ポンドであり、[15] ここからも、ほんの一握りの土地貴族に集積した土地財産の圧倒的な優位性は揺るぎないものであったことがわかる。しかも、大商人たちは総じて、婚姻をとおし地主と姻戚関係を結ぶことにより、身分的ヒエラルヒーにおける自らの地位を確保しようとしていたから、[16] 農業革命により土地貴族の資本家化がある程度進んだとしても、さらには産業革命により農業の相対的地位が低下したとしても、社会的富としての土地財産の意義が薄れることはほとんどなかったといえる。そして、さしあたり念頭におく「名誉革命体制」期においては、土地財産を中心にした身分秩序によって序列化された社会構造を基本にすえることが、さほど誤った理解にはならないと考えることができよう。

こうした身分的ヒエラルヒーは社会のほぼ全部を包括的におおっており、キングの人口統計表においても、その財産所有に基づいて、上は世俗貴族、聖職貴族（spiritual lords）から、下は小屋住農、浮浪者にいたるまで、全部で二六の職業別カテゴリーが序列化されている。ここでの身分秩序がかつての封建的な秩序と異なるのは、すでに指摘したとおり、それが土地財産に規定されていた点にある。そのため、そこで現れる身分は、生まれによって決定される排他的なものにはならず、[17] 十分な土地財産をもちさえすれば、ヒエラルヒーの上位へ昇っていくことができることにもなる。その意味で、身分的ヒエラルヒーとはいえ、一定の流動性を内包したものと捉えることができるし、それゆえにこそ、一八世紀の代表的な法律学者であるW・ブラックストーン（William Blackstone）は、この点につき、「大望に満ちた、しかし賞賛に値する熱情を、他方で、豊富な競争心を刺激する」(18)と評価し、社会の活力と野心を生みだす導因となることを強調するのである。実際、ジェームズI世（James I）（治世一六〇三—二五年）

年間総所得	一人当たり年間所得			一人当たり年間支出			一人当たり年間増収			年間総増収
£	£	s.	d.	£	s.	d.	£	s.	d.	£
512,000	80	0	0	70	0	0	10	0	0	64,000
33,800	65	0	0	45	0	0	20	0	0	10,400
704,000	55	0	0	49	0	0	6	0	0	76,800
390,000	50	0	0	45	0	0	5	0	0	39,000
1,200,000	45	0	0	41	0	0	4	0	0	120,000
2,800,000	35	0	0	32	0	0	3	0	0	288,000
1,200,000	30	0	0	26	0	0	4	0	0	160,000
600,000	20	0	0	17	0	0	3	0	0	90,000
800,000	50	0	0	37	0	0	13	0	0	208,000
1,600,000	33	0	0	27	0	0	6	0	0	288,000
1,540,000	22	0	0	18	0	0	4	0	0	280,000
144,000	12	0	0	10	0	0	2	0	0	24,000
400,000	10	0	0	9	4	0	0	16	0	32,000
3,640,000	13	0	0	11	15	0	1	5	0	350,000
6,600,000	10	0	0	9	10	0	0	10	0	330,000
6,375,000	8	10	0	8	5	0	0	5	0	187,500
900,000	12	0	0	11	0	0	1	0	0	75,000
2,250,000	10	0	0	9	0	0	1	0	0	225,000
2,280,000	9	10	0	9	0	0	0	10	0	120,000
400,000	20	0	0	18	0	0	2	0	0	40,000
240,000	15	0	0	14	0	0	1	0	0	16,000
34,488,800	12	18	0	11	15	4	1	2	8	3,023,700
							（年間減収）			（年間総減収）
1,000,000	7	0	0	7	10	0	0	10	0	75,000
5,460,000	4	10	0	4	12	0	0	2	0	127,500
2,000,000	2	0	0	2	5	0	0	5	0	325,000
490,000	7	0	0	7	10	0	0	10	0	35,000
8,950,000	3	5	0	3	9	0	0	4	0	562,500
60,000	2	0	0	4	0	0	2	0	0	60,000
34,488,800	12	18	0	11	15	4	1	2	8	3,023,700
9,010,000	3	3	0	3	7	6	0	4	6	622,500
43,491,800	7	18	0	7	9	3	0	8	9	2,401,200

reproduced in P. Laslett, *The World We Have Lost*, *2nd ed.*, (Methuen Co. Ltd.,

グレゴリー・キングの人口統計表

家族数	地位・身分・称号・資格	一家族当たり構成員数	全構成員数	一家族当たり年間所得 £	s.
160	世俗貴族	40	6,400	3,200	
26	聖職貴族	20	520	1,300	
800	準男爵	16	12,800	800	
600	騎　士	13	7,800	650	
3,000	エスクワイヤ	10	30,000	450	
12,000	ジェントルマン	8	96,000	280	
5,000	高位官職保有者	8	40,000	240	
5,000	下位官職保有者	6	30,000	120	
2,000	大商人及び大貿易商人	8	16,000	400	
8,000	小商人及び小貿易商人	6	48,000	198	
10,000	法律家	7	70,000	154	
2,000	上級聖職者	6	12,000	72	
8,000	下級聖職者	5	40,000	50	
40,000	富裕な自由土地保有農	7	280,000	91	
120,000	富裕でない自由土地保有農	5　1/2	660,000	55	
150,000	借地農	5	750,000	42	10
15,000	教養学・科学教師	5	75,000	60	
50,000	商店主及び行商人	4　1/2	225,000	45	
60,000	手工業職人	4	240,000	38	
5,000	海軍将校	4	20,000	80	
4,000	陸軍将校	4	16,000	60	
500,586		5　1/3	2,675,520	68	18
50,000	下級船員	3	150,000	20	
346,000	労働者と通い奉公人	3　1/2	1,275,000	15	
400,000	小屋住農及び被救済民	3　1/4	1,300,000	6	10
35,000	兵　卒	2	70,000	14	
849,000		3　1/4	2,795,000	10	
	浮浪者:ジプシー, 窃盗人, こじき等		30,000		
	したがって全勘定は				
500,586	王国の富を増大している部分	5　1/3	2,675,520	68	18
849,000	王国の富を減少している部分	3　1/4	2,825,000	10	10
1,349,586	総　計	4　1/13	5,500,520	32	5

出所：G. King, Natural and Political Conclusions Upon the State and Conditions of England, 1696, 1971), pp. 36–37.

以降、準男爵身分や騎士身分、さらに、アイルランド貴族身分は自由に購入しうるものとなったともいわれ、[19] この時期の身分がかならずしも固定的でなかったことがわかる。

それにもかかわらず、社会的地位の上昇が現実に広く開かれたと考えるならば、それは正当ではなかろう。土地の自由な移転が上にあげたエクイティ上の法的技術により事実上著しく制約されていただけでなく、実際に購入しようとしても、その価格は法外に高かったからである。例えば、年間一〇〇〇ポンドの価値をもつ土地とそれに相当するだけの邸宅（マナー・ハウス）をかまえるジェントリーとなるためには三万ポンドを要したというし、また、一万エーカーの所領と大邸宅をもつ大土地所有者となるためには、一〇万ポンド以上の金額が必要であった。[20] しかも、市民革命の帰結として、国王大権が国王自身の意思によって運用されることは制限されたため、官職や土地、市場独占権などがかつてのごとく下賜されることは少なくなり、上位身分への道は、商業上の大成功を収め大土地所有者たる貴族のパトロネジ（patronage）（情実的官職・僧職任用）に頼るという方向に向けられていく。しかし、貴族自身の保身的性向をふまえれば、その可能性もけっして大きくはなかったといえよう。[21] そして、この時期が、前後の時代に比して、社会的にも政治的にも安定していたといわれる理由は、こうした様々な事情によるものと考えられる。

3　社会的支配の正統性

ところで、こうした身分的ヒエラルヒーにあって上位に位置する貴族たちは、当該社会の利害を調整する支配者として登場することになる。まずは、その支配の状況を具体的に知るために、歴史学者Ｈ・パーキン（Harold Parkin）の叙述を借りよう。

「部落、村、教区、市場町やその背域、全カウンティ（county）の生活は、その狩猟園（park）にある大邸宅を中心に回っていた。その邸宅の応接室や庭、厩舎、犬舎は、地方の社会生活の中心であったし、エステイト管理所は、賃貸農地（farm tenancy）や鉱山採掘及び建築用賃借権（mining and building lease）の取引所でもあり、また小貯蓄、投資のための銀行でもあった。農場は、利用可能な最高の農業方法や技術の恒常的な展示場だった。法務室（law-room）は、土地所有者たちが議会に出席している間、法と秩序の第一の堡塁となったし、肖像画展示室、音楽室、図書室は、地方文化の拠点であり、さらに、居間は地方政治の支柱となっていた。[22]」

この引用からは、土地を所有する者が当該地方の有力な存在として社会的影響力を有していた実態をかいまみることができる。彼らの邸宅は、単なる私邸などではなく、地域の経済・政治・法の拠点となる公邸として機能し、それを所有する貴族は、当該社会に対して強大な支配力を行使したことがみてとれよう。

しかし、そうであるとすれば、若干の疑問が浮かび上がってくる。国王を中心とする公的な権力関係が、不十分な形ではあれ、否定されたはずの社会において、なにゆえ大土地所有者がこうした支配力をもちえたのだろうか。別のいい方をすれば、私的な所有関係から創出された身分的ヒエラルヒーが、何らの権力的背景ももつことなく、単に土地財産の所有という事実だけで果たして十分な説得力をもちえたのか。なるほど、土地には、前述のとおり、身分的価値が付着し続けてはいたのだろうが、それだけで彼らの社会的支配を正統化する根拠とはなりえなかったのではないかという問題である。

その点につき、ここでは、身分的上位者が下位者の従属を確保するために一定の道徳的義務を有するというパターナリズム（paternalism）の観念[23]の存在に注目しておきたい。

歴史学者D・ロバーツ（David Roberts）によれば、パターナリズムの本質的性格は、それが機能しうる社会的枠組みと、そのなかで権力をもつ特権的富裕者が有する義務に関する原理とによって説明されうるという。[24] まず前者は以下の四つの要素から構成される。すなわち、第一に、父親の命令が神聖なる性格をもって他の者に対し服従を強要しうる権威主義的社会、第二に、富裕者が貧民を働かせ社会を統治する技術を発展させ慈悲深い仕事を行いうるだけの資力をもちうるために財産の不平等が前提とされる社会あるいは階等制社会、第三に、個々人が各々の機能、場所、保護装置、義務、相互責任、依存という結合の絆をもちうる有機体社会、第四に、個別の階等制をもつ様々な領域から成立する多元的社会、である。こうした要素をもつ社会のなかでパターナリズムは、上位者と下位者との身分秩序を円滑に形成しうるというのであるが、その秩序が安定的に維持されるためには、上位者である富裕者は一定の社会的義務を果たさなければならない。ロバーツによれば、その義務は次のごとく類型化して理解される。第一に、富と権力から第一義的にひきだされる義務として支配（ruling）がある。領主は、その下位にある者を他者から保護するために、彼らに対し主権的命令を下さなくてはならないのである。第二に、貧民に対する道徳的監督者として、領主は、彼らに依存する者の生活を指導する（guiding）義務を有する。これは主に、教会の牧師や救貧院の監督官をとおして遂行されるものであり、したがって、よきパターナリストとは「彼に依存する者にとって何が幸福であるのか知っていることと、彼の理念が実行に移されるべきだと主張しうるだけの力をもっていることを確信する者」[25] ということになる。第三の義務は、苦悩する貧民を援助すること（helping）である。欠乏時にスープを配分し、寒さの厳しい時期には石炭を廉価で売るといったことは、ここに含まれる。さらに、富裕者が公的によき統治者としての義務を要求される一方で、このパターナリズムのなかでは、彼らに依存する者もまた、忠実な奉仕、機敏さ、礼儀正しさ、防衛という義務をもつことが要請され、その意味では、社会の秩序維持のために、各人がその身分に応じた義務を行使することが、パターナリズムの根本であったといえる。

ところで、こうしたパターナリズムは元来中世の封建社会に起源を有しており、したがって絶対王政のもとでは、枢密院や星室裁判所等による中央集権的な介入とも相まって、例えば「一六三〇年代は、イギリス史上、もっとも厳格かつ包括的なパターナリズムの時代であった」[26]といわれるほど、封建体制を下支えする秩序として機能した。それだけに、市民革命をとおして急速に国王の権力が弱まり、その一方で資本主義的農業経営の浸透により個々の人間関係も徐々に希薄化していく一八世紀社会にあっては、パターナリズムそれ自体の影響力もある程度低下していったことは十分に予想がつく。[27]

しかし、中央集権的な介入から解き放たれたこの時期は、個々の地方社会が自律的に存在する状況へと変容しており、それぞれの社会では、理念的にも実態的にも権力的な強制装置を否定したところで秩序を維持していくことになる。その秩序が先にあげた身分的ヒエラルヒーであったが、パターナリズムは、そのなかにあって、土地所有者の支配を客観化し正統化する役割を担ったと考えられるのである。かつての国王を頂点とする全社会的規模での権力的支配が後退していくのとは裏腹に、個々の地方にはこうしたパターナリズムに基づく権威的支配の構造がそれぞれの形をとりながら顕在化したといえよう。土地所有者は、支配者たる地位を確保するため、パターナリズムの観念にそって、幼い頃から神学や天文学、経済や政治などの教育を施され、その時々の状況を的確に判断する素養を養われたのであり、彼に従属する者も、そのことをもって、彼を支配者としてその権威を積極的に認めようとしたといわれる。[28]パターナリズムはたしかに「上から見た秩序」ではあったが、「〔人間的な〕温かさや顔と顔をつきあわせる〔密接な〕関係といった意味」[29]を含むものであったから、ロバーツが指摘したような社会的枠組みを実際に備える個々の地方社会にあっては、土地所有者の支配を正統化するには未だ十分な説得的な役割を果たし得たのである。

以上、この国の土地所有権構造の特殊性、すなわち土地の移転が制約されることにより推展された大土地所有から出発し、それが身分的ヒエラルヒーを創出し、さらに、そのヒエラルヒーはパターナリズムをとおして社会的な権威に基づく支配関係へと展開していく過程をみてきた。この点を確認した上で、次に、こうした支配秩序が、制度的媒介をうけ、いかなる統治構造を作り上げていったのかを具体的にみていくことにする。

註

（1）例えば、近藤和彦『民のモラル――近世イギリスの文化と社会』山川出版社、一九九四年、水谷三公『英国貴族と近代――持続する統治――一六四〇―一八八〇』東京大学出版会、一九八七年等。なお、こうした一連の研究に先立ち、一九七〇年代初頭において既に松浦高嶺氏の貴重な研究があったことは忘れるべきではないだろう（松浦高嶺「十八世紀のイギリス」（『岩波講座 世界歴史17』岩波書店、一九七〇年、所収）、同「一八世紀」（『イギリス史研究入門』山川出版社、一九七三年）。

（2）わが国の「唯物史観の再検討」という潮流に対してその豊富化という視点からトムソン理論を評価したものとして、浜林正夫『現代と史的唯物論』大月書店、一九八四年、特にI―四参照。また、トムソンの「国家モデル」をアンダーソンにそれと対置して議論するものとして、梅川正美「英国国家論の史的構成」（横越英一編『政治学と現代世界』御茶の水書房、一九八三年、所収）。

（3）E. P. Thompson, "The Peculiarities of the English," in *The Poverty of Theory & Other Essays*, Merlin, 1978, p. 252.

（4）Thompson, *op. cit.*, p. 258.

（5）*Ibid.*, p. 260.

（6）*Ibid.*, p. 258.

（7）松浦高嶺、前掲「十八世紀のイギリス」、二五八頁。

（8）戒能通厚『イギリス土地所有権法研究』岩波書店、一九八〇年、八八―一〇二頁参照。

（9）同上、一五〇―一六二頁参照。

（10）同上、二八六―二九六頁、及び椎名重明『近代的土地所有権――その歴史と理論』東京大学出版会、一九七三年、三五―四〇頁参照。

（11）see G. E. Mingay, *English Landed Society in the Eighteenth Century*, Routledge and Kegan Paul, 1963, pp. 28–36. また、栗原真人「婚姻継承財産設定 Modern English Settlement の歴史的意義をめぐって」『香川法学』第一巻第一号、一九八二年三月参照。

（12）未だ農業社会であったこの時代において、土地は「生計と〔生きるための〕ほとんどの素材を付与し、人々にもっとも広範な就業手段を提供する」（Mingay, *op. cit*., p. 1）社会的財産とみられていた。

（13）H. Parkin, *The Origin of Modern English Society 1780–1880*, Routledge and Kegan Paul, 1969, p. 38.

（14）Mingay, *op. cit*., p. 12.

（15）ミンゲイは、一七九〇年におけるジェントリーの所得について分析した上で、次のように結論づける。「富裕なジェントリーは『卓越した商人や銀行家』よりも明らかに富んでおり、多くのエスクワイヤは下位の商人よりも良い暮らしを送っていた。したがって、ジェントリーは、……大多数の商人階層（commercial class）よりも裕福であったといえる。」（*Ibid*., p. 23）

（16）*Ibid*., p. 13.

（17）Parkin, *op. cit*., p. 25.

（18）W. Blackstone, *Commentaries on the Laws of England, 1765–1769, vol.1*, The University of Chicago Press, 1979, p. 153.

（19）Parkin, *op. cit*., p. 38.

（20）Mingay, *op. cit*., p. 26.

（21）*Ibid*., p. 27.

（22）Parkin, *op. cit*., p. 42.

（23）see P. S.Atiyah, *The Rise and Fall of Freedom of Contract*, Clarendon Press, 1979, pp. 89–90.

(24) D. Roberts, *Paternalism in Early Victorian English*, Croom Helm, 1979, pp. 2–10.
(25) *Ibid*., p. 5.
(26) *Ibid*., p. 15.
(27) see *Ibid*., pp. 18–19.
(28) Mingay, *op. cit*., p. 131.
(29) E. P. Thompson, "Eighteenth Century Society—class straggle without class?," *Social History*, vol. 3, no. 2, May 1978, p. 137.

第二節　「国会主権」原理の実態
――中央政府及び国会の脆弱性――

本章の冒頭に付したトムソンの引用は、社会的支配者たる「土地財産を有する人々」が、「王冠を包囲する統治構造上の障害物」と「法の支配」とを利用することにより、自らの「権原」を確保したことを指摘していた。市民革命が国王の絶対的権力行使を否定した歴史的出来事であり、それをとおして「国会主権」や「法の支配」といった統治構造上の原理が確立したことをふまえれば、ここでいう「統治構造上の障害物」は「国会主権」原理と読み替えることができる。そうであるとすれば、彼らが自らの「権原」を確保するために、市民革命によって確立したこれら近代的諸原理をどのように利用し、結果として、いかなる統治構造の実態を析出させたかに目を向けることが、以下での基本的な課題とになる。これら二つの原理に則して、少し詳しくみていくことにしよう。

1 「国会主権」原理と統治構造理論

一七世紀の市民革命は、一般に、国王に対する議会[1]の優位を確立したと説かれる。一六八九年権利章典（Bill of Rights 1689）は、「忠誠および国王至上権承認の宣誓」を廃止した上で[2]、「古来の自由と権利を擁護するために[3]」、かつて国王が行使した法律停止権や法律適用免除権、宗教裁判所設置授権状の付与権、国会の承認なき金銭徴収権及び常備軍召集権をすべて違法なものとし、他方で、選挙の自由、国会における言論の自由、国会の頻繁な開会を明確に規定したのである。そして、一七〇一年王位継承法（Act of Settlement 1701）では、この権利章典をあらためて確認し、王位が「貴族および庶民の決議および希望」に従って決定されるべきこと[4]、そして「われわれの宗教、法律、および自由を確保するために」裁判官の身分は保障されるべきこと[5]を定めている。

「国会主権」という今日まで続く統治構造上の基本原理は、まさにこれらの文言をとおして確立したと評価できる。しかし、この原理が登場したからといって、国王の地位が一気に形骸化し、議会、なかでも庶民院の優越性が実現したわけではない。主権が存する国会とは、「議会における国王（King in Parliament）」、すなわち、国王、貴族院、庶民院を意味するのであり、この原理が有する統治構造上の意義は、かつて国王が独占的に保持した封建的な絶対的権力の行使を否定し、三者間で権力を分有することを確認した点にあると考えられるからである。「国会主権」原理は、後の時代にA・V・ダイシー（Albert Venn Dicey）が定義するとおり、三者が形式対等な関係をとおして立法にかかわることを確定しているのであり、それぞれの間に存するはずの実質的な政治的力関係は現実的な運用の問題として残されている。その意味でいえば、前節にみた権威主義的な支配構造を前提とする限り、「国会主権」原理が確立したとしても、大土地所有者たる貴族が国会運営に与える影響力は相当に大きかったことが十分に予想されるところであり、庶民院が指導的位置につく近代的な議会制民主主義イメージは、少なくともこの時代には妥当しないといえる。

こうした統治構造の実態を理解するために、ここではまず、「国会」を構成する三者が主権を有することの意味を、名誉革命のイデオローグとして知られるJ・ロック（John Locke）と一八世紀後半のブラックストーンの言葉をもって確認しておきたい。

ロックは、よく知られるとおり、一六八九年に『統治二論（*Two Treatises of Government*）』を著すことにより、名誉革命を正当化すると同時に、その後の社会における統治構造の存立基盤を明らかにした。特にその第二編である『市民政府論（*The Second Treatise of Government*）』において、彼の理論は、人民が「自然状態」において本来有した自然権から出発し、人民が「政治社会すなわち市民社会」に入るとき、その自然権を維持するために設立すべき政府形態にまで及んでいる。政府に委ねられる政治権力は立法権（legislative power）と執行権（executive power）と大別されるが、彼は、立法権を「最高権」、執行権を「立法権の補助的従属的権力」としており、ここに「国会主権」原理の理論的基礎が与えられている。

ただ、ロックにとっては、政府の設立目的が、人民の自然権、すなわち「プロパティを平穏・安全に享有すること」の絶対的擁護におかれていたから、「最高権」たる立法権であっても、「人民の生命財産に関して、絶対に恣意ではないし、またあり得ない」ことを認め、もしこの目的に反すれば、人民の抵抗権も演繹されることとなる。[6] それればかりではない。権利章典は国王の恣意的専断的権力行使を強く否定したにもかかわらず、ここでは「プロパティの平穏・安全」を維持するためには、執行権の裁量的行使を容認すらしているのである。[7]

このように、彼の理論は、人民の自然権たるプロパティ擁護という観点からあるべき統治構造を探求するという道筋で展開していくところに一つの特徴がある。ところが、そうした統治構造も、ひとたび具体的な統治形態を検討する場面になると、既存のそれをそのまま援用し、そこに含まれているはずの矛盾的諸側面について触れることはないのである。

彼によれば、「古来の自由と権利を擁護する」あるべき統治形態とは、「(一)一人の世襲の人物。彼は恒常的で、最高の執行権をもち、それとともに、他の二つを、一定の期間、召集したり、解散する権力をもつ。(二)世襲的貴族の集会。(三)人民によって、臨時に、選ばれた代表者の集会」という三者であった。[8] いうまでもなく、これらは国会に集約される国王、貴族院、庶民院を意味するものであり、一般に「混合統治形態(mixed government)」と呼ばれる現実の統治形態それ自体を意味している。しかし、彼の議論のなかには、これら三者の関係、さらにはその政治的編成原理(君主制、貴族制、民主制)の相互関係についての言及はない。それどころか、各所で君主制の危険性を指摘しているにもかかわらず、「一人の世襲の人物」たる国王を、「最高の執行権」をもつがゆえに、「彼に優る立法府はなく、したがって彼はこの意味でまさしく最高である」としているのである。[9]

その背景には、むろん、自然権保護のためには、君主制すらも有益な側面をもっているし、他方、民主制であっても危険な側面を有しているという彼自身の判断があったのかもしれない。[10] しかし、それが不明瞭であったがゆえに、本来的には自然権保護という条件からあるべき統治構造を想定し、その上で、抵抗権を担保にした具体的統治形態を構想するロックの論理は、そのまま継承されていくことはなかったのである。実際に、革命後の安定した政治状況が到来すると、逆に、現実の統治形態を起点としながら、それを正当化するために彼の理論を利用するという転倒した過程がとられていくことになる。

市民革命の勝利者たちにとって新たな課題とされたのは、革命がこれ以上拡大することなく、強固な理論的基盤に基づき、少数者が富と地位を所有する社会システムと所有財産を代表する政治システムを維持することにあったと考えられる。[11] そのため、「ロックの保守的要素」[12] をとりいれた彼らは、現実の財産所有の不平等性を暗黙のうちに認めた上で(したがって、ロック理論における労働起源説に依拠した財産の本来的平等性は廃棄されることとなる)、既存の統治構造が「古来の自由と権利を擁護する」上で最も適した手段であることを示そうとするのである。

そして、ここでは、ロック理論で不明瞭に扱われていた君主制、貴族制、民主制の相互関係がそのまま既存の統治構造の長所として正当化される。

実際、ブラックストーンは、主権が国会におかれたこの国の統治構造につき次のように説明している。

「しかし、この島国のわれわれにとって幸運なことに、ブリテンの統治構造は、長きにわたり、この概観から得られる真理〔すなわち、君主制、貴族制、民主制の各々はみな、完全な部分と不完全な部分をもっていること〕[13]に立ち向かう例外であったし、それは今後も長く維持されると信じられている。というのは、われわれにとって、法の執行権限（executive power of the law）は単一の人間に存しており、それゆえ、最も絶対的な君主制に見出されるべき強力さと迅速さという便益をすべて有しているからであり、さらに、王国の立法府は、三つの異なる権力、すなわち、相互に完全に独立した三つの権力に信託されているからである。その三つの権力とは、第一に国王、第二に信心、生まれ、知恵、勇気、財産によって選ばれた人から成る貴族集会たる聖職および世俗貴族、第三に人民が人民自身のなかから自由に選びある種の民主制をもたらす庶民院である。異なる動機により動かされ、異なる利益に気を配るこの集合体が、ブリテンの国会を構成し、あらゆる事柄につき最高の処分権を有しているのである。それゆえ、三つの部門のいずれかにより企てられる不都合はもはや存在しえず、〔たとえそれがあったとしても〕他の二部門のうちの一つにより阻止されることになろう。つまり、個々の部門は、それが不適切または危険と考える新奇なもの（innovation）を排除するのに十分な拒否権（negative power）により武装されているのである。[14]」

つまり、イギリスの統治構造は、国会を構成する三者が「賞賛に値するほど調和し混合されている[15]」ために、強力なカをもつが専断的な権力行使に陥りやすい国王〔君主制〕、知性をもつが誠実さや強力さに欠ける貴族院〔貴族制〕、誠実さをもつが知性に欠ける庶民院〔民主制〕のそれぞれがもつ「完全な部分」は維持され「不完全な部分」は打ち消される、というのである。彼は、三者の相互関係をそれぞれの政治的価値とのかかわりで理念的に示すことで、国会という場に現れる政治的諸勢力を主権者たる地位のなかに矛盾なく包摂し、結果として、現実の政治的諸関係をそのまま固定化しようとしたといえよう。(16) そして、この国では、こうした統治構造が存在しているがゆえに、「絶対的諸権利（absolute rights）(17)」が最高に擁護されうるというのである。

「われわれは、あるときには、それら〔絶対的諸権利〕が傲慢で専制的な君主により抑圧され、またあるときは、いかなる政府も全く存在しないよりはましであるから専制それ自体よりも悪い状態ではあるが、ともかく無政府状態に向かうほどに、〔絶対的権利が〕繁茂したのを見てきた。しかし、わが自由なる統治構造の活力は、常に民族をこれらの困難から救い出してきた。そして、闘争に続く動乱が終結するや、われわれの権利と自由の均等はその本来の水準に安定したのである。そしてそこに含まれた基本的な事項は、危険に陥っていると考えられるたびに、国会において、随時主張されてきたのである。(18)」

ブラックストーンは、このあと、「国会において、随時主張されてきた」事例として、マグナ・カルタ（自由の大憲章（the great charter of liberties））、権利請願（Petition of Rights 1628）、権利章典、王位継承法をあげ、その正当性を歴史的に論証しようとしている。その当否はともかく、ここで確認したいのは、彼の議論が、既存の統治構造は「混合」しているがゆえに「絶対的諸権利」を擁護しうるという、ロック理論とは逆の論理過程をたどっていることであり、そのことで、現状をそのまま肯定する結論に導こうとしている点である。ブラックストーンは、だからこそ、「絶対的諸権利」を理論的に裏づけ支持するためにロック流の「社会契約説」を援用しても、政府に対する抵抗権は「あまりに行きすぎた」[19]理論としか映らず、「たとえ、この結論が、理論上、いかに正当であったとしても、今日、実際に存在する統治制度の下では、われわれはそれを採用することもそこから議論することもできないのである」[20]とせざるをえなかったのである。[21]

こうした議論が、現実には、眼前の統治者に対する従属の論理を被治者全体に導くものであったことは容易に想像がつくし、その限りでは、ひとつのレトリックとして十分な意味をもっていたと理解できる。[22]しかし、一八世紀も後半にさしかかり、徐々に変化が始まっていた当時の社会を思い起こすとき、彼の実践的意図は、単なるレトリックの提示をこえ、統治者の側から既存の統治構造を現状のまま固定化するところにあったとも理解される。そうであるとすれば、そこで念頭におかれる統治構造の姿こそ、当時の支配層がまさに自らの「権原」を確保するために利用したものということにもなる。それがどのような内実をもっていたのか、項をあらため、「混合統治形態」の実像に触れていくことにしよう。

2 「混合統治形態」

ところで、「名誉革命体制」期の「混合統治形態」がもつ特徴は、次の二点に要約できる。[23]第一に、立法権が、国王、貴族、庶民の三者によって分有されること、そして第二に、三者がそれぞれ、固有の特権と大権を有すること、である。この二つの特徴が同時に保持されているため、「混合統治形態」の下では、三者が独立しつつも相互に依存し合いながら「均衡した統治構造（balanced constitution）」を析出し、その結果として、社会全体が無矛盾的に成長することができたといわれる。以下では、とりあえずこの二つの特徴をふまえながら、一八世紀における統治構造の実際を概観しておきたい。

［1］　立法権の分有

市民革命により確立した「国会主権」原理のもとでは、三者がそれぞれの立場から立法過程に関与することになる。それは具体的に、庶民院、貴族院のいずれかにおいて発議された法案が、それぞれの院で審議、可決され、その後、国王の裁可（royal assent）が与えられることにより、国会制定法として成立する手続きとなって現れる。

これだけをみれば、対等な三者間の関係であるが、この時期にはすでに庶民院の課税に対する統制権は確立しており、課税法案の発議はもっぱら庶民院に属していたから、立法権限の大きさという限りでは、庶民院の優位性を確認することができる。それにもかかわらず、その事実は庶民院が国会運営における指導的な立場についたことを意味するわけではない。(24)

実際、他の法案に関しては、庶民院に先議権があったわけではないし、重要な法案についてはむしろ貴族院が発議したともいわれる。(25)貴族院では、法案の起草、審議にあたって常に裁判官の助言を求めることができ、実際、当時の貴族院にはマンスフィールド卿（Lord Mansfield）、ハードウィック卿（Lord Hardwicke）らに代表される著名な法律家が含まれていたところから、特に慎重な審議を要する法案に対しては、その司法的性格が重要な意味をもったと考えられる。(26)しかも、この時期の国会で審議された法案のうち大半を占めた個別法律案（private bill）の審議においては、後述のとおり、貴族院における準司法的な手続きが中心的役割を担うことになる。(27)したがって、一般的には、庶民院の権限そのものは貴族院に比して徐々に大きくなりつつあったといいうるが、貴族院のもつこうした性格は、庶民院のそうした立法活動を監督、批判するのに適したものであり、庶民院もその関係を尊重したというから、(28)庶民院の優越性を一義的に説くことはけっしてできないのである。

また、国王の裁可についても同じである。なるほど一七〇七年、アン女王（Anne）（治世一七〇二―一七一四年）がスコットランド民兵法案（the Scotch Militia Bill）に対する裁可を拒否して以来、拒否権が行使されることはなかった。しかし、この事実をもって即座に、裁可拒否の手続きが形骸化したと判断するのはやや性急にすぎる見解といわざるをえない。なぜなら、国王の裁可拒否権は、この時期、具体的な権限として機能したというよりは、立法に対する内的影響力をもった権威として機能したからである。実際に国王が拒否すると予想される法案が提出されると、特に貴族院では、審議の過程において事前に否決することが自らの義務であると考えられていたという。[29]

要するに、庶民院は、さしあたり立法権限の優越性をもつことにはなったが、実際の立法過程においては、国王―貴族院―庶民院の権威的秩序が歴然として存在しており、さらにそのなかにあって、国王と庶民院の間の調整機能を果たした貴族院は、きわめて大きな存在意義をもっていたのである。そして、「賞賛に値するほど調和し、混合されている」とは、まさにこうした実態をさしていると考えられよう。

[2] 固有の特権・大権

では、三者が固有に有する特権や大権にはどのようなものがあったのだろうか。順次みていくことにする。

①国王

国王は伝統的に国王大権（royal prerogative）といわれる固有の権限を有しているが、ブラックストーンによれば、それは次の二つに分類される。[30]すなわち、「国王の政治的人格に起源をもち、かつそこから現れ、他の付帯的状況にかかわりなく単にそれだけで斟酌される国王たる地位（royal character）及び権威の積極的で実質的な部分」と、「国王の人格とは区別され」「共同体のために確立された一般的諸準則にとって唯一の例外として国王の利益となる」部分である。前者を「直接的大権（directive prerogative）」といい、後者を「付随的大権（incidental prerogative）」という。そして、それぞれに見合う具体的な行為としては、次のものが該当する。前者は基本的に国の代表者たる地位から派生する大権であるため、そこには、大使派遣・接受権、条約締結権、宣戦講和権、戦争指揮権等の対外的な大権に加え、王国軍総司令官（generalissimo）として、軍隊を召集し、要塞、城、灯台を建造し、臣民の海外渡航を制限する権限、正義の源泉として、裁判所を設立し、犯罪人を訴追し、恩赦を付与し、勅令を発令する権限、名誉の源泉として、爵位、官職、特権を付与する権限、また、国内市場の調整者として、市場、定期市を設置し、度量衡を統一し、貨幣を規制する権限、さらに国教会の長として、聖職者会議を召集、解散し、宗教裁判所を統轄し、大主教（archbishop）や地方執事（dean）を任命する権限といった国内的な大権が含まれる。それに対して、後者には国王が手続き上取得する便益的特権が対応し、そこには訴訟原告としての手続き特権、債権者としての特権、王領地、教会、裁判所等からの収益を得る特権などが含まれる。

これら非常に多岐にわたる国王大権は、市民革命後はその絶対的恣意的行使が否定され、法の下におかれるべきことが原則となったが、それでもなお存続した大権につき、形式性のみを強調することはここでもまた性急といわざるをえないし、そのように考えることは、この国の執行権のあり方を誤解させるおそれがある。むろん、いくつかの大権、特に「付随的大権」に含まれるものには、かつての封建制やローマ法などに存在根拠をもつ大権が含まれており、[31]この時期にはすでに時代遅れとなったものもある。例えば、王領地その他から得られる王室収入は、いかに大権事項に含まれようと、庶民院の課税権の統制により意のままに徴収することはできなくなっていた。[32]しかし、そのように得られた収入の使途に関しては、未だ庶民院が完全に掌握するまでにはいたっていなかったし、[33]ジョージⅠ世（George Ⅰ）（治世一七一四―一七二七年）やジョージⅡ世（George Ⅱ）（治世一七二七―一七六〇年）の下での約九〇に及ぶ準男爵位の授与や、[34]ジョージⅢ世（George Ⅲ）（治世一七六〇―一八二〇年）の下での数多くの貴族身分の創設、[35]さらに、一八世紀に全般的に見られる官職の付与に示されるごとく、国王の裁量的余地は小さくなったとはいえ、けっして消滅したわけではなかったと考えられるのである。

しかし、問題とされるべきは、こうした裁量的余地をもつ国王大権が、ロックがいうように人民の自然権擁護のために積極的に用いられたというよりは、むしろ、貴族身分や官職の付与にみられるとおり、国王の執行府と立法府、とりわけ貴族院との間の人的結合を強化し、国王の権威を背景に社会の身分的ヒエラルヒーを維持する方向で利用された点にあろう。実際、この時期の国王やその執行府は、対外的な問題に対する一定の関心はあったものの、国内統治については現状をそのまま容認する姿勢が強く、そのため、裁量的余地のある大権も、現実の支配構造を強化する制度的な基盤として運用されたといえる。

そして、ブラックストーンは、こうした「直接的大権」を、「最高の為政者であるばかりか、適切にも、唯一の為政者」としての地位から派生するものと規定しながら、その行使にあたっては、「国王は絶対的であり、またそうあるべきなのであり、したがって、かくも絶対的であるがゆえに、彼を遅延させ、彼に抵抗しうるいかなる法的権威も存在しない」[36]と説明する。彼は、ロック的な「為政者」イメージをもとに国王大権の「絶対的」権威を導くのであるが、その議論が右のごとき運用実態を固定化する役割をもっていたことは容易に理解できよう。この時期においてもなお維持された国王大権は、一定の近代的性格をもつ論理に基づいて再解釈され、結果として、既存の権威的支配の構造を安定化するために利用されたと考えられるのである。

②貴族院

貴族院は、立法権を分有する以外に、裁判所としての特権と国王評議会（Council of Crown）としての特権をもつ。

まず、裁判所としての貴族院に与えられた第一審裁判所としての刑事管轄権には、庶民院により反逆罪（treason）または重罪（felony）にあたるとして弾劾された者につき審理し判決する権限と、同種の罪状により訴追された貴族について審理し判決する権限が含まれていた。いずれも中世に起源をもつものであり、特に前者は国王の大臣のコモン・ローに対する責任を確保するための制度であったため、一七世紀には政治目的を達成するために多用されたが、革命後は、純粋に刑事法上の問題となり、その数も極端に減った(37)。

他方、貴族院が最終審としてもつ民事上訴管轄権は、一八世紀段階においては、未だ権威を獲得するにはいたっていない。実際に存在した固有の管轄権としては、国王に対して損害賠償を求める権利請願（petition of right）や国王の占有下にある財産の返還を求める王有財産返還請願（monstrans de droit）のように国王の利益にかかわる問題に対する裁判権があった。しかし実際には、法律専門職以外の貴族が議論に参加するため、親族関係や友人関係に左右される判決が下されることが少なくなく、したがって、一八七六年上訴管轄権法（Appellate Jurisdiction Act 1876）により常任上訴貴族（Lord of Appeal in Ordinary）が任命されるまでは、かならずしも裁判所として実質的な意義をもつものでなかったといわれる(38)。

このように、貴族院は本来の裁判所としての機能を果たしていたとは言い難いが、社会の身分的ヒエラルヒーのなかで最上位を占める貴族が法判断という中立で公正な役割を担っていたことは、庶民院との間に一定の距離を保ち、当時の権威的支配の構造を補強する要因として、十分に役立ったと考えられる。歴史家Ａ・Ｓ・タバーヴィル（A. S. Turberville）の次の言葉は、この点を的確に指摘している。

「その院〔貴族院〕の仕事のきわめて広い部分は司法的であるがゆえに、その院が団体として行使する威厳と権威のすべては、必然的に専門家に与えられるものであった。……『上院』は、実際、今日と同様、彼〔ハードウィック〕の時代においても、二つの異なる道、すなわち、庶民院と分有する法律を可決する過程と国の最高の裁判所として法律を解釈する過程に基づく法作成者であるという点で、『下院』とは異なるものであった。法律解釈者としての非常に重要な機能は、実際には一人か二人の議員により行われたものだが、彼らは確かに、かの陛下の最も有力な臣下のなかにいたのである(39)。」

さて次に国王評議会としての貴族院の特権についてもみておこう。

後に貴族院に発展したクーリア・レーギス（*Curia Regis*）の大評議会（*magnum concilium*）は、国王に提出された請願に対し司法的に応えることを主な任務とする国王の諮問機関として出発した。ここに、上述した裁判所としての貴族院の起点をみいだすことができるが、同じく、国王の政策に対し助言をなすという国王評議会としての貴族院の姿も諮問機関たる地位から派生していくことになる。たしかに、この性格は封建的色彩が濃いものであったから、一八世紀になると、その役割を公然と果たすことはなくなるが、それでも、危機的状況に陥れば、国王に対し臣民の真の状態や危機の原因を提示することが彼らの義務であるという考えは、依然残っていく(40)。そのため、貴族院がもとは国王評議会であったという事実とそこに含まれた信念は、この時期に生成・発展しつつあった内閣制度のあり方に大きな影響を与え、それゆえ、この時期の執行権と立法権との関係を事実上規定したと考えられるのである。

内閣は、よく知られるように、一七世紀後半における枢密院（Privy Council）の一部を構成した外交委員会に起源をもつ。革命後、枢密院それ自体の統治構造上の重要性が衰微するようになると、枢密院の一委員会でしかなかったものが、徐々にではあるが、枢密院から相対的に独立し(41)、統治に責任を有する団体へと成長するようになる。しかし、同時にこの時期は、庶民院が課税権を独占し財政支出にも発言権を拡大しつつあった時代でもある。庶民院は執行府の活動に対する統制を強め、そのためここに成立しつつあった内閣も、庶民院が反対するならば、その政策遂行が困難になることもあった。その意味では、庶民院の意思が直接、執行府の政策に反映するという一九世紀的な統治構造上の習律（constitutional convention）の端緒を読みとることができようが、それを強調するあまり、この時期の内閣を、近代的な議院内閣制に示されるごとき庶民院と執行府の結節点とみるのは正しくない(42)。内閣は未だ国王が選んだ臣下から構成される団体であったし(43)、そこに参画するためには、国王の統治を輔弼する義務をもつとされた貴族であるか、それとも彼らと密接な関係にあることが必要であったからである。[44] 国王評議会としての貴族院は形の上では存在しなくなっていたとしても、実際には、貴族院は、かつてもっていた役割の延長線上で、国王の執行府との内的関係を持ち続けたといえる。しかも、庶民院は、前述のとおり、その活動が不安定で衆愚に陥りやすいと危険視されていただけに、国王の執行府に対する統制を強化すればするほど、[45] 執行府は貴族院との結びつきを強くしていくことになる。国王の側は、議会の支持を得るため、数多くの閑職を用意し、それに対し、血縁関係と世襲的性格により一つの団体としての性格をもつ貴族は、国王によるパトロネジのシステムを利用することにより、内閣のみならず、[46] 官廷内の官職から関税・免許税務局にいたるまで、あらゆるレヴェルの執行府の官職とその活動を掌握したのである。[47] 官職の任用にあたっては、何ら定まった政策もなく、また、個々の大臣の部下に対する公的影響力と私的なそれとは区別されていなかったため、一八世紀の社会的支配の構造は中央政府の制度的基盤を確実なものとすることができたといえよう。

③庶民院

庶民院は、一三世紀頃、国王がクーリア・レーギスの大評議会で決定した課税につき協賛を得るために召集されたカウンティ騎士の代表から成る集会から発達したものである。それゆえ、庶民院は、本来的に課税問題を扱う集会であり、かつそれが代表者から成る集会であったという二点に特徴をもっている。以下では、この二つの特徴を中心に、一八世紀の庶民院をみていくことにする。

庶民院が、課税法案に対する協賛という封建的立場から脱し、課税に対する独占的な発議権を獲得し、さらに貴族院の修正案に対する拒否権を確立させるのは、王政復古後であった。[48] 革命後になると、庶民院はさらに進んで、国王収入に対する統制をも主張するようになる。一六八九年、庶民院は、王室費、大臣及び裁判官の給与、機密費、年金、すべての文官の給与などに充てられるべきシヴィル・リストを年額七〇万ポンドと定め、それが国王の世襲的歳入及び関税により充当されるべきことを決議している。[49] この方式はその後も続けられたが、支出については、未だ国王の裁量に委ねられていた。それは、王室収入に公的財産と私的財産の区別がなかったからではあるが、国王の負債がかさみそのたびに庶民院の援助が求められるようになると、ジョージⅢ世治世下一七六〇年、庶民院はついに「公的歳入の他のすべての部門と同様、シヴィル・リストの支出を検査し、その濫用を正す」[50]ことを要求し、あらゆる財政システムを調査し再組織を勧告する権限を委ねられた委員会を設立する法案を通過させ、支出に対する統制権を拡大していくこととなる。

このように、庶民院が財政法案に対して統制権を拡大していく過程は、そのまま、国王の執行権を制約していく過程でもあり、それゆえ、この点をみる限り、庶民院は名誉革命後の統治構造のなかで一定の優越的地位を固めていったと考えることができる。しかし、この動向がはっきりと顕在化するためには、一八世紀末から本格化する財政改革をとおし、公的財政支出を国王の個人的支出のためのシヴィル・リストから分離させ、パトロネジによる官職保有に対する国王の影響力を排除する過程を待たねばならず、この時期に庶民院の優越性を説くのは尚早といえよう。

それればかりではない。財政統制権がこのように拡大しつつあったにもかかわらず、庶民院が公然と優越的地位にたつのを抑制した原因に、代表制というもう一つの特徴にかかわる実態があった。貴族がその財力や社会的身分を背景に個々の庶民院議員を操作する選挙法改正前の選挙制度がそれである。[51] この時期の選挙制度については、一九世紀の選挙法改正との関連でしばしば説明されるところでもあり、ここではごく簡単に触れるにとどめておく。

大土地所有者たる貴族は、通常「閉鎖選挙区（closed borough）」とよばれる選挙区を購入し、事実上、そこから選出されるべき議員を指名した。しかし、その購入価格はきわめて高額であり、実際には、ほんの一握りの大貴族のみが、一名ないし二名の議員を指名したにとどまったという。[52] それゆえ、選挙に勝とうとすれば、「閉鎖選挙区」

外で有権者をいかに獲得するかが問題となる。ちなみに、当時の選挙資格は、カウンティで年価値四〇シリング以上の自由土地保有権者、定期賃借権者、地代負担者（rent-charger）であり、一七一六年には全国で一六万人程度であったといわれる。[53] 自治邑の場合は、第二章で詳しく論ずるように、選挙資格の要件が、住民税負担を負う戸主選挙人（the scot and lot and pot-walloper）であったり、自由民であったり、さらには都市法人の構成員であったりと、場所により異なってはいたが、全体としてみれば、カウンティよりもはるかに多くの議席が配分されていた。そのため、選挙運動はといえば、これらの狭い選挙区のなかで、限定された範囲の財産所有者たちを対象に、他からの監視を受けることなく進めることができたのである。しかも、選挙権は財産権の一部としかみられていなかったため、[54] 運動といっても、パレードを行い酒宴を催し、金銭・官職で買収するといった類のものであり、その費用も相当巨額にのぼったといわれる。[55]

このようにして選出される議員は、必ずしも貴族やその関係者に限定されるものではなかったが、[56] 貴族以外の者であっても、例えば成功した商工業者や法律家たちは、その富を用いて庶民院議員となり、さらにその地位をとおして貴族社会に入っていくことを目的としていたため、[57] 庶民院と貴族院との間には、社会の身分的ヒエラルヒーを前提とした堅固な内的結合関係が存在していたと考えられる。そして、この結合関係を媒介とすることにより、民主制が本来もっていた「危険性」は効果的に抑制され、統治構造全体からみれば、「賞讃に値するほど調和し、混合されている」といわれるほどの自己完結性を具備したきわめて安定した様相が現れてくることになったのである。

3 「国会主権」原理の運用実態

さて、前項では、「国会主権」原理が具体的に運用される統治機構のありようを、とりわけ相互の関係に焦点をあてながらみてきた。いずれの場面でも、身分的ヒエラルヒーを制度的に媒介する国王―貴族院―庶民院という権威的な秩序が貫徹していたことが確認できよう。このことの意味をいささかシェーマティックな言い方で説明すれば、市民革命後において近代的ともいえる統治構造が成立したものの、第一節でみた前近代的側面を多く残す社会構造が、統治構造のもつ近代的性格を利用しながら、内側からその運用を大きく規定し、結果として、社会的支配層の「権原」を確保したということになる。そして、そうであるならば、最後にみておくべきは、こうした一連の流れが、結果として、どのような現実をもたらしたかである。国会を構成する三者に関しては、これまで理論と相互の関係という観点から一定の仮説的理解を試みてきたが、ここでは、そこでの知見を前提に、当時の活動実態を概観することが、以下での課題となる。

ちなみに、こうした作業は、むろん、当時の統治構造の全体像を理解するために必要なことと考えるが、その意味は、より一般的な視点からも位置づけることができる。

通常、封建制から資本制への移行は、市民革命以降の「初期ブルジョア国家」の成立にともなって、資本の本源的蓄積の本格的かつ最終段階と、産業革命後の自由主義に基づく産業資本主義段階という二段階の過程を含んでいるといわれる。今問題にしている前者の段階では、一般に、未だ残存する封建的生産関係を解体し資本主義的生産関係を創出していくために、国家権力は社会における経済的諸過程に対してより直接的に介入すると説明されている。それは、ロックでいう「自然権」保護という理念により正当化され、資本主義の来るべき全面展開のための社会的基礎をつくりあげるはずであるが、これまでの若干の検討をふまえるならば、こうした国家権力の積極的な関与がこの時期のイギリスにみいだされうるとは考えにくいのである(58)。その意味で、資本の本源的蓄積の本格的かつ最終的段階における国家介入のイギリス的特殊性を明らかにしようとすれば、この消極性こそが、実態をとおして具体的に議論されねばならないのである。

ここでは、こうした問題も射程に入れながら、「名誉革命体制」における「国会主権」原理の運用実態を確かめていくことにしよう。

[1]　国会の立法活動

ところで、名誉革命によって確立されたとされる「国会主権」原理は、ダイシーによる有名な定義によれば、「イングランドの統治構造のもとで、……国会が、いかなる法をもつくりまた廃止する権利をもつこと、さらに、いかなる人も団体も、イングランドの法により、国会の立法をくつがえしたり排除する権利をもつものとしては認められないこと」(59)を意味するとされる。それは国会の立法の無制約性とそれに対抗する存在の否定を意味するものであり、そこからは、主権者たる国会が社会に対し積極的に関与するイメージが浮かびあがってくる。ダイシーは、本章で対象とする時期に制定された一七〇一年王位継承法や一七一六年七年任期法等に言及しながらこの定義を導いているのであるが、この時期の一般的傾向としては、そのイメージとはかけ離れた、まさしく「立法休止（legislative quiescence）」(60)とも呼ぶべき状態が展開されていたのである。

実際に、国会の立法活動をみてみることにする。

国会がこの時期に制定した法律の数は、一年間で百に満たない数字であり、一七一一年で七四、一七七〇年で九九を数えるものだった(61)。これは、産業革命後、様々な社会問題が噴出しそれに対処するために諸改革が進んだ一九世紀と比較すれば、きわめて少ない(62)。しかも、問題はその内容にある。一七一一年の段階では、その約半数を一般法律（public act）が占めていたのに対し、一七七〇年になると、その数は四と激減しており、国会制定法の大半は個別法律（private act）で占められることになる。前者の数字を革命により混乱した状況のものとして考えるならば、その後の安定した一八世紀全般の政局の下においては、個別法律が一般法律の数をはるかに上回っていたと考えられるのである。

この時期の個別法律は、外国人帰化や婚姻のごとき個人の身分の変更、囲い込み（enclosure）や継承的財産設定（settlement）のごとき個人の所有財産の確定、道路・河川・橋梁の修復・敷設や公衆保健のごとき公共事業の実施、さらには救貧税や関税の賦課のごとき地方統治の遂行などにかかわる様々な権限を付与することを主要な目的とする国会制定法である。[63] 個別法律が一般法律と違う点は、それが全国的に一般的効果をもって適用されるものではなく、特定個人や特定地方に対してのみに効果をもつ点にある（ちなみに、今日では特定個人に適用される法律を人的個別法律（personal act）、特定地方に適用される法律を地域的個別法律（local act）とよぶが、一八世紀段階では必ずしも明確な区別を設けていたわけではない）。

このように限定された範囲でのみ効力をもつ個別法律が、国会の立法活動の中心にあったという事実は、その活動の意義を考える上で大きな示唆を与えよう。この現象が現れた原因を、F・W・メイトランド（Frederic W. Maitland）は、一般法律をとおして国王の影響力や恩恵授与の機会が増すのではないかという当時の警戒心に求めているが、[64] 当時の国会はさほど意図的であったようにはみえない。国会は、社会的害悪を除去する必要性を認識したときにおいてすら、立法をとおして執行府の強制的介入を促し社会に重要な変化をもたらそうとはせず、実際の姿は、私人や地方の統治機構をとおして既存の状況に対し限界的な調整を行う存在でしかなかったといわれるのである。[65]

その点は、個別法律の立法手続きをとおしても認識しうる。[66] その手続きは、個々の関係当事者が自ら署名をした請願（petition）を書記官（clerk）または貴族院議員に提出することをもって開始される。貴族院は、請願者や利害関係者からの証言を受けた二名の裁判官が署名する付託命令（order of reference）を受け取ると、審議を開始する。簡単に第一読会を経た後、第二読会では最低五名から構成される委員会による一四日間以上の審議に付託される。ここには請願者や証人も出席することができ、その結果に対しては、請願者自身による直接の同意もしくは宣誓供述書による同意が表明されねばならない。その後、再び貴族院での第三読会に付され、そこで可決されるならば、庶民院に移される。庶民院でも、ほぼ同様の過程で進められるが、その手続きは貴族院ほどは厳格でなかった。上述のとおり、貴族院のもつ司法的性格が重視されたからと考えられる。そして、庶民院において可決されるならば、国王の裁可を得て制定されることとなる。

私人の請願に基づいて私人間相互の財産権の調整を行うこうした手続きは、通常考えられる立法のそれというよりはむしろ私人間の合意獲得のための司法的な裁定手続きに近かったといえる。[67] さらに、公共事業に関していえば、請願者は法案の通過により地方の統治について一定の権限を得るが、これは、請願者自身に対して当該権限を適正に行使することを義務づけるという意味も有しており、したがって、手続きそのものが請願者と国会との間の制定法上の取引（statutory bargain）に基づく契約的性質をもったものとみることもできる。[68][69]

以上からも、この時期の国会が、主権者たる地位をもちながら、実際には、自らの意思に基づいて法を創造し、社会をある一定の方向に導いていこうとするものでなかったことは明らかとなろう。むろん、国会の主たる機能が法の創造にあると考える段階には未だいたっておらず、国王も国会に対して新たな法を作らせる責任があるとは認識していなかったからともいえる。[70] さらに、当時の社会において、法とは「創造」するものではなく、裁判官が「発見」するものと理解されていたからともいえる。[71] しかし、そうであったとしても、国会における「立法休止」状態がもたらす現実の効果は、現実の社会を放任し、個別的な対応をとおして既存の秩序をそのままの形で安定化・固定化することにほかならないのである。その意味で、右に示したいくつかの事実は、それがどこまで「意図的」[72]だったかは確定できないにせよ、一八世紀における国会が中央集権的な統治構造を拒否した結果とすることができるのであり、さらにいえば、その帰結は、次節でみる「地方の自己統治」の実態へとつながっていくことは確かなのである。

[2] 中央の執行府の存在意義

さて、立法府たる国会がこのような状態であったとすれば、そこで策定される法律を実行に移すはずの中央の執行府はいかなる状況にあったのだろうか。当時の執行府が、パトロネジをとおした官職配分により、国会を構成する三者間に権威的秩序に基づく均衡関係をもたらしたことについてはすでに述べたが、ここでは、そのような執行府が社会全体に対していかなる存在意義をもっていたかを確かめることにする。

まず、この時期の執行府を構成した官職をみておこう。高位の官職は、相当に古い段階に宮廷（household）との関連で設置されたものが多くを占めていたが、それでも新たな必要性から国王の裁量または国会制定法をとおして創設されたものもあり、全体としては複雑な様相を呈していた。(73) 例えば、警備長官（Earl Marshall）や大侍従卿（Lord Great Chamberlain）のごとく、もっとも初期の宮廷組織を代表する官職でありながらこの時期には実際の統治にほとんど重要な意味をもたなくなっていた世襲的名誉職、侍従卿（Lord Chamberlain）や宮廷監査官（Controller of the Household）のごとく、宮廷との関係で未だ一定の機能を果たし、時には内閣を構成することもある官職、(74) 大法官（Lord Chancellor）や大蔵卿（Lord High Treasurer）、王璽尚書（Lord Privy Seal）、海軍司令長官（Lord High Admiral）のごとく、中世の段階で宮廷から離れ政府の官吏（officials of the state）としての統治機能を付託された官職、さらに、国務大臣（Secretaries of State）や軍事大臣（Secretary at War）、郵政大臣（Postmaster-General）のごとく、一七世紀以降において重要な統治機能を果たすために宮廷から登場したか国王または国会制定法により創設された官職、といった具合である。これらの官職のなかには、後に近代的な統治機構として重要な機能を果たすことになるものも含まれているが、革命をとおして中央集権的統治機構を排除したこの時期にあっては、それらが確固とした組織をそなえ全国的に画一的行政を行っていく機構とはなっていない。それどころか、これらの官職への任命は国王の裁量に属す行為であり、さらに、国王は議会に対する影響力を保つために、新しい官職を創設したり既存の官職に新しい権限を付与することは容易にできたため、執行府それ自体が人的にも機能的にもきわめて流動的であり、安定した統治活動を保障するものとはなっていなかったのである。

このような事態をもたらした原因としては、まず、公金や公的サーヴィスの観念の欠如があげられる。[75] 前述したように、社会的な問題への対処は、様々な公共事業がそうであったように、個別法律をとおして個々の私人や地方があくまで私的に責任を負うものであり、中央の執行府は彼らを支援したり救済することはなかった。たしかに、当時は未だ単純な農業社会であり、いわば公的な介入を必要とする深刻な社会問題が登場していなかったとも考えられるが、それ以上に、公金や公的サーヴィスの観念が欠如していた背景には、国会や裁判所を含むすべての統治組織が財産所有者の専有物であるという公私が区別なく入り交じった観念が存在していたのである。[76] 特に中央の執行府については、中世的な「官職保有（tenure of office）」の観念が強く残っており、[77] そこでの官職は、国王に対する一定の義務を果たす代わりに国王のシヴィル・リストから支払われる手数料（fee）や年金（pension）を受け取るという封建的な財産権を意味していたのである。しかも、「保有」の観念には、義務の遂行にあたって彼の便宜に従ってよいという内容が含まれていたから、個々の官職保有者たちは副官（deputy）を任じ、彼にかわって義務を遂行させる。副官もまた同様に下位の者を任じ義務を課すことができたから、官職保有者の下にはヒエラルヒーが出現し、同時に、義務それ自体も形式的なものとなっていくことになる。任命についても、義務をもっともうまく遂行しうる者を選ぶというよりはむしろ、任命権者が恩恵を与えたいと思う者に利益を付与する行為とみなされていたし、[78] さらにまた、そこでの利益には、国王から得られる給与よりも高額にのぼったといわれる公衆からの臨時収入が含まれていたから、[79] 官職はますます財産権としての性格をもち、職務執行の効率性を高める契機は失われていくことになる。官職の売買がさかんに行われたのも、こうした性格から派生した事実であることはいうまでもない。

ところで、このような状況では、安定した執行機構も効率的な権限行使も望みうるものではないが、それは当時の社会構造そのものが中央集権的な官僚機構による画一的な行政を必要としなかったからともいいうる。前述のように、個別の地方社会は土地財産を基準とするパターナリスティックな支配構造を有していたが、それは、この後すぐに検討するように、治安判事（justice of the peace）を中心とする自律した地方の統治構造へと収斂していく。これが、一八世紀社会の基本的特徴であるとすれば、中央の執行府は地方に介入することを予定されるものではなく、むしろ、そこでの社会構造を温存する権威的存在としてのみ意義をもつこととなる。すなわち、大土地貴族は競って官職を獲得しようとするが、保有した官職は、全国的な身分的ヒエラルヒーの最上位に位置する「名誉の源泉」であるがゆえに、彼らのもつ権威は客観化され、その一方で、財産権の一部としての官職は現実の支配力をも強化する。だからこそ、これらの大土地貴族は自らの地歩をかため安定した自律的支配が可能となったといえよう。その意味では、この時期の執行府は、自ら得た情報をもとに積極的に国会に働きかけて社会全体の改革を図ることもなかったと結論づけることができるのである。(80)

註

（1）「議会（parliament）」がもともとは貴族院を意味し庶民院を含まなかった点については本節で述べるとおりだが、それが、庶民院を含むようになっていく過程については、戒能通厚「イギリス市民革命と法――所有と法をめぐる抗争を中心として」（高柳・藤田編『資本主義の形成と展開１』東京大学出版会、一九七二年、所収）一二五―一二六頁参照。なお、本書では、国王、貴族院、庶民院の三者から構成される組織に対しては、議会とは異なる意味を込めて、国会という用語をあてる。

（2）「庶民の権利および自由を宣言し、王位継承を定める法律」第三条（『人権宣言集』岩波文庫、一九五七年、所収、八四頁。以下、括弧内は本書の頁数を示す）。

(3) 同上、第一条（八一頁）。

(4) 「王位をさらに限定し、臣民の権利と自由をよりよく保障するための法律」第一条（『人権宣言集』岩波文庫、一九五七年、所収、九一頁。以下、括弧内は本書の頁数を示す）。

(5) 同上、第三条（九四頁）。

(6) J. Locke, "An Essay Concerning the True Original, Extent, and End of Civil Government," in *Two Treatises of Government*, New American Library, 1965, p. 456（鵜飼信成訳『市民政府論』岩波文庫、一九六八年、二一五頁。以下、括弧内は訳書の頁数を示す）。ちなみに、彼自身の言葉を引用しておけば、次のようになる。「もし一人でも、多数でも、人民に任命されないで、法を作る権限があると称して、権限なしに法を作るとすれば、人民はこれに服従する義務はない。こういう場合には、人民から解放され、自分でもっともいいと信ずる新しい立法政府を作ってもよいのである。何故なら、彼らは、権限もないのに、自分たちに何かを強制するような者の力に抵抗する完全な自由をもっているからである。」

(7) *Ibid*., p. 421（一六三頁）。ここでも彼の言葉を引用しておくことにする。「立法権と執行権とが、別個の者の手中にあるところでは、……社会の福祉の要求することは、若干の事柄は執行権をもっている者の裁量に任すべきだというにある。というのは、立法者は、協同体にとって有用な一切のことを、あらかじめ予見し、法で規定することはできないため、法の執行者が、その手中にある権力を、自然の普通法にしたがって、社会の福祉のために用いる権利があるといわなければならないからである。」

(8) *Ibid*., p. 456（二一五—二一六頁）。

(9) *Ibid*., p. 414（二五二—二五三頁）。

(10) 安藤高行『近代イギリス憲法思想史——ベーコンからロックへ』御茶の水書房、一九八三年、三一〇頁参照。

(11) T. H. Dickinson, *Liberty and Property: Political Ideology in Eighteenth-Century Britain*, Methuen, 1977, p. 125.

(12) *Ibid*., p. 126.

（13） 該当する箇所を引用しておく。彼はまず「主権とは、……法を定立することである」と定義した上で、次のように述べる。すなわち、「法定立権が人民全体に存するような民主制においては、目的の公共的高潔さまたは優秀さを、他の統治の特性をもついずれよりも一層よくみいだすことができよう。しかし人民集会はその仕組みにおいてしばしば馬鹿げたものであるし、その執行において弱体である。貴族制においては、他の統治の枠組み以上に、知性をみいだすことができる。それは、最も経験豊富な市民から構成され、またはそのように構成されることが意図されているものの、共和政体ほど誠実ではなく、また君主制ほど強力でもない。君主制は実際、何よりも強力であり、あらゆる統治の腱が固く結びつけられ、君主の手に統合されている。しかし、そこでは先見の明のないまたは圧政的な目的のために、その力を君主が行使するという切迫した危険性が存しているのである。」（W. Blackstone, *Commentaries on the Laws of England, 1765–1769, vol.1*, The University of Chicago Press, 1979, pp. 49–50.）

（14） *Ibid.*, pp. 50–51.

（15） *Ibid.*, p. 51.

（16） ダイシーは、よく知られているように、ブラックストーンの諸説を「言葉と思想のどうしようもない混乱（the hopeless confusion, both of language and thought）」（A. V. Dicey, *An Introduction to the Study of the Law of the Constitution, the 10th ed.*, Macmillan, 1959, p. 7）と酷評しているが、その批判の内容を「国会主権」原理とのかかわりで理解しようとすれば、ここで示した現実の政治的諸関係とあるべき主権的地位の密接不可分の関係ということになろう。

（17） ブラックストーンは、「その自然的資格において考慮される人の権利」を「絶対的諸権利」と「相対的諸権利（relative rights）」とに分け、前者について「単に個人または単一の人として、個々の人間に当然付随し属すもの」と説明し、「相互に様々な関係に立つ社会の構成員として個々の人間に付帯する」後者と区別している（Blackstone, *op. cit.*, p. 119）。なお、「絶対的諸権利」には、具体的に「個人の安全の権利（right of personal security）」「個人的自由の権利（personal liberty of individual）」「財産権の権利（right of property）」が含まれる。こうしたブラックストーンの理論については、内田力蔵「イギリスにおける『個人的自由の権利』について――ブラックストンの『絶対権』の観念を中心とするひとつの覚え書き」（東京大学社会科学研究所編『基本的人権　四　各論I』東京大学出版会、一九六八年、所収）参照。

（18）*Ibid.*, p. 123.

（19）*Ibid.*, p. 52.

（20）*Ibid.*, p. 157.

（21）同種の議論は、例えば、同じくロック理論の影響を受けたといわれる一八世紀スコットランドの思想家D・ヒューム（David Hume）にも現れている。彼は、庶民院の権限は非常に大きく他の統治部門に対する命令を下すことができるにもかかわらず、なにゆえ国王や貴族院を縮小させないのかという問に答えて、次のようにいう。すなわち、「団体の利益は、ここで、個人の利益により抑制され、庶民院が他の権限を拡張し〔他の部門への〕権利侵害を生ぜしめるならば、その構成員の大多数の利益に反することになるがゆえに、そうはしないと私は答える。国王は、その意のままになる非常に多くの官職を有しており、庶民院の誠実で公平な部分により援助されるならば、〔彼は〕少なくとも、古来の統治構造を危険から保全することにつき、常にあらゆる決定を下すことができる。……われわれは、それを腐敗（corruption）や依存関係（dependence）という不愉快な言葉で呼ぶことができよう。しかし、ある程度の、そしてある種のそれは、統治構造のまさに本質と不可分のものであり、わが国の混合統治形態のために必要なものである。」（D. Hume, "On the Independency of Parliament"（1741）, in T. H. Green and T. H. Grose eds., *Essays: Moral, Political and Liberty, vol.1*, Longmans, 1912, pp. 120–121.）

（22）当時の人民に対し統治者への従属を強いる議論は、例えば、一七五二年、貴族院で行われたヘレフォード主教（Bishop of Hereford）の説教に典型的に現れている。いわく、「ある社会を想定し、同時に、その社会の構成員が従属しないこと、あるいは、支配者や統治者の義務が存在しないことを想定することは愚かであるようにみえる。公的権威に対する異議申立、換言すれば、反乱（rebellion）は社会の解体への必然的傾向をもっており、それは、人々から彼らのもつあらゆる利益と恩恵を奪うことになるからである。この利益と恩恵の安全のために、社会が形成され、政府が設立されたのである。」（cited in Dickinson, *op. cit.*, p. 131.）

（23） M. J. Vile, *Constitutionalism and the Separation of Powers*, Clarendon Press, 1967, p. 67.

（24） この確立過程については、K・R・マッケンジー著、福田三郎監訳『イギリス議会——その歴史的考察』敬文堂、一九七七年、第五章参照。

（25） W. Holdsworth, *A History of English Law*（以下、*H.E.L.*と略す）, *vol. X*, Methuen, 1938, p. 607.

（26） *Ibid.*, p. 608.

（27） 個別法律については後にも触れるが、その法律については、アメリカにおける制度をも含めて論じたものとして、田中英夫「英米におけるPrivate Act（個別法律）——英米の立法権の観念に関する一考察」（法学協会編『法学協会百周年記念論文集 第二巻』有斐閣、一九八三年、所収）を参照。

（28） Holdsworth, *H.E.L.*, *vol. X*, p. 626.

（29） *Ibid.*, pp. 412–414.

（30） Blackstone, *op. cit.*, pp. 232–233.

（31） Holdsworth, *H.E.L.*, *vol. X*, p. 358.

（32） *Ibid.*, pp. 358–359.

（33） A. S. Food,"The Waning of 'The Influence of the Crown,' " *English Historical Review*, no. CCXLV,（Oct. 1947）. p. 491.

（34） *Ibid.*, p. 493–494.

（35） *Ibid.*, p. 497.

（36） Blackstone, *op. cit.*, p. 243.

（37） W. Holdsworth, *H.E.L.*, *vol. I*, Methuen, 1927, pp. 380–385.

（38）プラクネット著、伊藤正巳監修／イギリス法研究会訳『イギリス法制史――総論編　下』東京大学出版会、一九八〇年、三七五頁。ただし、貴族院全体がもつ権威とのかかわりで、この点をそれほど否定的に捉えない見解にたつものとして、Holdsworth, *H.E.L., vol.* X, p. 610 がある。

（39）A. S. Truberville, *The House of Lords in the XVIIIth Century*, pp. 9–10, cited from *Ibid.*, p. 611.

（40）*Ibid.*, p. 612.

（41）その過程はきわめて漸次的で連続的なものであった。see *Ibid.*, pp. 468–481.

（42）一八世紀における統治構造上の習律と一九世紀におけるそれとの違いを強調するのはホールズワースである。W. Holdsworth, "The Conventions of the Eighteenth Century Constitution," *Iowa Law Review*, vol. XVII, no. 2,（Jan. 1932）. そこでは、「一九世紀の主要な習律は、内閣を中心としており、そのすべてが庶民院の政治的優越性を目的としていた。それに対して、一八世紀の主要な習律は、未改革のパーラメントにおける代表の状態によって可能となる影響力のシステムを中心としており、その目的は、立法府の三つのパートナー、すなわち国王、貴族、庶民の活動における独立性を確保することであった」（p. 163）とされている。

（43）*Ibid.*, p. 171.

（44）Holdsworth, *H.E.L., vol.* X, p. 613.

（45）see *Ibid.*, pp. 501–506.

（46）一七四四年段階で、内閣一三名中、八名の公爵（duke）がいたといわれる。W. Holdsworth, "The House of Lords, 1689–1783," *The Law Quarterly Review*, no. CLXXIX,（July. 1929）p. 313.

（47）Parkin, *op. cit.*, p. 40.

（48）庶民院が貴族院の助言を受けて課税に対し承認を与える行為が慣例化するのは一四世紀末であり、それは一六二八年の権利請願により確定するが、周知のとおり、その後も、トン税・ポンド税や船舶税等により不法課税が続けられたため、革命勃発の原因となった。そして、王政復古後、これら海外通商に関する大権事項に含まれた課税についても、庶民院は唯一の発議者としての地位を確定させることになる。

(49) Holdsworth, *H.E.L., vol.* X, p. 482.

(50) Food, *op. cit.*, p. 491.

(51) 例えば、横越英一『近代政党史研究』勁草書房、一九六〇年、第一章参照。

(52) 一七六一年においては、五五名の大貴族が庶民院四一七議席中一一七議席の指名を行ったといわれる。Mingay, *op. cit.*, p. 112.

(53) *Ibid.*

(54) 横越、前掲書、一六―二〇頁。

(55) Mingay, *op. cit.*, p. 121.

(56) see G. P. Judd, *Members of Parliament, 1734–1832*, New Heaven, 1955, appendix 6, 12, 14.

(57) *Ibid.*, pp. 32–35.

(58) 例えばアティアは、近代的統治構造の特徴を、(1)中央集権的官僚制の存在、(2)法的機能の明確な分配、(3)国家の物理的力の短時間で広範に及ぶ浸透、という三点に整理した上で、これらが見出されるのは二〇世紀になってからであり、一八世紀にはまったく欠如していたと説明している。Atiyah, *op. cit.*, p. 18.

(59) Dicey, *op. cit.*, pp. 39–40.

(60) 「立法休止」という用語は、ダイシーが、『法と世論（*Lectures on the Relation between Law and Public Opinion in England during the Nineteenth Century*）』のなかで、一九世紀を時代区分し一八〇〇年から一八三〇年までを特徴づけた際に用いた言葉である。

(61) ここであげた数字は次を参照した。S. Lambert, *Bills and Acts: Legislative Procedure in Eighteenth-Century England*, Cambridge, 1971, p. 52; Atiyah, *op. cit.*, p. 92.

(62) 一八一一年段階で、四一三の国会制定法が成立しているが、そのうち一般法律が一一八、個別法律が二九五であった（Lambert, *op. cit.*, p. 52）。なお、一九世紀において成立した国会制定法の数は、むろん年によって相当な開きがあるものの、だいたいの傾向として、三〇〇を中心に推移している。そのうち、一般法律が一〇〇、残りを個別法律が占めている。ちなみに、これらの数字については、F. Clifford, *A History of Private Bill Legislation*, Butterworth, 1885, appendix に詳細な統計が掲載されている。

(63) 田中、前掲論文、一〇〇―一〇二頁参照。

(64) F. W. Maitland, *The Constitutional History of England*, Cambridge, 1908, p. 383.（小山貞夫訳『イングランド憲法史』創文社、一九八一年、五一〇頁）

(65) Atiyah, *op. cit.*, p. 93.

(66) see Lambert., *op. cit.*, pp. 85–89.

(67) 例えば、道路の拡張のように地方統治にかかわる問題であっても、特定の者の土地の収用を含んでおり、その意味では、財産権の調整といいうる。

(68) Atiyah, *op. cit.*, p. 93.

(69) *Ibid.*, p. 94.

(70) Atiyah, *op. cit.*, p. 91.

(71) Maitland, *op. cit.*, p. 382.（小山訳、五〇八―五〇九頁）

(72) Atiyah, *op. cit.*, p. 98.

(73) Holdsworth, *H.E.L.*, *vol.* X, pp. 461–462.

(74) 一七〇一年頃内閣を構成していた者は、大主教、国璽尚書（Lord Keeper）、枢密院議長（Lord President of the Council）、王璽尚書、侍従卿、大蔵委員会第一委員（First Lord of the Treasure）、国務大臣、アイルランド総督（Lord Lieutenant of Ireland）であり、国王が望めば、海軍委員会第一委員（First Lord of the Admiralty）等も出席することができた。*Ibid.*, p. 472.

（75）Atiyah, *op. cit.*, pp. 19–20.

（76）*Ibid.*, p. 21.

（77）Holdsworth, *H.E.L.*, *vol.* X, p. 499.

（78）*Ibid.*, p. 509.

（79）例えば、一七世紀の国務大臣の給与は年間一〇〇ポンドだったが、実際には二〇〇〇ポンドの収入があったという。*Ibid.*, p. 500, n. 3.

（80）こうした一八世紀の執行府はしばしば「脆弱性（weakness）」という言葉で特徴づけられるが、以上の行論から明らかなように、そうした「脆弱性」がある程度意図的にもたらされたと考えれば、コリガンとセイヤーが指摘するように、「寛容性（permissiveness）」という用語の方が妥当するのかもしれない。P. Corrigan and D. Sayer, *The Great Arch: English State Formation as Cultural Revolution*, Basil Blackwell, 1985, p. 91.

第三節　「法の支配」原理の実態

さて、ここでの考察も、いよいよ一八世紀の中心的な舞台になる地方の統治構造へと向かう。すでに繰り返し述べてきたとおり、この時期の最も現実的で具体的な支配の実態は、地方の自律した統治構造にこそ収約されている。ただ、その検討にはいる前に、こうした地方統治の実態が、統治構造上の原理という観点からみて、いかなる意味をもっていたかにつき、簡単に触れておきたい。

中央集権的な権力的強制装置を否定し、少なくとも法的には私的自治の原則が貫徹するようになった社会では、秩序維持を担う者であっても独自の法判断領域をもつ行政権力として現れる契機は著しく抑制される。権力の絶対的恣意的行使を排除すること、それが市民革命の大きな成果であったからである。そして、この歴史的な決着を統治構造上の原理として確認したものが、「人の支配」と対峙する「法の支配」原理であった。「国王はいかなる人の下にもあるべきではないが、神と法の下にあるべきである」というE・クック（Edward Coke）が残した有名な言葉が表すように、その原理のもとでは、最高の権力者であっても、通常の裁判所において「発見」される通常法によりその活動が制約されるのであり、その結果として、個人の権利は最大限保障されるといわれる。この原理が、近代的とされる理由は、まさにここにある。そして、「行政法の不存在」というこの国に特異な原則や、様々な歴史的局面で実際に看取される「行政」に対する強い警戒心も、この脈絡のなかで理解されるべきことがらといえる。

ところがその一方で、こうした「法の支配」原理を統治構造の実態的側面からあらためてながめると、そこでは、裁判官という「人」が唯一の法判断者あるいは法の「発見者」として登場し、社会を実質的に支配する構図が浮かびあがってくることに気づく。「法の支配」が貫徹する統治構造においては、「通常法の排他的正統性」と「通常裁判所の判断の独占[1]」が暗黙の前提とされるのであり、そのいずれにおいても、裁判官こそが、通常法や通常裁判所の中心的担い手として現れるのである。

そして、ここで対象とする「名誉革命体制」期では、身分的ヒエラルヒーの上位に位置する者がこうした裁判官職を独占することで、中央の介入が相当に弱まった地方社会において、「地方の自己統治」とも表現される自律した統治を実践していくことになる。したがって、当時にあって、最も具体的かつ実質的な形で統治が行われた地方社会をみようとすれば、事実上、「人の支配[2]」を正当化しうる「法の支配」原理の実態という矛盾した構造に、議論の中心がおかれなければならないのである。

1　地方の統治構造

［1］　地方の統治機構

一八世紀の地方の統治構造を理解するために、まずはその機構を概観しておくことにしよう。この時期に実質的な統治の中心的役割を担った地方の諸機構は、そのどれもが、名誉革命以前に創出されながら、この頃になると、中央の介入が弱まった結果として、地方統治の機能を開花させていった歴史をもつ。やや遠回りにはなるが、まずは絶対王政期にまでさかのぼり、そこで成立した地方の統治機構をながめておきたい。

アングロ・サクソン時代以来、地方分権傾向の強かったこの国の統治構造は、チューダー期にはいると急速に中央集権的傾向が高まる。もともとクーリア・レーギスが担った司法的処理をとおして国王を補弼する機能は、ヘンリーⅧ世（Henry VIII）（治世一五〇九—一五四七年）以降、後に枢密院と呼ばれる少数の合議体によって効率的に進められるようになる。枢密院は、北部地方評議会（Council of the North）、ウェールズ地方評議会（Council of the Wales）、ウェールズ辺境地方評議会（Council of the Marches）などの大権裁判所（prerogative court）を従属機関として設置し、枢密院令の実施を徹底すると同時に、その執行状況の監督、強制公債の徴収、官吏・民兵に対する不服中立の処理などをとおして地方の監視を強めたのである(3)。さらに、星室裁判所（Star Chamber）(4)も、当初はコモン・ロー上の煩雑な手続きで処理しきれない紛争を特別に救済するためにおかれていたが、絶対王政下では、その管轄権にあたる騒擾事件、とりわけ文書誹毀（libel）の処理、国王の布告の執行とその違反に対する処罰、すべての裁判所に対する後見などの権限を利用することにより、地方に対する統制権を拡大していくのである。これらはいずれも革命を経ることで廃止される運命にあったが、他方で、革命後も存続した介入手段として軍事代官（lord lieutenant）があった。これは、緊急時における民兵の徴収・指揮を主な目的に一六世紀初めに各カウンティにおかれたが、絶対王政の進行とともに、恒久的な官職としてカウンティ最高の地位を確保した。(5) イングランドでは枢密顧問官（Privy Councillor）が、ウェールズではウェールズ地方評議会議長（President of the Council of the Wales and the Marches）がその職に就くことがしばしばであり、軍の統率のみならず軍事公債の募集や地方官職の任命・監督、様々な情報収集などの職務をとおして、(6) 中央と地方の関係の緊密化を図ったのである。

これら一連の統制機関により地方社会は厳しい監視のもとにおかれていくが、個々の地方には、同じ脈絡のなかで、中央の意思に呼応し治安の維持にあたる治安判事が設置されていくことになる。

その経緯についても手短にみておこう。一四世紀の黒死病の流行に端を発した封建的危機の深刻化は、古ゲルマン的共同体を崩壊させていったが、それに伴って、自治的性格を具備した地方の諸裁判所は没落しはじめ、さらに司法、行政、財政にかかわる様々な権限を掌握しカウンティの統治者として君臨したシェリフ（sheriff）も、徐々にその影響力を失うこととなった。そして、それにかわって登場したのが治安判事である。その目的は、臣民の義務とされた「国王の平和（King's Peace）」を守ることにおかれていたため、この官職には素人が無給で選任された。当初は反逆罪を除く正式起訴（indictment）の手続きに付すべき犯罪に対する管轄権が与えられていたが、一五世紀頃からは、国会制定法をとおして略式起訴の手続きによって審理する権限も付与されていくことになる。(7) ここには、働かない貧困者に対し法定賃金により労働を強制したり、(8) 不正な度量衡を用いた者を処罰するといった地方社会の秩序維持にかかわるいくつかの権限が含まれていたが、一六世紀には、シェリフ以下の官吏の職務に懈怠があれば審理し処罰しうる権限など地方統治のあり方に直接かかわる権限も付け加わることになり、国王意思の反響板として実質的な統治機能を担っていく。

絶対王政下では、こうした治安判事をより効率的に機能させるため、中央の規制が強化されるが、それとは別に、コモン・ロー裁判所、とりわけ王座裁判所（Court of King's Bench）の司法統制も受けることになる。王座裁判所は、刑事管轄権に関する第一審裁判所として大権令状（prerogative writs）を発給することにより、治安判事に対する監督的管轄権を行使し、例えば、そこでの審理が公正に行われたかどうかを審査するために事件を移送させたり、一定の職務を遂行させるべく命令を下した。さらに、王座裁判所は、アサイズ裁判官（justice of assize）を各地に派遣し、治安判事の活動に介入を行うこともできた。彼らは通常、一般刑事巡回裁判官嘱任状（General Commission of Over and Terminer）を受け、正式起訴手続きに付すべき刑事事件を審理し終結させる権限をもったが、絶対王政期には、枢密院の命令に従い特定の事件にあたったり、治安判事の様々な行政的事務を監督したりもしたのである。(9) ちなみに、これらはコモン・ロー上の正式手続きに属すことがらであっただけに、大権裁判所や星室裁判所とは異なり、革命後も残り、後述のとおり、治安判事に対する統制手段として一定の意義を有していくことになる。

さて、地方の末端たる教区（parish）に目を移そう。この時期には、実質的な行政的機能（civil administration）を担う地方の最下級の諸機構も中央の意思に従いうるよう整備されていく。

もともと宗教区分の単位でしかなかった教区は、チューダー期の救貧立法をとおして世俗的な統治の基礎単位とされ、(10) それと同時に、以下のごとき教区官吏も徐々に整備されていくことになる。

まず教会委員（churchwarden）である。(11) 彼らは、教会法たるカノン法（canon law）だけでなく地方慣習やコモン・ローにも従いながら、教会や教会墓地の維持・管理や礼拝についての責任を有していた。ただ、教区民の代表者として選出されたこともあり、一六世紀には、教区内の貧民を救済する目的で慈善的施し（alms）を集めることが義務づけられる。この施しは、一六〇一年エリザベス救貧法（Poor Relief Act（Statute of Elizabeth））により、教会税（church rate）として教区の戸主から強制的に徴収されたが、このとき、教区は教会税を徴収する基礎単位となり、救貧行為そのものも教会による宗教的な施しから世俗的な地方統治の一環と考えられるようになる。そして、

教会委員もまた、この動きに連動し、地方統治にかかわる教区官吏としての位置づけをえるようになっていくのである。(12)

救貧事業の世俗化の過程は、教会委員以外の官吏をも作り出していく。当時の教区には、老人や病人、孤児その他様々な社会的貧困者であふれていたが、一五九七年には、治安維持という観点からそれらに対処するため、貧民監督官（overseers of the poor）がおかれている。教区の「相当な財産をもつ戸主」から治安判事によって任命された彼らは、教会委員に補佐されながら、感化院（house of correction）で貧民たちに労働を強制したり、教区外から来た貧民に退去命令を出したり、救貧税（poor rate）を賦課した。貧民監督官は、そうした権限を行使する際、治安判事には服すものの、教区委員と違い、教区民に対し責任をもつとは考えられなかった。(13)

さらに、それまで村落共同体（township）や十人組（tithing）の官吏であった治安官（constable）や、ハンドレッド（hundred）の官吏であった治安監察官（high constable）も、封建的な基盤が弱まるにつれ、教区との結びつきが強くなり、治安判事により任命されその執行官として機能するようになる。(14)彼らには、浮浪者に関する諸法律の執行や酒場の監督、教区会の召集を行う権限が与えられた以外に、治安判事に引き渡すまでの間、「平和の保護者（conservator of the peace）」として被疑者を逮捕・監禁するコモン・ロー上の権限が付与されたのである。(15)さらに、一八世紀になると、それまで領主裁判所に属していた入会地や家畜にかかわる管轄権をもつことになるし、(16)治安監察官にはカウンティ・レイト（county rate）の徴収権も与えられることになる。(17)

他方、教区には、一六世紀中葉以降、公道の維持・監督という目的から公道監督官（surveyors of highway）もおかれている。彼らは当初、治安官と教会委員により選出され、教会委員に責任を負いながら教区民の公道維持義務を監督していた。(18)しかし、一七世紀末になると、治安判事が公道監督官の任命権を獲得し、彼らはその指揮下で、戸主に対して公道の修復命令を下す権限や、教区住民が定められた期日に集まり公道維持のための労働力を提供するのを監視し、違反者に対しては科料を科す権限をもつことになったのである。[19]

なお、これら教区官吏は、通常、無給で短期間（一般的は一年間）奉仕した。これらの職務に就くことは教区民の義務と考えられていたからである。[20] その出身階層は、下層の自由土地保有権者や小商人、独立手工業職人など、身分上必ずしも高位に位置する者ではなく、彼らにしてみれば、その職務に就くことはかなりの負担になっていたといわれる。そのため、特に煩わしい治安官や公道監督官については、任命を回避する傾向が認められたが、ひとたび職務に就けば、懈怠に対し治安判事が科料をもって処罰したため、総じて上からの強制がなくとも精力的に機能したといわれる。[21]

以上のように、絶対王政期には、治安判事は数多くの実質的な行政的監督権をもつようになり、それを中心とした地方統治機構が整備されていった。治安判事は、むろん、一方では枢密院や大権裁判所、星室裁判所の統制を、他方では王座裁判所の厳格な統制に服してはいたが、革命をとおして前者の勢力が衰退すると、治安判事は後者に対してのみ服することになる。王座裁判所は、コモン・ロー及び制定法の付与した裁量の範囲で行われる治安判事その他の純粋に地方的な事務については介入を避け、彼らの行う地方統治を支持したといわれる。[22] また、中央のコモン・ロー裁判所に訴えることは高額な費用と時間を必要とするものであったため、教区やカウンティの官吏の権限や資格につきその判断をあおいだのは、一世代に一件か二件であったともいわれる。[23] このような状況のもとで、治安判事を中心とした地方の自律的な統治が展開されていくのであり、しかも、中央の国会や執行府は、前節でみたように、こうした統治のあり方を支持したため、地方分権化傾向は急速に高まっていったと考えられるのである。

［2］　治安判事の統治形態

これまでの説明を前提とした上で、次に一八世紀に展開した治安判事の統治形態へと議論を移すことにしよう。

この時期の治安判事は「カウンティの支配者」と呼ばれるほど無制約な地方統治を推進したことで知られるが、カウンティには彼らよりも高位の官職が存在していた。いずれもこの時期は重要な機能を果たしていたとは言い難いが、一瞥だけしておくことにする。

カウンティの長の位置に就いたのは、いうまでもなく、その地方の最大の土地所有者であり、彼らは通常、治安判事記録保管官（*Custos Rutulorum*）と軍事代官という二つの官職を兼務した[24]。前者は、一六世紀初め頃から、カウンティの裁判記録を保管するために指導的な治安判事に対し国王が任命した官職であり[25]、四季治安判事裁判所（court of quarter sessions）を主宰することを任務とした。しかし実際には、その任務も形式的なものにすぎず、名誉職としての意義しかもたなかったといわれる[26]。後者は、前述したとおり、絶対王政期には枢密院のもとで地方を監督するという重要な役割を担ったが、この時期には、民兵を組織する以外にはほとんど実質的な統治機能を果たすことはなく、これまた名誉職となっていた[27]。さらに、これら大土地所有者は、身分的ヒエラルヒーの頂点に立つ者として、貴族院議員や中央の執行官吏を兼ねることも多く[28]、地方における具体的な統治過程に直接的な影響力を発揮することはなかったが、軍事代官として、治安判事となる者を地方の有力なジェントリー層からパトロネジを通じて選び、任命権者たる大法官に助言することで、カウンティの支配者たる地位を維持したのである。

その点では、シェリフという官職も同様だった。シェリフの管轄権の多くは既に治安判事に吸収されていたが、その後もあらゆる国王令状の執行や陪審員の召集などの職務を有するものとして一応は存続していた[29]。ただ、一年任期ということもあり、その大半は彼が任命する常設のシェリフ補佐（under sheriff）により行われており[30]、実際に担う職務といえば、アサイズ裁判官の付き添い等の儀式的な義務に限られていた[31]。この官職につく者は、小ジェントリーや父親の財産を相続したばかりの若者、商業ジェントルマンであり、彼らはアサイズ裁判（assize）で自らの法服を披露することで名声を得たのである[32]。

このように、高位の官職といっても、権威的秩序を構成するといった以上の意味をもたなかったから、実質的な地方統治の場面においては、治安判事がほぼ独占的な地位を確保していく。彼らの活動のなかでも最も華やかな舞台となったのは、いうまでもなく四季治安判事裁判所であったが、それ以外の場において、あるときは単独で行い、またあるときは複数の治安判事が共同して行う職務も見逃すことはできない。まずは、こうした「四季治安判事裁判所外の治安判事（justice out of sessions）」[33]の活動内容をみておくことにしよう。

単独の治安判事（single justice）の場合、まずは刑事管轄権を有する裁判官としての職務がある。彼らは、そのもとにもちこまれる申立に対し管轄権の有無を確認した上で、召喚状または逮捕令状（warrant of the arrest）を発給し、審理までの間、被疑者をカウンティの刑務所に収監することができた。単独で行使しうる刑事管轄権はそこまでだったが、神聖を汚す宣誓を行う者や酒場で深酒をしている者を発見した場合には、何らの手続きを踏むことなく自らの判断で処罰することができたし、また、治安官が私邸に連行した被疑者の容疑が浮浪罪（vagrancy）のときは、略式手続きに基づく審理を行い判決を下すこともできた。[34]さらに、こうした司法的職務以外に、行政的な性格をもつ職務もこなしている。前述のとおり、治安判事には公道監督官や貧民監督官に対する監督権も付与されており、さらに、こうした教区官吏から、反抗的な教区民についての相談があれば、それに対して具体的な命令や決定を下したともいわれる。

このように単独で遂行するもの以外に、複数の治安判事（double justices）によって行われる職務もあった。そこには、軽罪にあたる行為を審理し、有罪の場合には処罰を科し、また暴行、軽窃盗等の被疑者に対しては、四季治安判事裁判所の審理に先立ち予備審問を行うといった司法的職務が含まれていた。[35]しかし、ここでもまた、それ以外に、公道監督官や貧民監督官の任命、その会計決算の承認、教区の救貧税の許可、貧民に対する居住地への追放命令、親に対する非嫡出子の養育命令、公費管理に怠慢な教区官吏や子供の養育を拒否した親の感化院への収容、酒場営業免許付与（ただし、これは一七二九年まで）といった行政的な職務もおかれており、その内容は多岐に及んでいる[36]。初期の制定法においては、これらの権限を担当すべき単独の治安判事が特定されていたが[37]、それ自体曖昧なものであったから、都市の産業化が進み事務量も増大するようになると、国会も複数の治安判事が自主的自律的に集まり問題を処理する手法を重視していったのである。

また、複数の治安判事が任務を遂行する場合には、以上のものとは別に、一七二九年以降開かれるようになった酒場営業免許付与に関する会同（brewster session）[38]のように、一定の問題に対処するために特定の時期に複数の治安判事が召集される特別期治安判事裁判所（special sessions）[39]や、単独または複数の治安判事が私邸で行う任務の煩雑さから、個々の治安判事の発案または四季治安判事裁判所の要望に基づいて行われた小治安判事裁判所（petty sessions）[40]というやや形式の整った対応もとられていた。

「四季治安判事裁判所外の治安判事」の活動領域は、一八世紀をとおして広範に拡がり、その重要性も高まっていくことになる。一シリングの科料にあたる軽罪から常習の浮浪者や放火（rickburning）、猟鳥獣の殺生などの重罪にまで及ぶ刑事管轄権を行使する以外に[41]、官吏が行うべき行為につき命令を下したり、あらゆる関係者が今後従うべき行動準則を宣言するといった、今日的に見れば行政的または立法的な性格をもつ行為も[42]、これらの手法に基づき個別具体的な事案に対処していくなかで行われていく。そして、治安判事の活動が拡がれば拡がるほど、彼らの裁量的余地も大きくなっていったことは容易に想像されるところではある。ここでとられる手続きはいずれも略式のものであり、非公開の場で様々な命令や決定を下したから、ある領域は事実上「無法ゾーン」となり、純粋に司法的な活動であっても、そこで下される判決内容は、ときにウェストミンスターにおいて制定され解釈される法の文言とはかなりかけ離れていたとすらいわれるほどであった[43]。治安判事が下す命令や決定は、彼ら自身の社会的便宜性に関する見解に基づいた法の独自の解釈が存在したことは否定できない事実なのである。それゆえ、一八世紀をとおして、こうした「四季治安判事裁判所外の治安判事」の誤りや専制的な行為に対する不満も多くなり、その一部は四季治安判事裁判所への上訴をとおして処理されていく[44]。この裁判所では、より厳格な正式の訴訟手続きがとられ、公正な判断が得られると考えられたからである。

では、その四季治安判事裁判所の様子はどのようなものであっただろうか。「四季治安判事裁判所外の治安判事」と異なりカウンティ全体を統轄するこの裁判所は、年四回、治安判事記録保管官の主宰のもとに開かれ、原則として、カウンティの治安判事全員が出席するものとされた。さらに、ここには、シェリフ、上級ベイリフ（high bailiff）、治安監察官、治安官、治安判事書記官（clerk of the peace）、大陪審（grand jury）、小陪審（petty jury）、関係当事者として召喚される様々な地方官吏なども出席を義務づけられており[45]、「司法会議の組織と手続きのすべてを有する真正なる法廷[46]」と形容されるようにカウンティの主要な官職がすべて集まる最も権威ある裁判所だった。

この裁判所に付与された管轄権には、反逆罪及びアサイズ裁判に付されるべき困難な事件を除きほぼすべての犯罪に対する刑事管轄権が含まれていたが、それ以外に、橋梁の修復、刑務所の維持、感化院の建設と管理、賃金・価格・陸上運賃の決定、諸営業免許の付与、無秩序な家屋の取締、教区の必要に応じた特別徴収金の認可など広範な地方事務にかかわる諸権限、さらには、「四季治安判事裁判所外の治安判事」の上訴裁判所として治安判事の下した命令に対する承認もしくは否認する権限も含まれていた[47]。とりわけ、最後の点は、上述したとおり「四季治安判事裁判所外の治安判事」の諸決定に対してなされる四季治安判事裁判所への上訴が増加するなかにあって、「わがカウンティの統治者は、官僚的部局（bureau）に統制された地方長官ではなく、裁判所に統制された裁判官である」こと、すなわち、最も裁量的とみなされる行政的命令ですら、最終的には証拠に基づく法の論理に従う公正な司法的決定であることを示すものであった[48]。

その脈略からすれば、ここでの訴訟手続きに注目することは重要である。この裁判所では、アサイズ裁判同様、正式起訴手続きに従って訴訟がすすめられる。まず、治安判事の一名により、陪審の審問に付される問題につき一般的問責（a general charge）が行われ、その上で、指導的なジェントルマンのなかからシェリフによって選ばれ召喚された大陪審が、[49]当該案件の正式起訴状案（bill of indictment）につき訴追側の証拠を審理し、「原案適正と認定する（find a true bill）」か「却下する（ignore）」かを決定する。これは単に、証拠の観点から見て被訴追者に犯罪の嫌疑の理由があるなしを述べたにすぎないから、「原案適性と認定する」として告発されれば、次に小陪審に付されることになる。大陪審同様、シェリフにより年価値一〇ポンド以上の自由土地保有権者または謄本保有権者のなかから選ばれ召喚された一二名の小陪審は、[50]提出された証拠に基づいて事実に関する争点につき審理し評決を下す。そして「有罪（guilty）」の評決を下せば、治安判事は最後に、法の侵害につき審理し判決を下すことになるのである。

こうした裁判はもともとが一四世紀に起源をもつ訴訟手続きに従ったものであり、そのため、実際の裁判は、言葉で表す以上に古めかしく、すこぶる儀式的な様相を呈するものであったといわれる。ウェッブ夫妻（S. & B. Webbs）の叙述によって、その様子をながめておくことにしよう。

「実際に出席するカウンティのすべての者に対する治安判事と陪席するシェリフによる正式の召喚状。カウンティのために『大審問（grand inquest）』として奉仕するジェントルマンたる陪審員のみならず、個々のハンドレッドを代表する個別の陪審員や刑事訴訟事務のために〔出席を〕要請された諸種の『審理陪審（traverse juries）』や『重罪陪審（felon's juries）』を選びだすための豊富な小陪審名簿の詳細な登載。この広範な一団の者たちのカウンティ・タウンへの集合。『それぞれ手に白い職標をもつ二人の上級ベイリフとともに』シェリフが先導する、金モールと後ろに長くたれたかつらと三角帽子をまとった治安判事のタウンからシャイア・ホール（shire hall）

または集会所（moot hall）へと向かう正式の行列。おそらくは国王を代表し本法廷に自分にまさる者がいないことを表明するためにであろうが帽子を被ったまま席につく治安判事。治安判事書記官またはその副官による治安判事嘱任状（commission of the peace）及び悪徳不道徳鎮圧のための国王布告（Royal Proclamation for the Suppression of Vice and Immorality）の荘厳な朗読による正式開廷。陪審による単調な宣誓と彼らに対する議長の冗長な説示すなわち『告諭（charge）』の授与。長大な羊皮紙に出席を要請されたハンドレッドや教区の官吏の名が書かれた名簿のシェリフによる奉呈。廷吏（the cryer）の『皆の者、最初に名前が呼ばれたなら返事されよ。さすれば、罪は免れよう』という奇妙な警告に続くこれら官吏たちの名前の大声での呼び上げ。『供述書をもった十人組の村民』の群衆。ハンドレッドや教区の名前が呼び上げられるたびに単調な返事をする十人組長（head borough）と治安官。そして、その後、夕食のための閉廷。金モールをまとった治安判事、上級ベイリフ、長い指揮棒、白い職標、そして残ったものすべてによる〔入廷と〕同様の手の込んだ行列。(51)」

ここには四季治安判事裁判所が開廷されるところまでしか描かれていないが、当時の裁判風景の一端がのぞかれる。そして、こうした中世以来の古色蒼然とした訴訟手続きの過程にこそ、実はこの時期の四季治安判事裁判所がもつ統治構造上の存在意義をみいだしうると考えられるのである。

むろん、統治機能全体からみれば、この裁判所の意義は相対的に下がっていたのかもしれない。前述のごとく「四季治安判事裁判所外の治安判事」が個別に行う実質的な統治の重要性は高まっていたし、四季治安判事裁判所それ自体についてみても、カウンティの治安判事全員が出席義務をもつにもかかわらず、欠席する者も多かった。(52)さらに、年四回のこの裁判所は多くのカウンティにおいては異なる都市で開催されたから、(53)未だ交通手段の発達していない当時には、治安判事記録保管官やシェリフはおろか治安官までもが開催地へ行く時間と費用を節約し、あえて欠席に伴う科料を支払ったといわれる(54)。また、日常的な任務が増大していく多くの治安判事にとって、この裁判所は、「一日ないし三日間の宴会と閑談の場」でしかなかったともいわれるのである(55)。

それにもかかわらず、右のごとき儀式的かつ不合理な裁判過程として現れる四季治安判事裁判所の正式な訴訟手続きが、「四季治安判事裁判所外の治安判事」の略式手続きをとおして行われる個々の統治活動に対してもつ意味はけっして軽視されるべきものではない。先にも述べたとおり、この時期には、法は創造されるものではなく裁判官によって発見されるものと観念されていたのであり、そのような社会において実現される正義の客観性は、その内容以上に訴訟手続きの厳格性により担保される傾向が強かったのである。それゆえ、その過程が古色蒼然とした儀式的なものであればあるほど厳格性の体裁は整えられることになり、そこで実現される正義もより威厳性・説得性をもつことになる。

手続きの重要性は次のような事例によっても示される。教区官吏や治安判事自身の活動に関する上訴が増加していくなかで、一八世紀中葉には、道路、橋梁、刑務所、感化院などカウンティの建造物については大陪審の告発がなければ何らの支出もすべきではないとの法律が制定される。大陪審は、事実関係を最もよく知るがゆえに「事実の裁判官」ともいわれ、その告発は、統治活動に含まれた裁量の恣意的運用を制約する有効な手段と考えられたのである(56)。ただ、その一方で、この手続きは、恒常的な監督を必要とする問題に対し偶発的でもあるしまた非効率でもあるとの批判があり、実際には、教区の実態を熟知する治安官や治安判事にも自らの判断に基づいて告発することが認められていく(57)。それでも、大陪審の告発の意義が失われなかったのは、それが四季治安判事裁判所における正式な手続きであったからであり、そこを通過した決定には相当な法的権威が付与され、社会全体に大きな影響力をもったからである。そして、この手続きがあることで、治安官や治安判事が日常的に行う告発についても一定の公正性が担保され、教区住民に対し税や労働の拠出を確実に強制することができたと考えられるのである。

こうした点をふまえるならば、四季治安判事裁判所の存在意義は、儀式的な法の執行手続きをとおして、諸々の統治活動に含まれた恣意性を隠蔽し、逆にその正統性を社会全体に誇示することにあったともいえる。中央の国会も執行府も、さらに裁判所も、地方社会に対して積極的に介入する姿勢をみせないなか、「四季治安判事裁判所以外の治安判事」の活動は司法的領域だけでなく立法的ないし行政的領域にまで拡大していくが、それが相当に安定した様相をとりえたのは、この裁判所が最終的な権威の源泉として背後に控えていたからにほかならないのである。

2 地方の統治構造における「法の支配」原理の運用実態

さて、これまで、治安判事を中心にすえる地方の統治構造を概観してきた。それ自身が、この時期における「法の支配」原理の実像であり、治安判事はまさに「カウンティの支配者」として地方社会に君臨していたのである。しかしながら、こうした事実をもって、「名誉革命体制」期に現れた地方の統治構造に対し、第一節でみた社会的支配構造を直接無媒介的に結びつけることについては疑問が残る。たしかに、軍事代官、治安判事、シェリフといった上級の地方官職は、大土地所有者たる貴族＝ジェントリー層で独占的に占められ、彼らの行う統治活動が社会における支配構造を維持する方向で運営されたことは容易に推察しうる。しかし、治安判事が制定法上付与されていない立法権限や執行権限を不法に行使し、あるいは、専ら裁量によってのみ刑事管轄権を行使していたと理解し、その上で、「治安判事の『超法的カウンティ寡頭制（the extra-legal county oligarchy）』[58]」が確立し、「法の支配」原理は単に建前としてのみ維持されたと評価するならば、権力的な強制装置を否定した社会が、なにゆえ政治的に安定した様相をとりえたのかという問題を解く鍵はついにみいだせなくなる。これは、第一節において指摘した社会の支配構造と統治構造との関係、とりわけ、後者の前者から相対的に自律した関係にかかわる論点である。ここではさしあたりこれまでの議論をふまえた上で、この問題に対し次の二点、すなわち、統治構造は社会構造から相対的に自律した関係を保つために独自の論理を有していたこと、それにもかかわらず、統治構造はそれ自体として自らを客観化する十分な正当性をもちえず、それゆえ、社会の支配構造に補完されねばならなかったこと、につき若干の言及を試みておきたい。

ところで、本節ではこれまで、王座裁判所をはじめとする上級の裁判所が治安判事の行う諸活動に対して介入を回避する傾向にあったことを前提に議論をすすめてきた。たしかに、治安判事が、誠実かつ率直な態度で行為する限り、王座裁判所は、たとえ通常の法的救済方法を求める訴訟が提起されたとしても、一般に治安判事の判決を支持した(59)し、また、貧民監督官の任命や救貧税の査定のごとき地方の事情に応じた裁量を必要とする行為に対する問題の提起であれば、なおさら寛容であった(60)。しかし、このことは、王座裁判所が治安判事のあらゆる行為に黙認的態度をとったとか、そのことで治安判事も王座裁判所の監督的権威を重視していなかったとするものではない。上級裁判所は、基本的に素人であった治安判事が複雑な法体系を理解し適用することに対してはむしろ懐疑的であったし、それゆえ、常に治安判事の活動に注目し、法の運用に誤りがあればいくつかの司法的統制手段を講じて介入しようとし、また治安判事自身も自らの権限を濫用しないよう注意したといわれるのである(61)。

実際、この時期に行われた治安判事に対する司法統制には、次の三つがあった(62)。第一に国王の名をもって始められる手続きである。治安判事が有する様々な義務が懈怠された場合、または不法になされた場合、それらの義務を適正に履行させるために用いられる手段が、王座裁判所における正式起訴、略式起訴といった刑事訴追手続きであり、大権令状であった。特に、大権令状には、そうした義務の履行を強制する「職務執行令状（writ of mandamus）」(63)、治安判事の下した命令や判決を取消し再審するための「移送令状（writ of certiorari）」が含まれている。例えば、会計決算書の提出義務を怠った公道監督官に対して四季治安判事裁判所が科料を賦課した事案について、制定法が科料の賦課権を付与したのはこの裁判所ではなく特別期治安判事裁判所であるとして当該決定を取消した事例(64)や、治安官の任命につき、かつてそうであったようにリート裁判所（Court Leet）が依然として行っている地方では、治安判事による任命行為は取消されるべきとした事例などで大権令状は用いられたのである[65]。第二に民事訴訟である。職権濫用や義務不履行により生ずる法の侵害は、それにより損害を被る個人の訴訟原因（causes of action）となったから、私人はうけた損害を理由にすべての地方官吏に対し訴訟を提起しえた。ただ、コモン・ロー上の手続きの形式性や訴答準則の厳格性のゆえに、この方式が有効に機能したとはいえず、また、訴訟費用も高額だったから、実際に提起される件数は少なかった。そして第三に地方単位間の紛争解決である。教区間あるいはカウンティ間において、貧民救済や公道維持などに対する責任の所在をめぐって紛争が生じた場合には、当該地方の治安判事を飛び越して王座裁判所に上訴し、その判断をあおぐことができたのである。

いずれの司法統制にも共通していえることは、王座裁判所等の上級裁判所が治安判事等の管轄権の範囲を明確に限定した上でそれが正当に行使されているか否かを法に基づいて審査し、その結果として、法準則における統一性の確立をめざしたことである[66]。すなわち、ここで確保されようとしているものは、ほかならぬ法的諸原理それ自体の継続性と論理的整合性[67]、換言すれば、法の適用における一貫性なのであり、広範な裁量的余地を残された治安判事といえども、「法の支配」原理のもとでは、この一貫性に拘束されていたことを確認することができる。そして、ここにこそ、安定した統治構造が形成された主要因とともに、それが社会の支配構造から相対的に独自の領域をもつ契機が存在することを発見するのである。

もともと「法の支配」原理は国王の専制的支配に対抗するための原理であったが、この支配が打倒された後においてもなお、支配の恣意性を否定する論理として機能したのである。しかし、ここでは事実上支配者としての地位を獲得した者が自らを客観化し、その支配構造を社会の秩序維持機能を担う正統な統治構造をとおして中立化するために、法の存在意義が認められたにすぎない。法制史学者D・ヘイ（Douglas Hay）の言葉を借りよう。

「形式に対する几帳面な配慮、弁護士と裁判官の間の私情を交えない合法的な取引は、彼らの法の執行と利用が準則に従っていることを示すものであった。それゆえ、法は、支配者階級の創造物以上のものとなったのであり、法は、訴追者、法律家、さらには偉大なる緋色の法服を着たアサイズ裁判官の主張以上に高い地位にあるそれ自身の主張をもった一つの権力になったのである。むろん、彼ら支配者たちにとっても、法は『法』であった。彼らが法を具体化し、彼らの階級に属する者たちが国会で行う日常的な法律の制定をそのまま受け入れたという事実は、そうした幻想を高めることとなった。支配者階級が専門的諸技術に基づいて人を無罪放免にする時、彼らはそれをみる者すべての心に、現実から切り離された法の正義に対する信念が浸透していくのを助けることになる。端的にいえば、法のまさに非効率性、馬鹿げた形式主義こそ、イデオロギーとしての法がもつ強さなのであった。」(68)

支配者たる者は単に事実上の支配をもってその地位を確保したわけではない。そうすることは、むしろ、彼ら自身の否定した専制的支配に帰結する運命をもつ。それゆえ、支配者は自らの支配を正統化せねばならず、そのために支払った代償がここでいう法の「非効率性、馬鹿げた形式主義」なのであり、彼らは自らそれに服することをもって、(69)自分自身を正統な統治者として客観化するとともに、法それ自体の神秘性や威厳性を高め「法の支配」に基づく統治構造をより強固なものとしたのである。(70)前項でみた四季治安判事裁判所の訴訟手続きの儀式性も、この脈略のなかで理解されうるし、社会の支配構造がそのままの形で維持されるために、統治構造に対して自律的領域を与えなければならなかった理由も、ここで明らかとなろう。(71)

ところが、以上のごとく、法の形式的な手続き的側面の実態的意義が確認できたとしても、それだけで、一八世紀における安定した統治構造を説明したことにはならない。統治者が、法という社会的公正さを誇示する衣をまとうことで、とりあえずは、自らの正統性を確保したにせよ、権力的強制装置を失った社会においては、その状態を維持する制度的な保障を一切もっていないからである。端的にいえば、法の「非効率性、馬鹿げた形式主義」はあくまで「幻想」でしかなく、したがって、その「幻想」を日常生活における実在として実感しうるための何らかの補強が企てられなければならなかったからである。ここでは、その一端を第一節でみたパターナリズムの論理にみておくことにしたい。

すでに指摘したとおり、パターナリズムは、身分的ヒエラルヒーの構造にあって財産所有者が下位者の従属を確保するために自らに課した一定の道徳的義務を含意する。統治者は、その正統性を根拠づけた法的権威の幻想性ないし脆弱性を補うために、今度は、実際の裁判過程において、法をパターナリスティックに運用し、そのことをもって、自らが真に社会的支配者たる義務を果たす正統な統治者であることを示そうとするのである。そして、その点は、当時における通常の刑事事件の訴訟過程全体に明示的に読みとることができる。

当時の刑事事件では、原則として私人の手により訴追手続きが開始されていた。そのため、農村部ではとくに、訴訟が開始される前に、犯罪者は賠償金を支払い、訴追人との間で、彼のために奉仕する旨の交渉を行うことにより、訴追を免れることができたのである[72]。実際にこうした慈悲（mercy）を求める犯罪者は多く、したがって、訴追人が土地貴族であるとき、こうした慈悲が、当事者のみならずそれを見る者を含め社会全体において、パターナリズムの精神を醸成するのに大いに役立ったといわれる[73]。また、訴訟の段階にはいっても同様の状況があった。当時の陪審員の審理は被疑者の性格検査（assessment of character）が中心であり[74]、そこでは身分の高い者の発言が大きな影響力を有したから、彼らが被疑者に有利な証言をすれば刑を軽減したり、恩赦（pardon）を引き出すことは容易にできた[75]。さらに、たとえ有罪の評決が下されたとしても、彼らは自らと同じ身分に属す裁判官に対し直接働きかけることにより、恩赦を求めることができたから、死刑の判決を受けた者でも、現実には、その半数が刑の執

行を免れることができたといわれるのである。(76)

こうした法の具体的執行過程における温情的な対応の数々が、まさしく、下位者たちの従属を強める効果をもったことは、容易に予想されるところである。しかも、重要なことは、それが、権力的強制装置を排除し、そのかわりに、「法の支配」原理をとおして社会の秩序維持を企図した統治構造のもとで行われたことにある。この時期は、特に「恐怖（terror）に基づいた刑事法のシステムの絶頂期」(77)といわれるように、財産を保護するために数多くの犯罪類型に対して死刑を規定する時代でもある。整備された警察力も常備軍も未だ不十分な社会において、保護さるべき財産を所有する支配者は、これら一連の制定法を前提に、法の公平で確実な執行、換言すれば、支配者自身をも拘束する「法の支配」原理を被支配者に対しても強制することにより、彼らに「恐怖」の念をうえつけ社会秩序の維持に努めなければならなかった。しかし、他方で、法を最終的に強制する権力的手段をもたない以上、「恐怖」のみで安定した統治を望むことはできず、したがって、ここに被支配者の精神に説得力をもつパターナリズムの観念が利用されたのではないかと考えられるのである。「恐怖」の威嚇のなかで行われるパターナリスティックな慈悲行為は、支配者であるがゆえに可能となる恩恵付与の意義をきわだたせ、既存の支配構造をより強固なものとして固定化するのに役立ったのである。しかも、それは、正式な法の執行過程における柔軟な対応であったため、実現される正義に対しても、一定の正当性が付与されることになり、結果として、被支配者の遵法精神が引き出され、統治構造そのものを一層強化することにもなった。その意味では、われわれが対象としてきた「法の支配」を基本原理におくこの時期の統治構造は、パターナリズムの観念を利用することによって、はじめて安定した独自の領域を獲得しえたともいえるのである。

なお、最後に付言するならば、ここで看取されうるパターナリスティックな関係は、あくまで「法の支配」にかかわる正式な統治過程を補完するものでしかなく、けっして、統治構造と社会構造を同視しうるような関係でないこと、それゆえ、支配者はその意思を法という媒介項をとおしてのみ実現させうるものであったことは、なおも留意されなければならない。それは、むろん、恣意的な行政権を排除し、それゆえ、人権を最もうまく保障する原理として「法の支配」を理解するのとはまったく別の意味で、この国の統治構造の特殊なあり方を概観する基本的な視点なのである。

註

（1） H. W. Arthurs, "Rethinking Administrative Law: A Slightly Dicey Business," *Osgoode Hall Law Journal*, vol. 17, no. 1 (April, 1979), p. 6.

（2） 以下については次を参照した。福井英雄「一八世紀イギリスの地方政治と中央政治――その統合媒介者たる治安判事を中心として㈠㈡㈢」（『立命館法学』一九六六年三号、五・六号、一九六七年一号）。戒能通厚「司法国家制の歴史的構造――近代イギリス統治構造・序」（『社会科学研究』第二四巻第五・六合併号、一九七三年）。栗原真人「一八世紀イングランドにおける法の諸相――アティア『契約自由の盛衰』を手がかりにして」（『阪大法学』第一三一号、一九八四年八月）。特に、栗原氏の論文からはおおきな示唆を受けた。

（3） Holdsworth, *H.E.L., vol. IV*, p. 76; Maitland, *op. cit.*, pp. 263–264.（小山訳、三四九―三五一頁）

（4） 星室裁判所については、小山貞夫「星室裁判所素描」（同『イングランド法の形成と近代的変容』創文社、一九八三年、所収）を参照。

（5） この時期の軍事代官については、大野真弓『イギリス絶対主義の権力構造』東京大学出版会、一九七七年、第五章参照。

（6） Holdsworth, *H.E.L., vol. IV*, p. 77.

（7） Maitland, *op. cit.*, pp. 207–209.（小山訳、二七六―二七八頁）

（8） 治安判事のもつこの権限と資本主義的諸関係との関係につき、戒能、前掲論文、一六五―一七〇頁参照。

（9） Holdsworth, *H.E.L., vol. I*, p. 75.

（10） S. & B. Webbs, *English Local Government, vol.1, The Parish and the County*（以下、*E.L.G., vol. 1* と略す）, Frank Cass and Co. Ltd., 1963, pp. 9–10.

（11） *Ibid*., p. 20.

（12） Holdsworth, *H.E.L., vol. VI*, pp. 156–157.

（13） Webbs, *E.L.G., vol.1*, pp. 30–32.

（14） Holdsworth, *H.E.L., vol. VI*, pp. 122–125.

（15） Webbs, *E.L.G., vol.1*, p. 26.

（16） Holdsworth, *H.E.L., vol. VI*, p. 158.

（17） Webbs, *E.L.G., vol.1*, p. 292.

（18） Holdsworth, *H.E.L., vol. VI*, p. 156.

（19） ちなみに、教区民には、連続六日間（一日八時間）、公道維持のために労働力を提供することが義務づけられていた。年間五〇ポンド以上の価値の土地所有者または農耕馬の場合は、荷車、馬、人間二名、また、小屋住農、労働者の場合は自分自身かその代理人で足りた。（Holdsworth, *H.E.L., vol. X*, p. 154.）

（20） *Ibid*., pp. 251–253.

（21） S. & B. Webbs, *English Local Government, vol.4, Statutory Authorities for Special Purpose*（以下、*E.L.G., vol. 4* と略す）, Frank Cass and Co. Ltd., 1963, pp. 393–394.

（22） Mingay, *op. cit*., p. 8; Parkin, *op. cit*., p. 40.

（23） Mingay, *op. cit*., p. 122. ただ、彼らの行政事務のあり方はきわめて非効率であり、そのため、産業革命後、事務量が増大するのにともない根本的改革を迫られていく。*Ibid*., pp. 122–123.

（24） Webbs, *E.L.G., vol. 1*, p. 287.

(25) *Ibid.*, p. 278.

(26) *Ibid.*, p. 287.

(27) *Ibid.*, p. 373–375.

(28) see Mingay, *op. cit.*, p. 8.

(29) Holdsworth, *H.E.L.*, *vol. VI*, p. 122.

(30) Webbs, *E.L.G.*, *vol. 1*, p. 289.

(31) *Ibid.*, p. 375, n. 2.

(32) *Ibid.*, pp. 376–377.

(33) *Ibid.*, pp. 300–331, pp. 381–392; Moir, E., *The Justice of the Peace*, Penguin Books, 1969, pp. 90–92.

(34) see Maitland, *op. cit.*, pp. 208–209.(小山訳、二七七―二七八頁)

(35) 16世紀における予備審問の萌芽的形態につき、*Ibid.*, pp. 232–233(小山訳、三〇八―三〇九頁)参照。

(36) Webbs, *E.L.G.*, *vol. 1*, p. 299.

(37) 例えば、「隣人の治安判事」「その場所の近隣に住む治安判事」あるいは「その教区、区域、またはその近隣に住む治安判事」というように規定されていた。*Ibid.*, p. 393.

(38) see Moir, *op. cit.*, pp. 89–90.

(39) Webbs, *E.L.G.*, *vol. 1*, p. 396.

(40) *Ibid.*, p. 400.

(41) *Ibid.*, p. 418.

(42) 立法的行為については、Webb, *E.L.G.*, *vol. 4*, p. 392 を参照。

(43) J. Brewer and J. Style eds., *An Ungovernable People*, Hutchinson, 1980, p. 13. なお、ウェッブ夫妻もまた次のように説明している。「浮浪財や鳥獣保護に関するような厳しい刑事制定法のもとでの訴追においてすら、『単独の治安判事』または『複数の治安判事』は……彼の選んだ事件を審問し、彼の必要と思った証拠ならばいかなるものも採用し、自ら法と事実を決定したのである。」Webbs, *E.L.G., vol. 1*, p. 419.

(44) *Ibid*., p. 420.

(45) see *Ibid*., p. 296.

(46) Moir, *op. cit*., p. 36.

(47) Webbs, *E.L.G., vol. 1*, p. 297.

(48) *Ibid*., p. 309.

(49) *Ibid*., p. 296.

(50) *Ibid*.

(51) *Ibid*., pp. 421–422.

(52) *Ibid*., pp. 422–424.

(53) *Ibid*., p. 425.

(54) *Ibid*., p. 422.

(55) Moir, *op. cit*., p. 88.

(56) Holdsworth, *H.E.L., vol.* X, p. 148.

(57) *Ibid*., pp. 150–151.

(58) Parkin, *op. cit*., p. 40.

(59) Holdworth, *H.E.L., vol.* X, pp. 251–252.

(60) *Ibid*., p. 252.

(61) *Ibid*.; Webb, *E.L.G., vol. 4*, p. 395.

(62) Holdsworth, *H.E.L., vol.* X, pp. 156–158.

（63） とくに略式手続きによる決定に対しては誤審令状を用いることができなかったため、移送令状の発給が唯一の救済手段となった。*Ibid*., p. 247.

（64） *Ibid*., p. 245.

（65） *Ibid*.

（66） *Ibid*., p. 244.

（67） *Ibid*., p. 250.

（68） D. Hay,"Property, Authority and the Criminal Law," in P. Birne and R. Quinney eds., *Marxism and Law*, John Wiley & Sons, 1982, p. 112.

（69） 実際、当時の裁判官は、刑事法に関しては特に狭くかつ形式的に解釈したし、また、もし、名前、日付、身分等正式起訴状に記録上の瑕疵が発見されるならば、それがいかに小さいものであれ、訴訟手続きを停止させることができたといわれる。*Ibid*.

（70） Atiyah, *op. cit*., pp. 101–102.

（71） 例えばトムソンはこの点にかかわって次のように述べ、いわゆる「劇場国家」の視点を提起している。「一八世紀のジェントリーと貴族のヘゲモニーは、結局のところ、軍事力や司祭、出版物の神秘化や経済的強制においてではなく、治安判事の書斎の儀式や四季治安判事裁判所や華麗なるアサイズ裁判官やタイバーン〔ロンドンの死刑執行所〕という劇場にあらわれたのである。」(E. P. Thompson, *Whigs and Hunters*, Allen Lane, 1975, p. 262.)

（72） 訴追人は多くの場合、犯罪者に対して謝罪と謝意の文書に署名させ、それをカウンティの新聞に掲載したといわれる。Hay, *op. cit*., p. 117.

（73） *Ibid*.

（74） D. Hay, "The Criminal Prosecution in English and Its Historians," *Modern Law Review*, vol. 47, no. 1, Jan. 1984, pp. 4–5.

(75) Hay, "Property, Authority and the Criminal Law," p. 118.
(76) *Ibid.*
(77) *Ibid.*, p. 103.

小　括

本章では、市民革命後の社会に現れた身分的ヒエラルヒーに注目しながら、「名誉革命体制」のもとにおける「国会主権」原理と「法の支配」原理が実態としていかなる意義をもっていたかにつき、若干の検討を加えてきた。ところで、これらの統治構造原理は、市民革命と直接結びつけられ、その近代性が強調されることが多い。しかし、ここでは、「統治構造上の習律」や治安判事を中心とする地方統治の実態をとおして、一八世紀段階においてこれらの原理が内包した現実的な意味を明らかにしようとしてきたのである。そうした方法をとったのは、もとより、この後に続く改革の対象を具体的に知ろうとしたからにほかならない。ただ、単一の憲法典をもたないこの国において、統治構造上の規範内容は、現実の社会構造に規定された統治活動をとおし経験的に演繹される部分を多くもっており、したがって、活動の実態から規範構造を理解する方法の有効性は、対象となる時代をかえて、今後もなお検証されるべきと考えている。

さて、本章を閉じるにあたり、次章以降との関係で、とりいそぎ、次の二点を確認しておくことにする。

第一に、この時期の統治の実態は地方社会に現れていたが、その背後には、それを必然化する身分的ヒエラルヒーが存在していたという点である。本章第一節で述べたとおり、この時期の身分的ヒエラルヒーは土地財産を基礎に構成されていたが、それ自体、けっして強固な基盤とはいえず、そのため、中世以来のパターナリズムに補完されることで、一定の権威的支配秩序を構築していったのである。しかし、ヒエラルヒーにせよ支配秩序にせよ、依然として脆弱であることにかわりはなく、したがって、「〔人間的な〕暖かさや顔と顔をつきあわせる〔密接な〕関係」を前提としうる狭い世界でしか機能しえなかった。支配の実態、さらにそれを制度的に媒介した統治の実態が、地方社会に展開したのは、こうした事情が大きく関与していたものと考えられるのである。

その視点からみれば、国会や中央政府があえて集権的な対応をとることなく、地方の自律性を尊重する姿勢をみせたのも、個々の地方社会における身分的ヒエラルヒーを温存するためということになる。逆に、こうしたヒエラルヒーの説得力が失われるとき、地方を中心とした統治構造のあり方も大きく揺らいでいくのであり、その点を検証していくことが、まさに次章以降の課題ということになる。ただ、ヒエラルヒーの衰退過程は予想以上に緩慢であり、実際には、その意味を様々に変化させながら、比較的最近にいたるまで残っていたことは、留意しておく必要がある。

第二に、自律した地方における統治のあり方が、「法の支配」原理の具体的運用形態として現れていた点である。裁判所を中心にした統治は、この国により古くから存在する伝統ともいうべき事象であり、それゆえ、この時期の特徴としてことさら議論すべき論点ではない。ただ、後の時代との関係で確認すべき点があるとすれば、「法の支配」原理は、裁判官たる「人の支配」を隠蔽あるいは正当化する役割を有しているという点である。一八世紀社会において、ヒエラルヒーの上位に位置する者が、「法の支配」原理のもつこの側面を利用し、自らの「権原」を確保してきたことは、すでに第三節でみたとおりである。

したがって、逆にこうしたヒエラルヒーが揺らぎ始めると、J・ベンタム（Jeremy Bentham）がコモン・ローを「裁判官制定法（judge-made law）」と批判したように、「法の支配」原理が示す統治体制そのものが疑問視され、結果として、不安定な状態へ追い込まれていくことになる。一九世紀にはいると、裁判という手法が眼前の社会矛盾に対応できないことを理由に、裁判官のもつ法判断権が徐々に別の手に移り、いわゆる「行政」の領域が登場してくるが、この脈絡からすれば、それは、こうした歴史的社会的な問題を背景にしたひとつの近代的な現象ということになる。この点もまた、以下での議論とかかわるため、ここでは一応の指摘にとどめておきたい。

第二章　近代的地方政府の形成

――「共同利益」を実現する団体から「公共利益」を実現する団体へ――

はじめに

前章では、市民革命後、中央の統制が急速に弱まり、それに伴って地方社会が自律した統治を展開させた様子を概観してきた。そこに現れた統治の実態は、四季治安判事裁判所を中心とする治安判事の司法手続きに集約されるのであり、権力的な介入を排した社会にあって統治の正統性を確保する手段が、あたかも「劇場」として演じられる古色蒼然とした裁判過程とそれを補完するパターナリスティックな法の具体的執行過程にあったことも、すでに確認したところである。

ところで、こうした統治のあり方は地方社会に大きな比重をおいてはいたが、もとより、通常想起される近代的な地方自治制度とは大きくかけ離れている。例えば、自律的に統治するといっても、当然のことながら、住民のニーズを何らかの形でくみ上げ、それを具体的な統治に反映させる制度が用意されていたわけではなかった。それどころか、「カウンティの支配者」とされる治安判事であっても、その活動はあくまで裁判という司法システムをとおして行われるため、様々なニーズに対し適切かつ効率的に対応しうるだけの権能を具備するものではなかったのである。後の時代になって、Ａ・Ｖ・ダイシーが「法の支配」原理の一原則として定式化する「行政法の不存在」というこの国の統治権にかかわる特質は、まさにこうした「司法国家制」の実態にこそ付合していたと考えられるのである。[1][2]

それにしても、かくも不効率な統治形態が説得力をもちえたのは、当時の状況によるところが大きい。この時期には、未だ個別的で事後的な司法的救済で事足りるニーズしか顕在化しておらず、社会的にも経済的にも比較的安定した農村社会が拡がっていたのである。それだけに、産業革命をとおして社会全体が急速に変貌を遂げると、こうした統治のあり方もいよいよ変化していくことになる。工業化という産業構造の根本的転換を導いた産業革命は未曾有の生産力拡大をもたらすが、反面で、都市を中心に様々な社会的矛盾を噴出させ、さらに土地貴族を頂点におく従来の社会構造をその基盤から揺り動かしていく。そしてこれら一つひとつの動向が、一九世紀をとおして統治構造、とりわけ地方におけるそれを大きく変えていく原動力となっていくのである。

以下では、こうした統治構造の変化の諸相を具体的に検証し、そこに新たな近代的地方自治制度の実像を発見しようと考えている。そこで、一九世紀に展開した動きをまずは大まかに理解しておくために、あらかじめ簡単な構図を示しておこう。

ここで対象とする改革は、「行政革命（administrative revolution）」と呼ばれる一八三〇年代以降に現れた一連の活発な立法活動をとおして推進されていく。そして、その過程はさしあたり次の二つの方向に沿って進んだと考えられる。その一つが、一八三五年都市法人法（Municipal Corporation Act 1835）により具体化された地方の諸事を処理する組織に関する改革であり、もう一つが、一八三四年救貧法改正法（Poor Law Amendment Act 1834）や一八四八年公衆保健法（Public Health Act 1848）等により示された地方の諸事を処理する権限に関する改革である。

上述のとおり、改革に先立つ地方では、大土地所有者たる貴族が独占する排他的な寡頭制支配の構造が一般的であったが、一八世紀末にもなると、特に都市部において、「急進派（radicals）」の登場を契機に既存の支配形態に対する批判が高まっていく。上記二つの改革動向のうち、特に前者は、こうした社会構造の動揺を背景に、伝統的な「地方の自律性」の構造に一定の民主主義的要素を加えることにより、貴族的支配を排しながら多様な社会矛盾に対応しうる新たな地方政府（local government）の編成を指向した改革と捉えることができる。それに対し後者は、深刻な社会矛盾を一掃する観点から、強力な権限をもつ中央当局とその意志に従う地方当局を個別領域ごとに新設する改革であり、従来からの伝統からすれば著しく逸脱した中央集権体制を一気に導入することにより、効率的な矛盾克服の道を模索しようとするものであった。

前者が地方の組織的整備をめざす改革であるのに対し、後者は地方の活動内容やそのあり方にかかわる改革であったから、ほぼ同時期に開始されたこれら二つの改革の間には、何らかの関連性ないし共通する方向性の存在を予感させる。ところが、実際にその事実をみいだすことは意外に難しい。それどころか、改革手法やそこで志向された中央─地方関係に注目すれば、前者が、過去の伝統を前提に地方を基盤にした漸次的改革を進めようとしたのに対し、後者は、伝統を否定し中央の積極的介入を導くことで急進的改革を断行しようとしており、両者の間には対抗的な側面すらみてとることができるのである。そのため、個々の法律が制定された後も、これらの改革がすぐさま十分な成果をあげたわけではなく、むしろ、制度の混乱状況が続いていくのである。

しかし、地方社会が抱える矛盾が大きくなると、それを克服する必要性は徐々に認識されていくのであり、一九世紀も終わりに近づくと、改革は前者で示された地方政府像を軸にしながら次第に一つの方向へと収斂していく。それは、公選された地方政府が当該地域住民に対して包括的な責任を負い、中央政府はその活動を活性化するために指導・監督を行うという体制であったと整理できる。近代的地方自治制度の具体像は、ここに現れるといっていい。

こうした一連の動きをより詳細に扱っていくことが、以下での主たる目的となる。そして、本章ではまず前者の改革を対象に、旧来の統治構造に対する批判に基づきながら、近代的地方政府が形成されていく過程を追っていくことにする。(3)

ここで注目する一八三五年都市法人法（以下、三五年法と略す）は、都市法人（municipal corporation）における参事会（common council）を、特に社会矛盾が噴出しつつあった都市部における新たな権限主体として作り替えることが意図されていた。ただ、都市法人そのものは中世以来の伝統をもつ制度であっただけに、国会制定法をもって地方統治の中心的組織と位置づけたとしても、それがすぐさま近代的な統治権を具備した地方自治制度であるとはいいにくい。本法が促した制度改革は、後に明らかになるように、過去を清算的に否定しながらまったく新たな方向をめざしたというよりは、従来の制度を柔軟に組み替えながら新たな課題に応えようとしたからである。この点は特殊イギリス的な地方自治のあり方に深くかかわるだけに、本章での分析も慎重に進めることとし、三五年法について通常議論される手法とはやや異なる道筋をたどることになる。遠回りになる危険をできるだけ避けながら、あえて都市法人がもともともっていた基本的性格を概観するところから検討に入っていきたい。

註

（1） A. V. Dicey, *Introduction to the Study of the Law of the Constitution*, 10th ed., Macmillan, 1953, pp. 193–195.（伊藤正巳・田島裕訳『憲法序説』学陽書房、一九八三年、一八三―一八五頁）なお、この「行政法の不存在」という原則とのかかわりで、統治権概念としての「行政」権の不存在というこの国の伝統については、下山瑛二「イギリス法における『行政訴訟』の若干の前提的要素と、その類型に関する一考察」（『人権と行政救済法』三省堂、一九七七年、所収）二七頁におけるブラックストーンの統治権に関する概念整理を参照。また、この国の「行政」権が、比較的最近にいたるまで統治権の一角を占める独立した存在として理念化されてこなかった説明としては、ダイシー理論に依拠しながら、「国会主権」原理と「法の支配」原理による「行政」に対する厳格な政治的・法的統制をあげるのが通例である。本書でこうした理論的問題を正面から扱うことはできないが、ここでは、これとやや異なる視角からの説明を念頭においている。すなわち、実際に登場した「行政」組織やそれに付与された「行政」権は、形式的には近代的な権力性により裏打ちされながらも、それ自身はきわめて脆弱な基盤しかもたず、したがって、前近代から連続して看取される私的要素（例えば、社会的権威やパターナリズムなどを含み込む「自治」）によって補完されるものではなかったかという理解であり、本書では、その一端を一九世紀における地方自治制度の具体的形成過程をとおして確かめようと考えている。なお、こうした視角については、さしあたり、以下を参照。H. W. Arthurs, *'Without the Law'—Administrative Justice and Legal Pluralism in Nineteenth Century England*, University of Toronto Press, 1985, esp. ch. 1; do., "Rethinking Administrative Law: A Slightly Dicey Business," *Osgood Hall Law Journal*, vol. 17, no. 1 (April 1979)、戒能通厚「イギリス司法の歴史的構造についての一考察」（藤倉皓一郎編『英米法論集』東京大学出版会、一九八七年、所収）。

（2）　戒能通厚「司法国家制の歴史的構造——近代イギリス統治構造分析・序」（『社会科学研究』第二四巻第五・六号、一九七三年三月）参照。

（3）　一八三五年都市法人法を直接扱うものとして、以下を参照。赤木須留喜『イギリス都市行政の起点——一八三五年の都市団体法』東京都立大学都市研究委員会、一九七〇年一二月、武居良明「一八三五年イギリス都市法人法の成立」（自治体問題研究所編『地域と自治体　第二集』一九七七年、自治体研究社、所収）、澤田庸三「一八三五年の都市法人法の成立過程」（『法と政治』第三七巻第二号、一九八六年六月）。

第一節　一八三五年以前における都市法人の基本的性格

一八三五年都市法人法がこの国の統治構造に対してもつ歴史的意義を検討するにあたっては、これまでの研究が示してきたように、本法が制定される直接の原因となった都市法人における「腐敗」の実態を知る必要がある。しかし、その議論にはいる前に、都市法人が長い歴史のなかで柔軟かつ漸次的に発展した一つの法制度であった点に関しては、十分に注意を払う必要がある。もし、都市法人が公的な地方自治組織であることをア・プリオリの前提に議論を始めれば、それに先立つ「腐敗」の実態は単にその制度の未熟なあるいは異常な状態としてのみ映ることになり、三五年法によって導かれた都市法人制度の質的転換は見失われることになる。しかも、そうした前提にたつ限り、三五年法成立にいたる一連の過程は、党派的な対立に矮小化されて理解されることになり、そこに含まれた近代的変容の意味を正確に把握できなくなると考えるからである。

その点でいえば、都市法人は、厳密な意味において、統治構造上の組織概念ではなかったという点を、まずは確認しておくべきであろう。一八世紀後半に『イングランド法釈義（*Commentaries on the Laws of England*）』を著したW・ブラックストーンは、統治者と被治者という「公的関係（public relation）」に属す「従位的執権者（subordinate magistrates）」に関する議論のなかで、都市法人の市長（mayor）、長老参事会員（alderman）を除外し、その理由を「なぜなら、これら〔の職に就くこと〕は、それぞれの特権都市（franchises）の内部的構成に依存する私的なもしくは自治的な（municipal）諸権利にすぎないものであるからである(1)」と述べている。同様の指摘は、三五年法の制定作業が本格化する以前に発せられたリーズ（Leeds）の市長の言葉にもみいだされる。一八二二年、彼は「法人は法人固有の権利において相当な財産を有するのであり、個人が自らの財産に対してもつのと同様、自由で十分な支配権を法によって有したのである(2)」と述べ、都市法人が法的にもつ「私的」性格を強調するのである。むろん、これらの指摘を当時の支配層の独善的な認識を反映したものと理解し、それ自体を「腐敗」を導いたひとつのイデオロギーと捉えることも可能であるのかもしれない。しかし、ここではとりあえずそうした価値的判断を差し控え、彼らの主張する「私的」性格をまずは歴史的な事実として吟味していくことから始めていきたい。以下では、都市法人の史的展開を行論に必要な限りで概観し、上にあげたブラックストーンらの指摘についての理解を試みることにする。

1　自治邑の自律的地位の獲得

一三五年法以前の都市法人の性格は、通常、国王の勅許状（royal charter）が自治邑（borough）に付与した法人格によって規定されると考えられているが、その実体はといえば、法人格が適用され始める一五世紀よりもはるか以前に看取される。(3)

アングロ・サクソン時代末期における王国は、シャイア（shire）（ノルマン制服後はカウンティと呼ばれる）、ハンドレッド、村落共同体（vill, township）に区分されていたが、(4)後に法人格が付与される自治邑は、村落共同体と同格の立場にありながら、すでにこの時期、城塞に保護された軍事・商業・政治の中心となっており、通常の周辺村落とは一定程度区別されうる性格を有していた。すなわち、自治邑はシャイアの騎士及びその家臣が居住・維持する城塞都市（garrison town）であり、そこでは定期市が開催され危険にさらされることなく商業活動を行いうる数少ない場となっていたばかりか、ハンドレッド裁判集会と同格の裁判集会（*burh-moot, port-moot*）がおかれ、シャイア民の集まる場所ともなっていたのである。(5)しかしながら、これら周辺村落との差異は元来、相対的なものでしかなく、当時の自治邑が第一義的にもっていた軍事的機能が稀薄になると、むしろ商業的機能が重視され、自治邑内部にあった騎士等の居住家屋は自治邑の外にいた商人や職人に賃貸され、彼らの流入が促進されていく。(6)その結果、それまで自治邑の独自性を担保する一指標とされていた騎士等からなる住民の均質性は崩れていくことになった。

ノルマン征服後の地方社会では、マナー領主を中心に封建制が強化されていくが、それは同時に、コモン・ローの形成を媒介にした王権の伸長により、地方社会が国王を頂点におく統治体制のなかに徐々に組み込まれていくことも意味した。アングロ・サクソン的な自治組織たるシャイアやハンドレッドの裁判集会は、カウンティ裁判所やハンドレッド裁判所として再編成され、古来の慣習法に代えてコモン・ローが執行されるようになり、かつての自治組織に基盤をもつシェリフも、検屍官（coroner）の監督のもとで、国王の代官としてこれらの裁判所の主催等広範な管轄権を行使するようになるのである。

ところが、自治邑は、こうした一連の経緯のなかで、他の地方社会とは逆に、市場経済の発達を背景に自律した地位を確固としたものとしていく。(7) この時期、国王、聖職・世俗の諸侯により数次にわたる勅許状が付与されているが、そこでは、従来の慣習法上の諸特権が確認されるとともに、自治邑の発展上見逃し難い新たな特権も付与されていくのである。勅許状は個別的に付与されたから、これら一連の特権も都市により多様であったが、概ね次のように整理することはできよう。(8)

当時、自治邑の市民は慣習法上の自治邑土地保有態様（burgege tenure）における土地保有者であった。この保有態様は、非軍事的な奉仕義務を条件とする鋤奉仕保有態様の一種であったが、封建的負担はすでに貨幣地代に転換されていたから、その保有権をもつことは、結局のところ、地代以外の封建的拘束を受けることなく土地の遺贈等の広範な自由を保持することを意味した。(9) 勅許状ではこうした自治邑市民の土地保有態様を認め、ときには、それに関する紛争につき当該自治邑内の裁判集会が独占的管轄権を主張しうる旨の規定をもおいていたのである。しかし、地代徴収については、国王に指名されたシェリフや奉行（reeve）が担当しており、ここに、ノルマン征服直後の自治邑が未だ自律した地位を取得するものではなく、それゆえ、自治邑における国王の利益と自治邑市民のそれとの間には一定の対立関係を生み出す要因があったといわれる理由があった。(10)

一二、一三世紀には羊毛取引の興隆を基礎に商工業が活発に展開されていたが、今述べた対立関係を内包した自治邑は、そのなかに自生しつつあったギルド（guild）の商業的利益の保護を目的とした諸特権を取得・拡大していくことにより、自律性を一層高めていくことになる。勅許状は、慣習法上認められていた特権、すなわち通行税（toll）の免除や市場開催権、さらにこうした特権を保持・行使するための共同体としての商人ギルド（marchant guild）の設立権を確認し、それを自治邑市民に対して特権として与えていく。そして、自治邑はこれらの特権を基礎にしながらさらに進み、一二世紀末以降には遂に、自治邑内の通行税等の徴収請負特権（*firma burgi*）を獲得し[11]、王権からの実質的自律性を確保するにいたるのである。それまではシェリフが国王に対する義務の一貫として通行税、裁判所収益を徴収する権限をもっていたが、自治邑市民は、この特権を取得することにより、徴収した額のなかから一定の保有料（＝地代付封土権地代（fee-farm rent））を国王に支払うことで自治邑を永続的に保有することとなるのである。このようにシェリフの介入を排除する傾向は、彼のもつ国王裁判所令状に対する執行報告権（return of writ）が自治邑に直接与えられた点にもみられ、管轄権上も、対国王との関係で実質的に自律した地位を得たといえよう。

しかも、こうした自律的特権は、自治邑の組織的編成についても必然的に一定の変化をもたらすことになる。自治邑市民は、通行税等の徴収を行うベイリフ（bailiff）や自治邑の長たる市長、さらにはそのもとで活動する一二名から二四名から成る参事会を、自らの手で選出する特権を徐々に獲得していくし、一四世紀には、自治邑財産の保有や他の自治邑や個人との契約締結の際、団体印（common seal）を用いる特権も付与され、その組織的一体性が確保されますます強化されていくことになる。

さて、以上の簡単な概略をふまえて確認しておきたいのは、次の二点である。第一に、こうした自治邑の自律的地位が、地域性ないしその住民の独自性から生まれたものではなく、本来的にギルドの商業利益の保護を媒介にして展開してきた事実であり、それゆえ、厳密にみれば、ここに獲得された特権的利益は自治邑住民の「全体利益」

ではなくギルド構成員の「共同利益」であったという点である。むろん、この段階では、勅許状において特権は市民全体（*communitas*）に対して付与されるものとされていたし、たとえギルドそのものが「自由への入り口」[12]となり、市民は特権を享有するために一定のギルド入会料（entrance fee）を支払うことが義務づけられたとしても、そこから排除されるのは女性、父親と同居する息子、奉公人であったから[13]、ギルドの指導的構成員と自治邑のそれとは、実際には同一であることが多く[14]、さらにまた、社会全体に商業が活発に展開したという時代状況もあったから、「全体利益」と「共同利益」の齟齬が顕在化することはなかった[15]。しかし、自治邑の特権がギルドの「共同利益」に基づいて形成され、したがって、その主体が事実上ギルド構成員に限定されていたことは、後の都市法人が、本質的に、自治邑住民全体の「公共性」を担う地域組織とはならなかった点を理解する上で注目に値する。この性格は組織的一体性を確保すればするほど明白なものとなるが、それは、次に説明する都市法人のコモン・ロー上の地位において、より明らかにされよう。

それとの関連では、第二に、特権が与えられる構成員たる資格が、この段階ですでに、事実上一定の財産所有者に限定され、今述べた「共同性」も、その幅をより狭くしていく実態的傾向にあったという点である。自治邑が勅許状をとおして一連の特権を取得するためには、国王や諸侯に対して多額の奉納金を支払わなくてはならず、その結果、資金の供出を基準とした特権保有者の範囲を限定する傾向が生まれつつあったのである[16]。むろん、この段階で特権保有者の閉鎖的集団が成立したとは言い難いが[17]、それでも、都市法人が実現すべき「共同利益」を規定する客観的な基準は存在しなかったから、利益の配分に対し、構成員間に実在する影響力が直接反映する可能性は高かったといえる。ただ、この点に関しても、後の展開のなかで一層明確となる事実であるため、ここでは一応の指摘にとどめておくことにする。

2　法人格の付与

さて、特権を付与された自治邑は、事実上一個の法人（corporation）として機能しうるだけの組織的一体性を示すに至っているが、国王の勅許状がこれに対して正式に法人格を与え始めるのは、一四世紀末以降になってからである。

その過程を一般的に述べれば、次のようになる。一四世紀には黒死病の流行による労働力の不足を媒介に賦役の金納化が一般化し、その結果、この国の封建制度は深刻な危機に直面することになる。古ゲルマン的共同体に基礎をおく中間領主が排され、社会全体が国王支配のもとに直接おかれることにより、いわゆる絶対王政への傾斜が始まるのはこの時期とみていい。従来国王の代官でありつつも、封建制の基底を支えていた村落共同体に基盤をもつシェリフが、この過程で衰退し、それにかわって現れたのが、国王の平和の維持者として各カウンティにおける数多くの地方統治権限を掌握した治安判事であったことは、第一章で述べたところである。

そして、このなかで、イノセントⅣ世（Innocent Ⅳ）（治世？—一二五四年）に始まるといわれるカノン法上の法人観念、すなわち「擬制された人格（*persona ficta*）」観念が導入され、自治邑に対して法人格が付与されていくのである。もともとこれは、宗教団体がその長のもとに財産に関する広範な権限を行使するために構成された観念だったが、一四世紀末には自治邑、大学、ギルド等の宗教的性格を欠如した団体に対しても適用されることとなる。[18]もっとも、自治邑は、エドワードⅡ世（Edward Ⅱ）（治世一三〇七年—一三二七年）の段階で、すでに「単一の団体（*un corps*）」と呼ばれるほど高度に組織化されていたから、[19]たとえこの観念が適用されたとしても、自治邑それ自身に直接的な変化をもたらすものではなかった。

この観念を導入する直接の契機となったのは、むしろ、法人を設立する側に立つ国王の意向が強く働いたと考えられる。すなわち、カノン法上は主権者のみがこの「擬制された人格」を創設しうるとされており、[20]それゆえ、この観念の導入は、自治邑の存立基盤が国王の勅許状にあることをあらためて強調するのに役だったのである。その意味で、法人格の付与は、当時の国王勢力の拡大状況のなかで、地方に対する広範な統制権を行使するための有効な手段であったといえる。[21]

しかし、この観念が定着するようになると、実態としての法人は、コモン・ロー上の権能とのかかわりで、独自の展開を示すことになる。コモン・ローは本来、権利主体としての自然人たる個人を対象とするものであり、法人のごとき実体がなく単に名称のみをもって活動する団体を対象とするものではない。しかし、法人格の付与を契機に、コモン・ローは、法人を一個の自然人とみなし、紛争当事者として法廷に現れることを認めると同時に、その財産法的関係を法的に把握する方法を独自に構成していくのである。[22] ここにいたって、法人は独立した権利主体性を獲得していくことになる。

都市法人の法的地位を理解するために、やや立ち入ってみておくことにしたい。

まずコモン・ローは、一五世紀の諸判例をとおして、①法人がその構成員とは区別された人格を持つこと、②法人の財産と構成員の財産とは別個のものであること、③法人の負担する債務のために構成員の財産が執行を受けえないこと、といった基準をとおして、法人を認識の対象とするようになる。[23] そして、E・クック（Edward Coke）は、有名な一六一三年のサットン病院事件（*the Case of Sutton Hospital*）において、「多くの構成員から成る集合法人（corporate aggregate）は不可視的であり不滅であるが、それは法の真意と斟酌をもってのみ存在する」と述べ、一定の理論的水準に到達した法人権能に関する見解を提示している。彼は、「法人が正当に設立されると、〔勅許状に明示されていない〕他のすべての付随的権能を暗黙のうちに付帯することになる。……それゆえ、勅許状において後に付されるこれらの権能に反した条項は、必然的なものではなく、単に宣言的なものであって無視されてもよい」[24] とするのである。法人の性格を知る上においては、この「付随的権能」の内容が明らかとされねばならないが、ここでは、時代的に急ぎすぎる感はあるものの、クック理論を土台にしつつより明確な定義を示したブラックストーンの言葉をもって、その点を確認しておこう。

彼は、法人を「普遍的継承を維持し、ある種の法的不変性を享有しうるような人為的人格」と定義した上で、法人に「必然的かつ不可分に付随する（necessarily and inseparably incident）」権能を次のように整理する。

「一、永続的継承をうること。これは法人の目的そのものである。なんとなれば、法人格が与えられなければ継承はありえないし、またそれゆえ、すべての集合法人は空席となった部分に構成員を選出するという必然的に黙示された権限をもつのである。二、法人の名において民事訴訟を提起しまたは提起され、刑事訴訟を提起しまたは提起され、〔財産を〕付与しまたは受領し、その他自然人と同様のあらゆる行為をなすこと。三、彼ら及び彼らの継承者のために土地を購入し保有すること。後二者は前者の帰結としてある。四、団体印をもつこと。なんとなれば、法人は不可視的な団体であるため、いかなる個人的行為によってもまたいかなる言動によってもその意図を明らかにすることはできず、それゆえ、その団体印によってのみ行為し発言することができるのである。……共同体を構成する諸個人を統一し全体が共同したひとつの同意をなすのは印の押捺であり、それのみである。五、法人のより良き統治のために条例または個別法律を作成すること。それは王国の法に反しない限り彼ら自身を拘束する。これはまた法により法人の行為そのものに含められる。なんとなれば、自然人の身体を統治するために自然的理性がその身体に与えられているように、条例や個別法律は、政治的統一体（body politic）を管理するためのある種の政治的理性であるからである。」(25)

ここに示したものは、法人が法人財産の管理を目的に享有する権能の内容と考えられる。重要な点は、たとえそうした目的を暗黙の前提としていたとしても、その権能は自然人とのアナロジーのなかで認識されたものであったから、いったん法人格を付与された集団は、自然人のごとき一個の社会的実在として行為することを許容される点である。法人は、財産の管理主体としてならば、何らの制約も受けることなく活動しうる人格を与えられたといっていい。法人に「必然的かつ不可分に付随する」権能という表現はまさに、この脈絡のなかで理解されるべきであり、人格が擬制された集団の行為目的を財産法的関係の厳格な概念構成に基づき限定的に理解し、そうした目的との関連でのみその存在が認識されるドイツ的な法人概念との差異はここに現れる。(26)

しかし、逆に、自然人のアナロジーではどうしても認識しえない行為もある。例えば法人はその名において不法行為や犯罪を犯すことはできないし、その構成員の行為についても、その責任を負うことはできない。行為主体たる実体がないからである。(27)

同様の脈絡で法人の行為に限界があることは、エクイティ上の信託との関係にも現れる。ブラックストーンは、「それ〔法人〕は受託者たりえない。なんとなれば、その種の信任はその制度目的とは性質を異にするからである」(28)と述べ、その関係を明確に否定している。この国の信託制度を詳述する余裕はないが、(29)ここでの検討対象である都市法人の法的地位を知るために、文脈上直接かかわると思われる公益信託（charitable trust）については、ごく簡単に触れておくことにする。公益信託は、「合理的な人間であれば、公衆もしくは広範かつ不特定の人々にとって、直接に利益をもたらすとみなしうる『目的』(30)」に対して所有権を設定するものと一応は定義できるが、その濫用を回避するために、「法人の名義を用いる場合よりも自分自身の名前で行為をなす場合の方がより良心的である」との理由から、「自然人」にのみ設定されることを特質としてもつ。(31)法人には、他者から「信任」を獲得したり、その「信任」に反する行為を犯したときの責任を負いうる「良心」を有すべき実体がないのである。都市問題の浮上とともに、道路舗装、街路燈設置、清掃、保安等の必要性が明らかとなる一八世紀後半になると、こうした公益目的をもつ諸活動は、個別法律をとおして改良委員会（improvement commissioners）や企業主に委託されるが、個々の都市法人構成員が公益受託者を構成することはあっても、それらの問題の処理が都市法人の中心的課題と認識されることはなかったのである。[32]

さて、以上の検討をふまえれば、一九世紀の展開を想定し、都市法人を自治邑住民全体の「公共性」を担う地域組織、あるいはさらに進んで、地方の公的な「行政」主体としてア・プリオリに措定することが、いかに大きな誤解を招くものであるかが明らかとなろう。端的に述べれば、地域区分としての性格をも合わせもつ自治邑は、法人格付与を契機に、構成員たる者の限定ないし特定を前提とした都市法人という、地域とは切り離された地位を獲得したのであり、それゆえにこそ、自然人と同視しうる一定の性格を法的にもちえたのである。しかも、その地位には、かつての商業利益の保護といった一定の目的が付着するものではなく、単に、法人財産を私人と同様に自由に管理しうる独立した権利主体としての地位を意味するにとどまったから、実際にいかなる管理方法をとるか、あるいはいかなる目的で管理するかといった問題は、すべて、都市法人固有の領域に属することとなったといえよう。

次節以下で言及するように、都市法人の実態的な存在意義は、その時々の社会における政治的支配関係により変化していく。しかし、その点に注目する前に、われわれは、そうした事実を誘引したものが、ほかならぬ法人たる法的地位、換言すれば、ブラックストーンの指摘した都市法人の「私的」性格であったことを、いま一度、確認しておくべきだろう。そして、その脈格のなかでこそ、一八三五年以前の都市法人は一九世紀の都市当局の歴史的先行者ではあっても、けっして未熟な都市当局ではなかった[33]という示唆的な議論が示す意味内容も正確に理解されると考える。

註

（1） W. Blackstone, *Commentaries of the Laws of England 1765–1769, vol. 1*, University of Chicago Press, 1979, pp. 327–328.

（2） D. Fraser, "Introduction: Municipal reform in historical perspective," in do., ed., *Municipal Reform and the Industrial City*, Leicester University Press, 1982, p. 4.

（3） 都市法人を含むイギリスの地方自治体の歴史に関する包括的検討をしたものとして、山田公平「地方自治の比較類型についての考察㈡完」（『名古屋大学法政論集』第一一八号、一九八八年三月）を参照。

（4） この時期の地方の最小単位は住民の聚集を基礎におく村落共同体であり、これはおおよそ教区に一致していた。自治邑はこうした村落共同体のうちでも、固有の慣習法とそれを司る裁判集会とを持つ比較的大きな村であったともいわれる。また、ハンドレッドは村落共同体を包摂する地域区分である。ハンドレッドの重要な目的は治安維持にあり、ハンドレッド裁判集会（hundred-moot）をもち、さらに年二回の大集会には、その上級の地域区分であるシャイアの代官すなわちシェリフによる巡回裁判（*tourn*）が開催され刑事事件が審理された。シャイアはシェリフにより統轄され、その住民である貴族による裁判集会（shire-moot）によって多くの裁判事務が行われた。cf. J. Baker, *An Introduction to English History*, Butterworths, 1971, pp. 11–14.（小山貞夫訳『イングランド法制史概説』創文社、一九八〇年、二一―二五頁）

（5） F. Pollock & W. Maitland, *The History of English Law* (with the new introduction by S. F. C. Milsom), *vol. 1*, Cambridge University Press, 1968, pp. 636–666.

（6） *Ibid.*, p. 636.

（7） 自治邑の成立、そしてそれに関連する自治邑と村落共同体との区別については、従来の勅許状を基準にする形式主義的見解に対して、市場経済の発展という実体的基準を中心にしてより具体的に検討する視角が提示されるようになっているが、その問題については、藤田重行「中世イギリスにおける『都市』と市場町について」（同『イギリス中世社会経済史論』山川出版、一九七七年、所収）を参照。行論との関係でこの問題に深くかかわらないが、地方自治の歴史を国家権力との対抗のなかで捉えようとする一般的視角に対して、この国の特殊性を導出しようとする際には、少なからず影響をもつものと考えられる。

（8）これら諸特権につき詳細な検討を加える余裕はないが、それについては Pollock & Maitland, *op. cit.*, pp. 643–668 を参照。ただ、ここにはかなり具体的な内容が示されているものの、一二、一三世紀の自治邑の諸特権が並列的に紹介されるにとどまっており、必ずしもそれら相互の歴史的関係は明示的に現れていないため、さしあたり、J. Tait, "The Borough Community in England," *The English Historical Review*, no. CLXXX (Oct. 1930) pp. 529–551 もあわせて参照。

（9）自治邑土地保有態様については、Pollock & Maitland, *op. cit.*, pp. 295–296 参照。

（10）Tait, *op. cit.*, p. 533.

（11）この特権付与の理由については、テイトはロンドンをとおしてのフランス「コンミューン」運動の波及と当時の王権の脆弱性・財政的必要性とをあげている。*Ibid.*, p. 543. なお、ロンドンの「コンミューン」運動に関しては、藤田重行「『中世都市』ロンドンの発展——クラフト運動を中心として」（前掲『イギリス中世社会経済史論』所収）に詳しい。

（12）*Ibid.*, p. 546.

（13）Pollock & Maitland, *op. cit.*, p. 672.

（14）*Ibid.*

（15）Tait, *op. cit.*, p. 533.

（16）Pollock & Maitland, *op. cit.*, pp. 670–672. なお、この点をより実証的に検討しているものに、武居良明「イギリス中世都市における自治と寡頭専制支配」（『史林』第六四巻第一号、一九八一年一月）がある。

（17）Tait, *op. cit.*, pp. 546–547.

（18）W. Holdsworth, *A History of English Law*（以下、*H.E.L.* と略す）, *vol. III*, Methuen, 1923, p. 474.

（19）*Ibid.*, pp. 474–475.

（20）*Ibid.*, p. 475.

（21）Holdsworth, *H.E.L.*, *vol. II*, Methuen, 1923, pp. 394–395.

（22）法人観念がコモン・ロー上受容されていった現実的理由としては、この観念が、法廷に財産または特権の保有者として現れた一定の団体に対する有用な説明、それらの活動を規制する有用な説明、そして、それらの団体が過度に増加することを制約する様式を、提供しうると認識された点にあるといわれる。Holdsworth, *H.E.L.*, *vol. III*, p. 470.

（23）*Ibid.*, pp. 482–484.

（24）*Sutton's Hospital Case*（1613）10 Co. Rep. 1a, 23a, at f. 32b.

（25）Blackstone, *op. cit.*, p. 463.

（26）イギリスの法人観念については、F. Pollock, "Has the Common Law Received the Fiction Theory of Corporation?," *The Law Quarterly Review*, no. CVI（April. 1911）pp. 219–235 を参照。

（27）Blackstone, *op. cit.*, p. 464.

（28）*Ibid.*

（29）法人と信託の関係については、F. W. Maitland, "Trust and Corporation," in H. A. L. Fisher, ed., *The Collected Papers of Frederic William Maitland, vol. III*, Cambridge University Press, 1975 に詳しい。なお、本論文については、森泉章氏による詳細な解説を付した翻訳が刊行されている（森泉章監訳『信託と法人』日本評論社、一九八八年）。また、蓮井良憲「信託と法人に関するメートランドの見解」（『広島大学政経論集』第五巻第三・四号、一九五五年一二月）も参照。さらに、公益信託についてはいくつか研究のあるところであるが、ここでは、特にその歴史につき、海原文雄「英法における公益信託概念の定立」（『金沢大学法文学論集 法経篇10』一九六二年）を参照。

（30）　*Ibid.*, p. 358.（翻訳では五六―五七頁だが、若干訳はかえてある。以下、括弧内は翻訳頁数）なお、様々なチャリティ団体が設立される一九世紀になると、ここでの「目的」は次第に具体的に説明されるようになる。一八九一年ペムセル事件控訴院判決（*Income Tax Special Purposes Commissioners v. Pemsel*［1891］A. C. 531）で、公益信託が設定されうる「目的」が、貧民救済、教育振興、宗教振興、その他コミュニティに有益な目的の四類型に整理されたことは、よく知られている。

（31）　*Ibid.*, p. 362.（六一頁）

（32）　この点につき、後に検討する一八三五年の王立委員会報告書は次のように述べている。「都市の良き統治に付随する権限を行使するためには、都市法人に依存しないことが慣例となった。国会の個別法律により付与された様々な目的のための権限は、しばしば都市法人官吏に対してではなく、彼らとは区別された受託者集団に付与されてきた。したがって、法人はしばしば遂行すべき職務を有さなかったのである。」（*First Report of the Commissioners Appointed to Inquire into the Municipal Corporations of England and Wales*, 1835（以下、*1st Report* と略す）, in *Irish University Press Series of Parliamentary Papers: Government Municipal Corporation* 2, 1969, p. 17, para. 14.）

（33）　Fraser, *op. cit.*, p. 4.

第二節　都市法人の実態とそれに対する政治的対処

法人に関するコモン・ローの理論的核心は、前節でみたとおり、法人をできる限り自然人として扱う考えにある。それは漠然としてはいるが柔軟な考えであり、したがって、法人は、自然人と同様、時の公序（public policy）に容易に順応しながら自律的に展開していくことが可能になる[1]。そして、ここでの検討対象である三五年法が登場する直接の契機となったのは、都市法人の法的性格それ自体ではなく、本質的にはその性格に規定されながらも、時の公序、すなわち具体的な政治的社会的制約を受けて展開した都市法人の実態にあるといっていい。そこで本節では、一八三五年の改革に先立つ実態につき若干の考察を加えることとしよう。

1　都市法人の実態

[1]　絶対王政下での都市法人

法人はコモン・ロー上、自然人と同じく、一定の要件を満たすことにより死する運命をもつ。法人構成員が消失したり法人自身がその勅許状を放棄することによって法人は解体するが、それ以外に、国王の権限開示令状（*quo warrant*）や告知令状（*scire facias*）をもって特権行使に濫用があると認められた場合には、法人の意思とは無関係に解体させられる。[2] そして、この方法こそ、絶対王政が進行していくなかで、国王の勅許状による設立権と密接に関連しあいながら重要な政治的意義をもつことになるのである。

テューダー期以降、自治邑に対して多くの勅許状が、国王によって付与された。[3] それは、強力な国王権力を背景に、法人格を獲得し特権を確保するためには国王の勅許状を必要とするといういわゆる「特許理論（concession theory）」[4]が以前にも増して高揚したことを示している。それだけに、国王の絶対的権力に対する庶民院の批判が公然化するステュワート期になると、国王の都市法人に対する介入はその議員選出権をめぐって一層激しいものとなる。そもそも庶民院議員は年価値四〇シリング以上の自由土地保有権者の選挙権を基盤に各カウンティから二名ずつ選出されていたが、これとは別に法人格をもつ自治邑に対しても勅許状その他により選出権が付与されていた。しかも実際には、議員の大半は都市法人、それも一部上層市民から構成される法人官吏（corporate officers）の集団から選出されたため、[5] 庶民院議員の選出母体として都市法人の存在が強く認識されることとなる。つまり、自生的に発展した商業利益の保護に第一義的目的をおいていた都市法人の法人たる地位は、国王権力の進展を媒介に、そうした目的を稀薄化させ、むしろ、一定の政策を遂行するために容易に利用しうる政治単位へとその意義を転換していくことになるのである。そしてその経緯のなかで、国王は、将来の庶民院を自らの統制下におくだけでなく、地方に対するより効率的な支配を可能とするために、次のような形で都市法人に直接介入していくのである。

まず、国王が権限開示令状を発給する。それにより、都市法人には特権保有の証明の提出が命ぜられ、アサイズ裁判はそれを審理することになるが、その場で特権濫用の存在が明らかになると、国王は当該都市法人に付与されていた勅許状を剥奪することとなる。[6] むろん、都市法人は、新たに勅許状を回復することを欲するが、この時の費用はきわめて高額におよび、それによる国王収入は相当増加したといわれる。[7] また、たとえ新たな勅許状が付与されたとしても、そこには、市場開設権の追加などの懐柔的規定とならび、市長や参事会、その他の法人官吏が国王により指名された者のなかから選出されるべきこと、そのうちのいくつかの官職は終身保有とすべきことなど法人組織を細かく定めた規定が盛り込まれる場合も多く、その結果、庶民院議員はこれら国王とのつながりのある者から選出されるようになったのである。[8] しかも、この時期の都市法人は、すでにカウンティからの自律した地位を獲得し、勅許状を通して市長や長老参事会員が治安判事職を兼任し自治邑四季治安判事裁判所（borough court of quarter session）を開催する権利を取得していた。国王はこれを統制するために、従来は大都市法人に限定されていた自治邑記録保管官（recorder）を一般的に設置しその裁判所を主催させ、多くの自治邑に国王にかわって財産を管理する執事（steward）を創設し国王との連携を強化したのである。

このような組織的再編成をとおして、国王の影響力は各都市法人に及んでいくが、その過程は同時に、法人内部の一部上層市民が再編成された組織をとおして自らの社会的地位を堅固なものにすることを可能にした。[9] 一般市民から遊離した寡頭制支配を強化する閉鎖的組織の確立は、一六六一年の法人法（Corporation Act 1661）や一六七三年の審査法（Test Act 1673）によってさらに明確なものとなる。これらの法律は、O・クロムウェル（Oliver Cromwell）が王党派追放政策の遂行過程で付与した勅許状により生み出された混乱を収拾し、あらためて法人の諸官職を国教徒である国王支持者に固定化することを目的に王政復古期に制定されたものであり[10]、富裕な専門職や大商人は、宗教的政治的に特定された都市法人の諸官職を独占することで、各地方社会における支配の安定性を獲得していったのである。

[2] 市民革命後の都市法人

市民革命を経ると、国王の絶対的権力行使が否定され、強力な統制から解放された個々の地方社会には、第一章でみたとおり、大土地貴族を頂点におく身分的ヒエラルヒーを前提に自律した統治を行う構造が析出することになる[11]。都市法人についてみても、一六八九年権利章典により、古来の勅許状、権利、特権の有効性が確認されたことを受け、絶対王政期に顕著であった国王の直接介入が明示的に排除されていくのであり、結果として、自治邑内の上層市民層は、確固とした法人組織を媒介に自らの排他的地位を不動のものとしていくことになる。

では、この時期の都市法人は、実際にどのような組織として維持されていたのであろうか。もとより、各都市の法人組織はそれまでの歴史的累積の上に成り立っていたし、その自律的発展の傾向はますます強まったから、全体を総括的に述べることは難しい[12]。ここではさしあたり、上述の問題関心とのかかわりで、一定の特徴的事実のみを概観しておきたい[13]。

まず法人構成員たる自由民（freeman）[14]についてである。彼らには、一般に庶民院議員や法人官吏の選挙権、法人官吏被選挙権、通行税やカウンティ陪審義務の免除、通商権といった特権が付与される。その資格認定は参事会の職務であったが、その人数は、勅許状において明記されているか否かとは別に、参事会は通常かなり制限する政策をとった。資格要件については、自治邑内の自由民の下で七年以上徒弟奉公を行うことや自治邑内のギルドや通商会社の構成員であることといった規定をおいているところ、あるいは、自由民たる父親の長男たることとか自由民の娘または未亡人と婚姻することといった規定をおいているところといった具合に様々であるが、いずれの場合も参事会の裁量の余地は大きく、(15)さらに何ら特定の規定がないところでは、贈与や売却をとおして資格が付与され、支配層たる参事会員との人的関係が決定的な役割を果たしたのである。それゆえ、その範囲が狭まれば狭まるほど、その集団の排他的性格も強まり、自治邑内の権威的な支配構造をより強固なものとすることとなったと考えられる。

こうした自由民から構成される都市法人の内部組織は、統治集団（governing body）と呼ばれる参事会と、市長をはじめとする法人官吏とに分けられる。前者は一〇名から三〇名の規模で、一般に長老参事会員と参事会員（common councilor）とから構成されていた。(16)彼らはノリッジ（Norwich）やプリマス（Plymouth）のように自由民全体によって選出されるところもあったが、自由民のもつ選挙権は相当に制限され、法人内の支配層による互選（self-election）に委ねられるのが一般的であった。しかも、参事会員が毎年改選されるのが多かったのに対し、より重要な役職として参事会の諸権限の行使に実質的影響力をもった長老参事会員は終身の地位を有し、(17)参事会内部においても確固とした寡頭制がしかれたのである。(18)

こうした参事会には、自由民の認定のほかに、条例の制定、共有地や漁場等の法人財産の管理、法人官吏の任命及びその給与の決定、自治邑の治安判事や庶民院議員の選出、聖職者や学校長のパトロネジの執行といった権限が与えられていたが、前述のごとき都市法人の法的性格からして、これらの諸権限が第一義的に自治邑住民全体の福利追及を目的として行使されることはほとんどなかった。これらの権限はいずれも、参事会員をはじめとする種々の役職や官職を一部の特権集団に限定し、彼らによる利益の独占的獲得を可能にするために用いられることはあっても、都市全体の利益を考慮した「良き支配や統治」に向けて行使されることは稀でしかなかったのである。[19]

他方、法人官吏には、①古来の封建的マナー制度に基づいた官職（ベイリフ、市長、自治邑記録保管官、執事）、②都市法人内における通商や財産管理にかかわって発展した官職（タウン・クラーク（town clerk）、法人収入役（chamberlain）、等）、③カウンティの官職（シェリフ、検屍官、治安判事）が混在しており、[20]その機構については勅許状により個別に規定されていたから、都市により多様ではあるが、さしあたり主な官吏についてのみ触れておくことにする。

まず、自治邑記録保管官、執事である。これらの官職は、国王の絶対的権力の排除とともに、実質的な機能をもたない名誉職となっており、単に法人構成員の特権が侵害されたときに保護を求めることを目的として、通常自治邑内には在住しない大土地所有者たる貴族が就いたといわれる。[21]それに対して、都市法人内で実際に重要な権限と権威をもった官職が市長である。[22]市長は参事会員による毎年の互選により選ばれ、都市法人の長としてあらゆる集会を主催し、参事会閉会時には法人財産に関して広範な管理権を行使し、さらには下級官吏を任命した。ただ、市長が実質的に大きな地位をもちえたのは、これらの市長職固有の権限というよりは、むしろその職に付随した裁判管轄権に由来するところが大きい。都市法人は自律性を確保する過程でマナー領主や国王から様々な裁判管轄権を獲得したが、これらは市長の人格に統合されるものと観念されたから、市長は、職権上の検屍官、市場書記官（clerk of the market）、国王の封建的付随条件収入管理官（King's escheator）、自治邑牢獄管理官（keeper of the borough gaol）、度量衡検査官（examiner of weight and measure）、港湾海事裁判所長官（admiral of the port）を兼任し、[23]シェリフのいないところでは庶民院議員選挙管理官（returning officer）ともなったのである。さらに一五世紀以降になると、市長や長老参事会員は徐々に治安判事職を取得し、カウンティのそれとは別に設置された自治邑四季治安判事裁判所に自治邑記録保管官とともに出廷するようになっていた。そして、一八世紀にはその傾向が一層強まり[24]、自治邑記録保管官が実質的に名誉職となると、市長はその裁判所を主催する重要な地位を得ることになる。治安判事は、一六、一七世紀に集積した制定法上の諸権限を背景に、正式・略式の起訴手続きをとおして一八世紀の統治の中心的役割を果たしたが[25]、それは都市法人においても同様であった[26]。それゆえ、市長はリヴァプール（Liverpool）などでは「都市の領主たる地位を獲得した万能者」といわれるほど大きな統制権をもちえたのである[27]。

市長についで重要な官職とされたのは、タウン・クラークである。これは、法人の管理業務の増大とともにマナー執事から派生した官職であったが、この時期には自治邑内で開業中のソリシタ（solicitor）のなかから参事会により指名され、悪しき行状を示さない限り（during good behavior）三〇年から四〇年間在職した。一般にソリシタのなかでも特に指導的な者によって占められ、死亡または引退すると息子がその職を継承したといわれる。タウン・クラークは、国王に対する大法官と同様、市長に対する法律助言者として活動し法人の諸手続きを記録する職務を担い、同時に、治安書記（clerk of the peace）として四季治安判事裁判所その他の裁判所に出廷した。ただ彼は、土地譲渡や個別法律の起案、訴訟等法人の名で行われる法手続きや自由民認定の際には多額の手数料を取得し、さらに、法人構成員との個人的なつながりをとおしてその顧客を増やすこともできたため、法人は彼らの使用者というよりはむしろ有力な取引先であったともされる。

さて、以上のごとき閉鎖的な法人組織をとおして、一部上層市民層はその支配的地位を揺るぎないものとしたが、その一方で、これらの実態は矛盾的契機を含んでいたことにも注意する必要がある。

都市法人は、国王権力の進展とともに、政策目的遂行のための政治単位としての存在意義が重要視される傾向になったことはすでに指摘したが、革命後においても、それとは異なる脈絡、すなわち、国教徒対カソリック教徒ないし非国教徒、トーリー対ウィッグの対立関係のなかで、同様の政治的意義をもつのである。市長等の法人官吏や参事会に就いた者たちは、自由民の認定や法人財産の管理といった彼らに属す様々な権限を最大限利用することにより、国教会とトーリーという宗教的政治的党派を安定的に確保しようとするのである。しかも、そこに権限を濫用または踰越する行為があったとしても、それを法の問題として抑制することは難しかった。法人は財産管理に関する限り自然人とみなされるため、法人の構成員を誰にし、法人財産をいかに管理するかといった問題は、いずれも内部的な政治的事実に属す問題であり、それ自体法がかかわるところではなかったからである。しかし、そうであったがゆえに、党派性をめぐる対立は、法人組織の閉鎖性にかかわる様々な実態をそのまま政治的舞台にのせ、その正統性が問われる可能性を常に含みこむことになった。むろん、一八世紀をとおして法人内部の支配関係は、治安判事のもつ裁判権＝地方統治権を媒介に相当安定した様相をとっていたから、党派性ゆえに排除された者にとって都市法人の実態が大きな不満の対象ではあったとしても(28)、矛盾が顕在化することはほとんどなかった。それが明らかとなるためには、産業革命を経ることにより、それまで排除されていた者の政治的発言力が高まる段階を待たなくてはならない。その過程については、次項で検討しよう。

2　都市法人の改革

これまでに、都市法人が、長い歴史のなかで確保した法人という法的性格を媒介にしながら、その時々の支配層が自らの政策目的遂行のために容易に利用しうる一つの政治単位となっていく過程を確認した。この事実を前提とするならば、支配構造の変動を契機に、都市法人が果たす政治的役割、あるいはより一般的に、都市法人の存在意義も当然に変化していくことが予想される。以下では、都市法人改革＝三五年法制定に向けての経緯を扱うが、その前に、この改革に直接つながる時期、すなわち、一八世紀末葉から一九世紀初頭という時期にみられる支配構造の変動を導いた要因を概観しておこう。

これまでも繰り返し述べてきたように、市民革命後の「名誉革命体制」の下では、一部上層市民層が身分的ヒエラルヒーに基づき統治にかかわるあらゆる機構を独占し、その支配を揺るぎないものとしていた点に大きな特徴をみいだすことができる。そして、この体制下での支配の正統性は、厳格な法の執行をとおして一般的に恐怖感を植えつけ、その一方で、個々の具体的訴訟事例のなかで温情的な慈悲を付与するというパターナリスティックな権威的支配秩序の観念とその実態により担保されるものであった。しかしながら、そうした支配秩序は、本来、個別的な人間関係の安定的状況をとおしてのみ機能しうるレトリックでしかなく、したがって、経済の急速な発展に伴う社会構造の急激な変化に直面するとき、そのレトリックの虚偽性、さらには、身分という支配基盤の脆弱性を露呈することとなり、その過程のなかで、従来の支配秩序がもっていた社会的統合力は徐々に失われていくことになる。

周知のとおり、イギリスでは一八世紀後半以降、農業・工業の両面において資本主義的経営形態の飛躍的展開を遂げていく。そして、このなかで形成された新たな社会経済的利害に基づいて勃興してくる産業資本が、従来の支配構造を変化せしめる重要な要因として少なからず影響を及ぼしたことは、あらためて指摘するまでもない。ただ、より複雑な関係を創出する社会構造の変化という観点からこの問題を照射しようとすれば、資本主義発展の背後で、開放耕地の囲い込み等による矛盾があったことにも注意しておく必要がある。

囲い込みは、穀物需要の拡大にみあう新たな農業技術を導入するため、膨大な国会制定法を通じてなされたものであるが、その結果として、諸々の共有権を剥奪されて行く場所を失った多くの小農たちは、工業労働力として都市に流入し低賃金労働を強いられていく。農村に住む小農にとって、都市には相対的に高い貨幣賃金と相対的に大きな自由が期待されはしたが、その一方で、慣れ親しんだ伝統的生活を捨て去ることには相当な抵抗が伴った。したがって、囲い込みによる小農の強制的排除という事態に呼応して、農村部では、焼き討ち、農機具破壊、狩猟法違反（密猟）といったいわば非合法の抵抗が断続的に発生するようになるし、都市部においても、流入した下層貧民が、フランス革命の影響を受け覚醒し始めた急進主義（radicalism）の思想と結合し、自らの生活飢餓を理由に

「暴動（riot）」を引き起こすのである。むろん、これらの抵抗は、自らの生活侵害に即時的に対応して現象した支配層に対する「発作的で本能的な」敵対的行動であり、それ自体として完結する一揆的なものであったから、全体としてみれば、当時の支配関係やそれを媒介とする統治構造を変化させるほど有効なインパクトとはなりえなかった。しかし、仮に萌芽的なものではあれ、彼らの行動には、伝統的な共同体のあり方を一応の前提に、自らの社会的正義の観点から見た現存社会の変革への展望が「生まれながらの権利」に基づく主張として内包されていたとみることもできる(29)。そうであるとすれば、彼らの行動のなかに、支配の正統性を下から掘り崩し統治構造全体の変容を引き出す端緒的意義をみいだそうとする作業も、まったく否定されるべきではないだろう。

ここでは具体的に都市法人改革の経緯を追うが、以上の点をふまえながら、この改革が単なる支配層の代位をめざす政治的対立には解消しない視点を模索していきたい。

［1］　都市法人改革の必要性の認識

ところで、当時の都市法人が宗教的政治的党派性を安定的に確保しうるだけの組織的閉鎖性を備えていたことはすでに指摘した。そして、一九世紀に入ると、そうした閉鎖性ゆえに発生する制度運用上の問題が表出していくことになる。問題それ自体は一八世紀社会において醸成されたものであるが、この頃になると、支配秩序の動揺に伴いしばしば「腐敗」として批判の対象とされていくのである。ここではまず、改革に先立ち当時の状況を端的に紹介した一八三三年六月二五日付けの『タイムズ紙』を引用しておく。

「どこにでもみられる選挙にかかわる贈収賄、悪行を導く最も積極的な原動力となったのは、法人システムにあると知られている。イングランド全土において、法人構成員は、ほとんどの場合、互選により選ばれ、自分以外の誰に対しても責任を負ってはいない。勅許状はもともと都市住民の利益のために付与されたはずであるが、彼らは一連の巧みな策略により、都市住民の継承・選挙・統制にかかわるすべての権利を巧妙にも剥奪してきた。邪悪な目的のために、彼らは自ら侵奪してきたパトロネジ（情実的官職・僧職任用）を利用し、法的には彼らは単なる受託者でしかない〔法人〕基金を自らの利益のために没収してきたのである。〔ところが〕市長や長老参事会員等が庶民院議員の指名権を正規に取得してこなかったところ、〔事実上〕それを手中に収めてこなかったところ、そして、〔特定議員を〕指名するよう反対党派からけしかけられても、何のためらいもなく都市財産を抵当にいれまたは〔都市の〕資源を浪費することで、投票者に最も不正で露骨な腐敗行為を行わせる手段を獲得するようなことをしてこなかったところでは、国会へ代表者を送る都市の事例はほとんどみあたらないのである。[30]」

これは、改革の動きが相当程度表面化していた頃の論説であるため、評価や表現方法についてはすでに一定の政治的バイアスがかかっていたと考えられるが、それでも、ここに指摘された事実については、ある程度妥当なものとみることができる。すなわち、「国会へ代表者を送る」[31]多くの都市においては、互選を通じて市長をはじめ様々な上位の官職を占める一部上層市民層が、彼らと関係のある者を下位の官職に任用することにより、[32]法人組織全体を一つの政治的宗教的党派で固め、「継承・選挙・統制の権利」をもつ自由民としての資格を、時には当該都市に在住しない者をも含め投票と引き替えに付与し、[33]さらにまた、通行税や諸種の手数料、パトロンからの公益遺贈（charitable bequest）等からなる法人財産を選挙時の賄賂・饗宴に使用することにより、[34]彼らと利害を一にする候補者を庶民院に送り込み、彼らに有利な個別法律や地域的個別法律の制定を促進したのである。

もとより、一八世紀社会であれば、こうした運用の実態があったとしても、それはパターナリスティックな権威的支配秩序による説明が可能な範囲にあり、自治邑住民の不満の対象となりはすれ、それがそのまま攻撃や変革の対象とはならなかったであろう。しかし、前述のように、伝統的な農村生活に滞留しようとする小農たちを都市での破滅的な貧窮へと追いやるとき、もはや、個別的な人間関係に依存する秩序は均衡を保ちえなくなり、こうした実態を正当化することはできなくなる。事実、ナポレオン戦争後の不況が都市の貧民層を襲うと、急進的な民衆「暴動」が、ノッティンガム（Nottingham）、ダービー（Derby）、ブリストル（Bristol）、その他の都市に多発し、支配層である市長や治安判事等を直接攻撃し、その庁舎を焼き討ちするのである。これらの「暴動」は第一次選挙法改正前夜の動きとして指摘されることが多いが[35]、彼らにとって、世襲的君主制も貴族院も国教会も制限選挙権も終身官職も、そして都市法人もすべて同じ政治的範疇に入る標的であり[36]、それゆえ、彼らの攻撃対象は、これらすべてを総括する眼前の支配体制にあったといえよう。彼らにとっての都市法人とは、まさに特権とその濫用の巨大なシステムの一部であり、したがって、破壊の対象でしかなかったのである[37]。都市法人が効率的であるのか、その基金を公共善のために使用しているのかといった点はもはや大きな問題ではなく、都市法人は単に「もの（the Thing）」としか映らない存在だったといえよう。

ただ、彼らはこのように過激な行動に出る反面で、初期の「暴動」が第一次選挙法改正運動に収斂していくなかで、「都市法人は、まさしく人民の権利（popular rights）を侵害するものであり、本来、正当に人民に属すはずの『都市の蓄え（Town Stock）』を祝宴と腐敗に浪費している」との主張を繰り返している点には留意しておく必要がある[38]。すなわち、彼らは当時の支配構造をその全部において否定する一方で、それに対して「人民の権利」あるいは都市住民全体の利益という視点を対峙させる姿勢を示していたのである。ここには、後の改革をより根本的な制度改革としていく重要な要因が含まれていると思われるが、実際には、未だきわめて抽象的な概念にとどまらざるをえず、したがって、それ自身としては十分な支持を得られるものではなかった。

一方、批判の対象となった上層市民層の多くから成るトーリーたちはといえば、「暴動」に直面すると、後にみるウィッグとはまったく異なる観点から、改革の必要性を認識することになる。彼らにとっての都市法人とは、既存の秩序の牙城であり、急進派の猛攻撃からその秩序を保護するための象徴であったから、そうした攻撃を未然に防ぐことはおろか、鎮圧することすらもできない治安判事の無能力ぶりは、彼らの危機感を相当に煽ったのである。(39)法人組織の閉鎖性は、たしかに彼らの支配を確固としたものにするのには有効ではあったが、他方で、その選任を一定の範囲に限定せざるをえないという事情から、有能な人材確保が困難になり、その結果、都市法人の権威が低下し、(40)さらに、法人の具体的な機能、とりわけ、諸官職保有者が兼任する治安判事による「法の支配」の執行をとおした支配力の衰退が誘引されたといえる。(41)したがって、トーリーの考えた法人組織の改革は、まずは治安強化政策となって推進されることになった。

トーリーはいちはやく、大都市部に組織化された警察力を設立し、そこに有給の治安判事を新設することを考える。(42)マンチェスター等では実際に導入もされるのであるが、それでも、この提案が即座に受容されることはなかった。もともと、治安判事制度は、通常人が無給で奉仕したがゆえに正義の公正性は保たれると考えられてきたのであり、もし有給の専門職が入れられれば、中央政府（国王）の一機関となってしまうとの懸念が強かったからである。(43)そのため、一八三一年、ブリストルに「暴動」が起こるとトーリーの危機感はさらに増し、「公共の平和のより改善された維持」という観点から、ウィッグに対し都市法人の改革を執拗に申し入れるのである。

では、ウィッグはどうであっただろうか。ウィッグにせよトーリーにせよ、この時期においては未だ政策に基づく近代的政党組織というよりは、人的関係に規定された派閥組織でしかなかった。それゆえ、両者は対立関係にあるとはいえ、その政治的志向性を截然と区別することはできなかった。それにもかかわらず、一七八三年以降ウィッグは政権をとることはなく、両者の政治的発言力には相当な開きが現われていたのである。都市法人についても、ロンドン市（the City of London）をはじめ、ダービー、ノッティンガム、レスター（Leicester）、ポーツマス（Portsmouth）のようにウィッグが比較的優勢なところもあったが、[44]一般的には、トーリーがほぼ排他的影響力をもっていたといっていい。したがって、都市法人に対する批判が民衆のなかに広まり始めると、彼らの間にも、政治的影響力やそれに付随する諸々の利益の奪取という観点からのトーリー批判が拡大することになる。

都市に住む多くの住民、特に商店主、製造業者、建築業者は、ウィッグに属す非国教徒であることが多く、彼らはそのことを理由に法人官吏から排除されていたばかりか、通行税や各種使用料の免除特権を受けられる自由民たる認定が得られなかった。いくつかの都市では、そこに入ってくる農産物を含むすべての商品に通行税を課していたし、また、石炭等の新たな生産材にあらためて税を課すところもあったから、自由民に認定されることは何百ポンドにも匹敵する利益となっていた。[45]しかも、新興工業都市では、有能かつ意欲ある産業資本家が非国教徒というだけで法人官吏の職に就くことができなかったから、リヴァプールの商人がいう「同等の地位にあるすべての者は、同等の特権を享有し、同等の義務に服すべきである」という主張[46]は、そのまま都市法人の閉鎖性に対する批判となって現れてくることになる。つまり、彼らの批判は、本来的に、政治理念の問題として都市法人を直接の攻撃対象とするものというよりはむしろ、自らの損失利益を回復するために、間接的にその閉鎖性を問題としていたのである。彼らの主たる目的は、トーリーに独占された特権的利益の再配分にあったのであり、その点では、彼らの指向する改革も、[47]法人運営の効率化や「自治的民主主義（municipal democracy）」の達成を第一義的な目標と掲げるものではなかったし、急進派のごとく、支配秩序の根底からの転覆までもその射程に入れるものでもなかった。しかしながら、このように現実的利益に立脚したものであったがゆえに、当面の間は、急進派の政治的主張との間にある本質的な差異を論題にのせることなく、反トーリーというスローガンで一致しえたのであるし、またウィッグの主導する都市法人改革は、第一次選挙法改正への急進派の気運の高まりを利用しながら、その地歩を着実に固めていくことができたとも考えられる。

さて、急進派、トーリー、ウィッグという三つの立場からの認識を以上のごとく理解した上で、次に三五年法制定にかかわる改革の過程に議論を移していくことにするが、その前提として、第一次選挙法改正前にすでにウィッグ主導で進められていた都市法人改革について簡単に触れておくことにする。問題関心が主に選挙法改正に向けられていた時代であっただけに、法人改革に直接つながるとはいい難いが、三五年法制定前夜の動きとして紹介しておく。

彼らの改革は、まず一八二八年、トーリー政権下での法人法及び審査法の廃止に始まる。J・ラッセル卿（Lord John Russel）の提出したこの廃止法案は、トーリーの徹底した反対に抗しながら僅少差で通過させることに成功するが、必ずしも十分な効果を上げることはできなかった。[48] つづいて一八三二年には「国会に奉仕する議員の選挙のための法人財産の充当を防止する法律（An Act to prevent the Application of Corporate Property to the Purposes of Election of Members to serve in Parliament）」が制定された。これは一八二六年の総選挙においてレスターの都市法人が法人財産、権限、パトロネジを利用してトーリーの候補者を当選させた事態[49]を契機に広がった都市法人批判を背景に提出され、五年を費やして成立した。しかし、実際には、その法律に違反する行為が行われたとしても、それを訴えることができるのは「当該都市法人の二名以上の自由民、市民または法人構成員」（第六条）に限定されていたため、法人の選挙に対する影響力は弱められることはなかった。とはいえ、これらの法律にかかわる論点については、三五年法の審議過程においても引き続き議論されていくのであり、その意味では、これらの試みは、三五年法制定に対し一定の先駆的働きをしたものとみることができる。[50]

［2］　王立委員会

第一次選挙法改正直後の総選挙においてウィッグが勝利をおさめると、[51] 都市法人に対する不満は一気に国会のなかにもちこまれ、いよいよ本格的な改革への道へと進み始めることになる。一八三三年二月一四日には、現状を調査するためにウィッグのJ・アバークロンビー（James Abercromby）を委員長とする二三名（最終的には二七名）の構成員から成る特別委員会が、まずは庶民院に設置される。[52]しかし先にも触れたとおり、当時の都市法人の状況はあまりに複雑であったため調査は容易ではなく、[53]したがって、同年六月四日に提出された報告書では、都市法人の実態が「今日の社会状態に適合するものではない」[54]ことを認めつつも、結局、より包括的に調査する新たな調査委員会の設置を勧告し、それを結論とするのである。

この勧告を受けたグレイ内閣は、H・ブルーム卿（Lord Henry Brougham）に強く促されたこともあって、同年七月一八日には王立委員会（the Royal Commission）を設置し、「イングランドとウェールズにおける都市法人の既存の状態を調査し、それらの法人の構成の欠陥に関する情報を収集し、可能とあらば、次期会期において国会がこの問題に関して立法しうるよう」[55]準備すべきことを諮問し、一八か月以内に報告書を提出するよう要請する。このときの委員長にはJ・ブラックバーン（John Blackburne）、秘書官にはJ・パークス（Joseph Parkes）が任ぜられ、二〇名から成る委員は、そのほとんどが急進主義的な思想をもつ若き無名のソリシタで占められることとなった。[56]これらの委員は、ウィッグの指導的立場にあったブルームが彼と深いかかわりをもつ有能で意欲ある者から選んだといわれ、[57]政治的党派性と実働性を重視した人事であったと考えられる。

委員会が設置されると、きわめて徹底した調査が行われる。調査にあたっては、各委員が市長等に質問状を送付し、その上で各都市に赴き公開審問を開催して聞き取り調査を行い、彼らはそれをまとめてブラックバーン宛てに送るという方式がとられた。[58]このとき全部で二八五都市が調査され、うち二四六都市に都市法人が確認されたという。そして、委員会設置から一六か月めにあたる一八三四年一〇月には、ブラックバーンとパークスによる報告書草案の作成が始まり、翌年二月には第一次草案が各委員に回付されている。回付は計四回行われ、その間に二回の会議がもたれたのであるが[59]、提出までの期間が非常に短かったため、報告書の草案作成段階にはすべての資料が揃っておらず、かつ、委員各自の意見も必ずしも十分に反映されることはなかった。そのため、委員のなかには、ブラックバーンへの報告をあえてせず報告書に署名を拒否した者もいたほどであった。

以上が王立委員会報告書が提出されるまでの概略である。これを前提に、王立委員会自身がいかなる改革の指向性を有していたのかをみておきたい。

上述のとおり、彼らはブルームとの関係をとおして任用されたのではあるが、ウィッグと急進派を相対的に区別する観点からするならば、本委員会が後者の性格を色濃くもっていたことは疑いを入れない。委員長のブラックバーンについてはあまり知られていないものの、パークスは彼のことを「優秀な急進派」とよんでいるし[60]、また、本委員会のなかでも傑出した働きをみせるそのパークスは、ウィッグの急進派に位置するダラム伯（Earl of Durham）や急進的民衆運動の指導者であったF・プレイス（Francis Place）と相当な親交をもつバーミンガム（Birmingham）の有名な急進派ソリシタであった。むろん、委員のなかにも彼らの考えに同調する者が多くいたから、委員会の活動はほぼ急進派の方針に沿って進められたと考えてさしつかえなかろう。

したがって、急進派のあまりに強力なイニシアティヴの行使に対し[61]、若干のあつれきも生まれることになる。報告書の署名を拒否した委員のひとりであるT・J・ホッグ（T. J. Hogg）の主張は、その点を端的に示したものとして興味深い[62]。後に三五年法案を提出し、ブルーム同様ウィッグの指導者でありながら彼ほど急進的ではなかったラッセルとつながりをもつ彼は[63]、署名拒否の理由を次のように述べている。

「私は、法人化された都市における多くの住民の間に都市の治安判事に対して不信感が蔓延していることを強く否定します。私はそのような不信感が正当であることを否定します。私は地方における正義の執行が疑惑に満ちたものであることを否定します。……いかに軽率といえども、あまりに有害でまったく見境もなく何らの功もなくかつきわめて不健全な任務に着手するような改革、古来の諸制度を急激に変化させることによって突如実施される改革に対し、執拗な執着をもつことで、教養と疑問の余地のない能力をもった名誉と誠意ある人々が惑わされてきたことに、これほど深い心痛の念を表す言葉をもちあわせてはおりません。」(64)

「執拗な執着」をもつ者として批判の対象とされているのは、いうまでもなく、パークスをはじめとする急進派であり、王立委員会そのものであった。そして、こうした急進派に「惑わされ」ない「教養と疑問の余地のない名誉と誠意ある人々」の側に立つ彼にとって、委員会の着手しようとしている改革は、「あまりに有害でまったく見境なく何らの功もなくかつきわめて不健全である」ものと映ったのである。こうした彼の主張は、トーリーの人的支配の排除のみを追求し、必ずしも制度の抜本的改革まではめざさなかったウィッグの路線にたつものと考えられるが、逆に、彼にそこまで言わしめた委員会の徹底ぶりは相当なものであったことがわかる。

では、彼のいう「古来の諸制度を急激に変化させる」改革とは、いかなるものを意味するのか。ホッグの主張と対照的に現れるのが、急進派パークスの言葉である。彼は一八三三年にコヴェントリー（Coventry）で行った演説のなかで次のように述べている。

「イングランドにおける墜落しきった法人は、政治的腐敗とトーリー主義の砦（citadels）であり、公共の基金や公益信託財産をそれ自身の党派的政治的目的のために管理しているのであります。人民の自由に敵対的に用いられるすべての誹謗すべき影響力に終止符が打たれ、地方の党派争いと腐敗が統治構造を惑わすことをやめ、そして国会を閉鎖的法人の代表者で埋め尽くすのをやめるとき、都市の治安判事と官吏を選出するという古来の議論の余地のない権利は、すぐさま回復するでしょう。[65]」

「政治的腐敗とトーリーの砦」たる既存の都市法人は、急進派たる彼の目からみれば、当然に「終止符」が打たれるべきものであったが、それに代替しうる改革の方向は、「古来の」権利が「回復」した状態として想定されているのである。先にも付したとおり、急進派の法人攻撃の起点には、「人民の権利」というこの国には必ずしもなじみのない抽象的な概念があったが、彼は、それを「古来の」権利と呼びなおすことにより、伝統的な都市法人の枠組みのなかで再構成し、より具体的なイメージをもって提起しようとする。すなわち、彼は、「党派的政治的目的」を拒否しながら法人財産を管理するために「人民」による「治安判事と官吏」の選出を提示するのであるが、それは、従来法人から排除された「人民」を都市法人の伝統的な存立根拠である「共同性」のなかに位置づけ直し、結果として、その「共同性」の内容を本質的に転換させる意図をもっていたと考えられる。彼はこれとは別に、「都市法人の基金は住民の財産である。……法人の構成員及びその執行団体は公衆の受託者（trustee for the public）であり下僕（servant）である[66]」とも述べているが、その主張も同様の趣旨と理解されうるものであり、したがって、彼がいくら「回復する（restore）」との用語を用いようとも、それは都市の「住民」を明示的に基礎としていた点で、われわれが前節で確認したような過去の伝統への回帰をそのまま意味するものではないことが理解できよう。

［3］王立委員会報告書——あるべき都市法人の機能

さて、こうした彼の指向性を内在させた委員会の報告書は一八三五年三月には内閣に提出され、四月には一般に公表されている。そこには、個々の都市に関する膨大な証拠に裏づけられつつも、急進派の視点からみたと思われる詳細な現状評価が示されているが[67]、ここでは、都市法人の機能という側面に限定して紹介しておきたい。もとより、報告全体がその観点で編成されているわけではないが、少なくとも、本報告書においてはじめて「地方政府（local government）」という用語が用いられ、都市法人がその中心的システムとして位置づけられた事実[68]を前提とするならば、従前の「共同性」に規定された都市法人の諸機能をいかに評価し、いかなる改革方向を提示したかが、本報告書の歴史的意義を確定する上で重要な鍵になると考えるからである。

以下では、これまでの経緯をもふまえ、都市法人の機能を、財産管理、庶民院議員の選出、司法、社会サービス供給という四つ[69]に設定し、その観点から本報告書の認識を整理しておくことにする。

①財産管理機能

まず、財産管理の主体としての都市法人の機能につき、本報告書ではその問題点を総括して次のように述べている。

「市場、定期市において得られる通行税と都市使用料（town dues）の双方から構成される収入は、この種の課税のもつ煩わしくかつ不当な性格を根拠にした不満だけでなく、そのように徴収された金銭がほとんど共同体の便益に充当されることがないという考慮に根拠をおく一般的な不満の対象ともなっている。[70]」

通行税や都市使用料の徴収根拠にみられる「煩わしくかつ不当な性格」に関しては、別の箇所で、その負担免除が一部の自由民である商人にのみ特権として付与され、自由民でない商人との差が著しく大きくなっている事態[71]、すなわち、徴収における不公平性の問題と説明されている。上述したところからも理解されるように、これはウィッグが都市法人の現状に対し抱いていた強い不満をそのまま示していよう。しかしここではさらに進み、そうした財産の使用に関する不当性をも指摘しており、この点は従来必ずしもみられなかった論点といえる。報告書では、この問題について、法人が通行税や都市使用料の徴収と引き替えに果たすべき約因（consideration）が明らかにされていないこと、また、明らかにされていたとしても実際に履行されていないこと（例えば、埠頭使用料（quay dues）の徴収に対する河川清浄の懈怠[72]をあげており、さらに、法人財産の不正な管理方法として、土地を長期にわたり不当に安価な地代で法人構成員に貸与または譲渡している事例[73]や、多額の金銭が賄賂その他の違法な選挙運動に充当されている事例[74]を紹介している。

都市法人に付帯する財産管理機能は法人格付与の中心的な意義といえるが、その管理がいかなる目的で行われるかは、この国に独自の法人という性格から明確に限定される必要はなかった。本報告書では、「不満（complaint or dissatisfaction）」、「不当な（injurious）」、あるいは「不正な管理（mismanagement）」といったやや情緒的とも思われる用語を多用することにより、こうした法人の法的性格に付随する実態にまであえて立ち入り、財産管理の新たな目的として都市住民の便宜追求の視点を新たに付加しようとしている点は興味深い。

②庶民院議員の選出機能

都市法人が庶民院議員の選出母体としてもつ機能は、もともとの基本性格に規定されたというよりは、むしろそれを前提に派生的に保持するようになった機能であったし、そもそも選挙のあり方は法人内部で処理されるべき問題であったから、報告書のなかでもこれを正面から取り上げている箇所はない。しかし、都市法人が露呈した様々な機能不全や権限濫用とみなされた事実は、多かれ少なかれこの機能を原因として生じてきているため、報告書のなかでは自由民資格の付与にかかわる文脈で次のように指摘されている。

「庶民院議員を選出する特権が法人化された都市またはその統治団体に対して与えた重要な地位と、その支配的法人構成員の力が及ぶ範囲の人々にもたらされた政治的任務に対する報酬とにより、多くの場所では、こうした〔庶民院議員を選出する〕機能がその〔法人〕制度の唯一の目的とされてきた。……一政党の政治的優位性または一家族の政治的影響力を維持することは、数多くの層から成るこれら〔法人組織の〕集団がそこに委ねられた権限を行使する唯一の目的となっている。この目的は、在住または不在の自由民資格の認定、参事会や治安判事職に奉仕する都市役員の選任、従位的官吏や地方警察の任命、都市当局に付託された公益信託の執行、法人収入の支出、法人財産の管理といった際に、体系的に追求されてきた。……本委員会の委員は、〔それとは逆に〕国会議員選出権をもたない法人では、都市の統治という職務が最も誠実に遂行され、他の〔その選出権をもつ〕法人以上に、法人の属す社会からの信頼と厚情を得てきたことを看取している。[75]」

庶民院議員の選出が、「一政党の政治的優位または一家族の政治的影響力を維持する」ために、都市法人が存在する「唯一の目的」となっているといった認識は、むろん、そこから排除されたウィッグの視点に立つものといえる。しかし、本報告書では、「国会議員選出権をもたない法人」のほうが「信頼と厚情」を得ていると述べ、法人の議員選出権を維持しながらそれを開かれた形に変更するのではなく、その権限それ自身を放棄する方向で改革を示唆しているのである。すでに第一次選挙法改正法により選挙制度の改善や選挙権保持者の財産資格の引き下げが実施されつつあったが、実際には未だ支配層の権威に基づく選挙工作は横行しており、したがって都市法人が果たすこれらの機能を排除することで、第一次選挙法改正法の完全実施ないしそれ以上の拡大をめざそうとしていたと考えられる。その点では、本報告書に続く三五年法の制定が、選挙制度改革のプロセスとも大きなかかわりをもっていたことがわかる。

③司法機能

あらためて指摘するまでもなく、都市法人がそれ自体として司法機能を付与されていたわけではない。しかし、法人官職保有者、とりわけ市長は、治安判事職を兼務し当該自治邑の四季治安判事裁判所を主催することが一般的になっており、法人にとっても、そうした実態は一部上層市民層による寡頭制支配を維持する上で大きな意味をもっていたと考えられる。それだけに、都市法人の現実的な特徴のひとつとして司法との密接な連関をもっていたことは注目しておくべきだろう。もっとも、法人官職と裁判官職との接合に論理的な必然性はなく、したがって、治安判事の職務が十分に遂行されない状況が到来すると、トーリーも、前述のとおり、法人官職とは分離された有給治安判事の導入を検討したのである。本報告書でも、「法人の治安判事は、しばしば司法機能の実施能力をもたない層から選出されており、その結果、正義の執行に大きな障害が現れてきた」としながら、両者の分離をはっきりと主張している。

「これらの異なる諸機能の接合は数多くの害悪を生み出してきた。法人化された都市の治安判事が、都市の課税を統制し財産を管理し組織運営を監督していく際、〔都市法人を管理する〕集団の地域的策略に巻き込まれていくことで、治安判事職に対していだかれるべき畏敬の念は損なわれてきたのである。(76)」

「……われわれは、治安判事のもつ諸機能と市長または参事会の長のもつ別の職務との接合は、疑問の余地のある一つの便宜主義であると考えている。市長の官職としばしば接合された他の機能は、都合よく切り離すことができよう。(77)」

法人官吏の治安判事兼務という慣習を撤廃する理由が、治安判事による正義の実現が不十分であることにみる点では、トーリーとかわるところはないが、その不十分さの意味は異なっている。トーリーが治安維持機能の低下を念頭におくのに対し、ここでは、治安判事職の寡頭制的運用により恣意的ともいえる法の執行を行っていたことを批判の対象としている。それだけに、パークスをはじめとする急進派は、有給治安判事を導入するにしても、その告書ではその点まで言及している箇所はみあたらない。
選出を公選とし、さらに治安判事に対する監督制度をあわせて新設すべきことを検討していたといわれるが、[78] 本報

④社会サービス供給機能

様々な機能をもってきた都市法人であったが、上の議論からも明らかなように、本来の財産管理機能を残し、それ以外はすべて放棄すべきであるとするのが本報告書の立場といえる。そして、さらに付け加えれば、その財産管理機能についても、直接的ではないにせよ、都市住民の便益の観点からのみなおしの必要性を提言するものであった。社会サービスの供給は、まさに、この具体的な方向ということになる。報告書を引用しておこう。

「一般的に、法人基金（corporate fund）は、一部分についてだけは、効率的な警察による平和の維持、都市の公安、照明等の自治目的（municipal purposes）に充当されてきているが、〔それ以外については〕饗宴やとるにたらない官職の給与のためにしばしば支払われている。また、公共事業その他の地方改良の対象を設定するといった公共目的のために基金から支出されているいくつかの場合においても、正当な注意が払われていたならば必要となりうる額を遥かに上回る支出が負担されてきている。[79]」

「いくつかの法人では、その財産がもっぱら公衆の受託者としての彼らに帰属していると考えられているが、多くの場合、この真理は彼らの注意が喚起されたときにのみ認識され、困難で限定されたものと受けとめられ、忘れ去られているのが常である。その収入の剰余金を公共の便益（public advantage）という目的のために支出する積極的義務を認めるような法人はほとんどみあたらない。そうした支出は、公的収入のよく考慮された充当というよりは、むしろ私的な寛容さをもった自発的な行為とみなされ、そしてそれが行われる場合にあっても、法人が一般に自己に託されていると考える信頼は、賢明な執行官（judicious administrators）に対するそれではなく、

気前よく恩恵を施す者（liberal benefactors）に対するそれなのである。」(80)

一読して明らかなように、「共同性」の枠を限定的に解釈し「饗宴やとるにたらない官職の給与」など一部上層市民の私的利益のために法人基金を用いるかつての都市法人は、ここではもはや否定の対象でしかない。むろん、それにかわる新たな都市法人像が明示的に示されているわけではないが、少なくとも、都市法人を「公衆の受託者」としている点は、かつてない注目すべき議論であろう。特権をもった市民とそれ以外の住民との間にあった厚い壁は取り払われ、法人は、その基金を「平和の維持、都市の公安、照明等の自治目的」や「公共事業その他の地方改良の対象を設定するといった公共目的」、すなわち「公共の便益」に充当すべきとしている。しかも、その活動は、「私的な寛容さをもった自発的な行為」ではなく、法人に「託された」「積極的義務」として行われるべきであり、そこでの都市法人は「賢明な執行官」であるとされるのである。

こうした都市法人の姿は、地域全体の「公共性」を担う公的機関と解されるし、したがってまた、都市法人の活動に、旧来の統治構造には看取されなかった「行政」権の要素を読みとることもできる。だからこそ、「公衆の受託者」とされた新たな都市法人像は、歴史的に大きな意義をもつと考えられるのである。とはいえ、それが都市法人の伝統的な財産管理機能の延長線上に描かれたものであり、それゆえ、自然人と同一視しうる独立の権利主体であるという枠組みを未だ逸脱していなかったことは、十分に注意しておくべきである。「行政」権の行使につながる活動形態といっても、結局のところ、自己統治という領域に現れた新しい方向性でしかなく、近代的な国家から派生する権力的契機をもつとは明言しにくい。それゆえ、ここに現出しつつあった特徴も、さしあたりは、この国の地方自治の領域に現れた「行政」の特殊なあり方を映し出していると理解すべきであろう。そして、こうした特徴を含む都市法人像こそが、報告書が最後に「徹底した改革」の目標として結論づけた「地方統治の有用かつ効率的な道具（useful and efficient instruments of local government）[81]としての都市法人ではなかったかと考えるのである。
ともあれ、本報告書において「行政」主体としての都市法人を発見することができた。しかし、これは未だ、党派的主張に基づく一つの概念にすぎない。それがひとつの制度として定着したか否かについては、三五年法の制定過程をみる必要がある。節をあらため検討していくことにしよう。

註

（1）Holdsworth, *H.E.L., vol. IX*, Methuen, 1926, p. 70.
（2）*Ibid*., pp. 62–67.
（3）エドワードI世（Edward I）（治世一二七二—一三〇七年）からフィリップとメアリー（Phillip & Mary）（治世一五五四—一五五八年）の間に付与された国王勅許状の数は各治世期平均二ないし三で、多いときでも七であったが、エリザベス女王以降は急激に増加し、エリザベスI世（Elizabeth I）（治世一五五八—一六〇三年）で二三、ジェームズI世（James I）（治世一六〇三—一六二五年）で三三、チャールズI世（Charles I）（治世一六二五—一六四九年）で二一、チャールズII世（Charles II）（治世一六六〇—一六八五年）で三六、であった。しかし、その後再び減っていき、ジェームズII世（James II）（治世一六八五—一六八八年）で一二、ウィリアムとメアリー（William & Mary）（治世一六八九—一七〇二年）で一一、アン女王（Anne）（治世一七〇二—一七一四年）で三、となった（*1st Report*, p. 91 に付された表参照）。
（4）「特許理論」については、前掲森泉監訳『信託と法人』訳者注［30］、一三一—一三二頁参照。
（5）一七世紀において、都市法人から選出された議員は、全体の五分の四を占めたといわれる（J. H. Sacret, "The Restorian Government and Municipal Corporation," *English Historical Review*, vol. XLV, no. 178（Apr. 1930）p. 234）。なお、都市法人の選挙権に関する歴史的概観については、F. W. Maitland, *The Constitutional History of England*, Cambridge, 1908, pp. 173–175.（小山貞夫訳『イングランド憲法史』創文社、一九八一年、二三三—二三四頁）を

参照。

（6）例えば「血で染められたアサイズ」の裁判官の異名をとったチャールズII世の大法官ジェフリーズにつき、B. Keith-Lucas, *The Unreformed Local Government System*, Groom Helm, 1980, p. 15.

（7）Sacret, *op. cit.*, pp. 234–236.

（8）その具体例として、一六二〇年にハンティンドン（Huntingdon）に付与された勅許状につき、*Ibid.*, p. 236 を参照。

（9）cf. *1st Report*, p. 17, para. 13.

（10）Sacret, *op. cit.*, p. 238. ちなみに、これらの法律は、法人官職に任用されたものすべてに対して、国王至上権承認及び忠誠の宣誓、化体説否定の宣言を要求し、また、任用後一年以内に国教会において洗礼を受けることを求めている。

（11）権利章典（「庶民の権利および自由を宣言し、王位継承を定める法律」）は第一三条において次のように定める。「[旧暦] 一六八九年一〇月二三日以前に許与された、特許状、権利賦与、または特赦は、この法律によっていかなる意味においても、問題とされたりすることはなく、法律上依然同一の効力と効果を有し、この法律が制定されなかった場合と変るところがないものとする」（『人権宣言集』岩波文庫、一九五七年、八九頁）。

（12）一八三五年以前の都市法人がきわめて複雑な様相を呈していたことは、後述する一八三三年の庶民院特別委員会報告の「……地方の情報が不足しており、本委員会の調査は不完全なものとならざるをえず、知られるべき多くの事実資料は認識されずにそのままになっていることを認めないわけにはいかない」という言葉からもうかがわれる。*Report from the Select Committee on Municipal Corporations with Minutes of Evidence and Index*, 1833（以下、*Report from the Select Committee* と略す）, in *Irish University Press Series of Parliamentary Papers, Government Municipal Corporation 1*, 1969, p. v.

（13）なお、法人の内部組織に関する検討としては、S. & B. Webbs, *The English Local Government, vol. 2, The Monor and the Borough*, Frank Cass and Co. Ltd., 1963, ch. IV; Keith-Lucas, *op. cit*., ch. 2 に詳しい。

（14）自由民については、*1st Report*, pp. 17–20; Webbs, *op. cit*., pp. 293–302; Keith-Lucas, *op. cit*., pp. 25–27 を参照。

（15）なお、これらの要件が、農村カウンティの有権者資格のごとき、土地財産資格といった客観的基準ではなかったために、一見法人官吏への参加が相対的に解放されているように見えるところでも、実際には人的結合に依存するところが大きく、「垂直的支配秩序」をより強化することとなった点につき、金子勝「『自由主義』的行財政改革の形成（二）」（『社会科学研究』第三四巻第二号、一九八二年八月）一九―二〇頁参照。

（16）Keith-Lucas, *op. cit*., p. 19.

（17）*1st Report*, p. 23, para. 33.

（18）*Ibid*., p. 22, para. 32.

（19）*Ibid*.

（20）Webbs, *op. cit*., p. 307.

（21）*1st Report*, p. 23, para. 35.

（22）市長に関しては、*Ibid*., p. 21, para. 31, para. 36; Webbs, *op. cit*., pp. 309–318; Keith-Lucas, *op. cit*., pp. 19–23 を参照。

（23）Webbs, *op. cit*., pp. 278–279.

（24）ただし、その刑事管轄権の範囲はかなり幅があり、四季治安判事裁判所をもたず、単に小治安判事裁判所に属す犯罪のみを審理・処罰するところ、あらゆる軽罪（misdemeanour）を審理・処罰するところ、故殺や謀殺を除く重罪をも審理・処罰しうるところと、様々であった（*1st Report*, pp. 26–27, para. 46; Webbs, *op. cit*., pp. 280–281）。

（25）この時期の治安判事の活動については、本書第一章第三節を参照。特に、当時の支配の正統性を確保する手段は、四季治安判事裁判所を中心に行う略式・正式の訴手続きを経た彼らの司法活動に集約的に現れていた点に注意されたい。これは、都市法人の治安判事と同じことであると考えられる。

（26）ウェッブ夫妻（Sidney and Beatrice Webb）によれば、一六八九年から一八三五年の間に、市長は小治安判事裁判所や特別期治安判事裁判所における治安判事としての活動が増大し、その一方で、参事会が宗教的政治的党派性強化を目的に法人財産をより詳細に管理していくため、市長職それ自体の重要性は相対的に低下していったとすら指摘される。*Ibid.*, p. 315.

（27）タウン・クラークについては、*1st Report*, p. 25, para. 42; Webbs, *op. cit.*, pp. 324–327; Keith-Lucas, *op. cit.*, pp. 23–25参照。

（28）そうした不満は端的に参事会の権威の失墜となって現れた。Webbs, *op. cit.*, pp. 390–394.

（29）こうした視角に基づき一八世紀から一九世紀の民衆運動に関する社会史研究が現れて久しいが、さしあたり、その傾向にいちはやく先鞭をつけたと目されるE・P・トムソンの議論をあげておく。彼はまず、一八世紀の一連の食糧「暴動」につき検討し、従来あった「発作的民衆史観（spasmodic view of popular history）」を批判し、その議論に対置するように、民衆自身のなかに「共同体の広範な合意」に基づき「暴動」を正当化する考え、すなわち、自分たち自身こそが「伝統的な権利ないし慣習」を擁護しているとの信念があったとの視点を提示している（E. P. Thompson, "The Moral Economy of the English Crowd in the Eighteenth Century," *Past and Present*, no. 50, 1971, p. 78）。そして、彼は、一八世紀末から一九世紀初頭にかけての急進派の運動についても同様の観点から分析し、そこに支配層に対抗する彼ら自身の「文化」を作り上げていった点を強調するのである（do., *The Making of the English Working Class*, Penguin Books, 1968）。

（30）*The Times*, 25 June, 1833, cited in Webbs, *op. cit.*, pp. 704–705.

（31）cf. *1st Report*, pp. 35–36, para. 77.

（32）cf. *Ibid.*, pp. 38–39, paras. 86–87.

（33）前述のごとく、自由民資格を与えられた者の数は、一般的にきわめて制限された。その統計については表1を

表１　主要都市の人口と自由民数

都　　市	人口		自由民数
	①	②	
ケンブリッジ（Cambridge）	20,917	20,917	194
チェスター（Chester）	21,363	21,363	1,550
エクセター（Exeter）	28,285	33,552	586
イプスウィッチ（Ipswich）	20,454	20,454	1,130
キングストン・アポン・ハル（Kingston upon Hull）	36,293	49,727	2,631
レスター（Leicester）	40,512	40,512	4,500
リヴァプール（Liverpool）	165,175	185,000	5,000
ニューカッスル・アポン・タイン（Newcastle upon Tyne）	42,760	42,760	4,000
ノリッジ（Norwich）	61,096	53,613	3,460
ノッティンガム（Nottingham）	50,220	50,220	3,033
オックスフォード（Oxford）	19,370	21,343	1,408
プリマス（Plymouth）	31,080	31,080	437
ポーツマス（Portsmouth）	46,282	50,389	102
ウィガン（Wigan）	20,774	20,774	166
ウスター（Worcester）	18,590	27,000	2,800
ヨーク（York）	26,260	27,760	3,700
総　　計	659,431	715,702	34,697

①都市法人管轄区域内の人口（Municipal Borough）
②庶民院議員選挙区内の人口（Parliamentary Borough）
（出典：*Ibid*., p. 33.）

表２　1800年から1831年までの128都市における自由民資格の賦与数

年	数	年	数	年	数	年	数
1800	1,775	1808	1,256	1816	2,582	1824	2,237
1801	2,051	1809	1,270	1817	1,715	1825	2,655
*1802	5,782	1810	1,606	*1818	8,889	*1826	10,797
1803	1,397	1811	1,414	1819	1,430	1827	1,337
1804	1,254	*1812	5,981	*1820	4,605	1828	1,404
1805	1,473	1813	3,285	1821	1,468	1829	1,433
*1806	4,700	1814	1,357	1822	1,430	*1830	9,321
*1807	3,114	1815	1,480	1823	2,080	*1831	2,560

* 庶民院議員選挙のあった年。
なお，本表は，庶民院議員選挙区のうちロンドンとプレストンは除かれている。
（出典：*Ibid*., p. 34.）

参照。また、自由民資格の付与と選挙との関係については表2を参照。後者の表では、特に庶民院議員選挙のあった年の自由民資格付与数の急増に注意する必要がある。

(34) cf. *Ibid.*, p. 45, paras. 109–110. ちなみに、法人収入をより詳細に記しておけば、①土地その他の財産、②定期市のための場所の使用料、③商品の他の地域との取引の際に課される関税、通行税、④波止場税、停船税、⑤官職や自由民資格付与の際の手数料、⑥諸官職に付随する義務懈怠の際の科料である（*Ibid.*, p. 31, para. 63）。また支出については、正式には、①諸官職の給与、②参事会員やその後援者の歓待費用、となっているが、都市改良等の住民全体の公益にかかる費目にはほとんど充当されていない。それにもかかわらず、実際には、多くの都市法人が多額の債務をかかえていたといわれる（*Ibid.*, p. 32, paras. 66–67）。

(35) 例えば、横越英一『近代政党史』勁草書房、一九六〇年、一四七―一五一頁参照。

(36) Webbs, *op. cit.*, p. 703.

(37) B. Keith-Lucas, "Municipal Corporations," in V. Cromwell, et al. eds., *Aspect of Government*, Irish University Press, 1978（以下、"Municipal Corporations"と略す）, p. 72.

(38) Webbs, *op. cit.*, p. 704.

(39) G. B. A. N. Finlayson, "The Politics of Municipal Reform, 1835," *The Historical Review*, no. CCCXXI, Oct. 1966（以下、"Politics"と略す）, p. 675. ちなみに、貴族院の中心的な改革反対派であるリンドハースト卿（Lord Lyndhurst）は、その点について、次のようにはっきりと述べている。「イングランドの法人、国教会、そして世襲の貴族は、一方の王権と他方の民主主義との間にある防御物、すなわち、国王大権の専断的権力に対する抑制物であり、民主主義の放縦さに対する抑制物であります。……もし、それら〔＝法人〕が朽ち果てるようなことがあれば、次には国教会が、そしてその後に世襲の貴族が続くでありましょう。」（*Hansard's Parliamentary Debates*, New Series, vol. XXIX, 1387,（1835. 8. 3））

(40) 権威の低下という見方はトーリーに固有のものであっただろうが、一般的には、信頼の欠如として指摘されるところである。この点に関しては、王立委員会報告書も、様々な具体的事例をあげつつ、有能な人材が確保されないために、その職務が誠実に執行されず、したがって、信頼を喪失していったことを各所で指摘している。また、先にも指摘したとおり、産業革命の進行とともに現れた諸種の都市問題に対しては、国会制定法を通じて改良委員や企業主に委託しアド・ホックに対処したのであるが、それは、法人のもつ法的限界性以外に、こうした都市法人の信頼性の欠如に大きな原因があったものと考えられる。メイトランドはそれを「悪循環（a cicious circle）」として説明している。いわく、「法人は信頼に足る価値がないから信頼されないのであり、信頼されないから信頼に足る価値ももたなかったのである。」（F. W. Maitland, *Township and Borough*, Cambridge University Press, 1892, p. 95）

（41）治安判事の弱体化はとりわけ都市に看取された事実であった。それは、新興の都市部における管轄権が曖昧であったことに加え、四季治安判事裁判所を主催する市長の在職期間が短く、結果的に、治安の状況がその能力に大きく影響された点に理由があった（E. Moir, *The Justice of the Peace*, Penguin, 1969, pp. 174–175）。都市法人の治安判事の無能力ぶりについては、例えば、デヴォンシャー（Devonshire）の治安判事が述べる「『閉鎖的』と称されている自治邑都市では、治安判事が機能不全であるため、警察力が一般にきわめて不活発でありかつ欠陥だらけのものとなっている。教育、知性等の欠如は、あまりにも頻繁に、法人の指導者を狡猾なタウン・クラークの意のままにさせているのである」といった言葉からも推察できる（Webbs, *op. cit.*, p. 697）。

（42）*Ibid.*, p. 698.

（43）Moir, *op. cit.*, pp. 127–128.

（44）Webbs, *op. cit.*, p. 699, n. 3.

（45）*Ibid.*, p. 702.

（46）*Ibid.*, p. 701.

（47）*Ibid.*

（48）Finlayson, “Politics,” p. 674.

（49）　Webbs, *op. cit.*, pp. 475–481.

（50）　これら二つの法案審議のうち、特に後者に関する議論は注目に値する。前項までにみた限りでいえば、たとえ都市法人が法人財産を選挙目的のために充当しようと、それは少なくともコモン・ロー上、議論の対象とはならない。たしかに、この時期の法人財産には、実際上パトロンからの公益遺贈を含めて信託財産とされるものもあったから、ブラックストーンが指摘したほど厳格な運用がなされていたわけではないが、それでもこの審議過程のなかでは、トーリーは再三、法的な観点から都市法人の個人との同質性を主張し、都市法人の財産の充当を制限することが不当なものであることを指摘する。例えば、一八二七年までトーリーの大法官であったエルドン卿（Lord Eldon）は、「信託に基づいて保有しているわけではない財産に対し法人が有する権利は、個人が私有財産に対して有する権利とまったく同様なものであります。……法人は、合法的で腐敗していない目的のために、信託におかれていない保有財産を〔自由に〕処分する権限をもっているのであります。本法案は、……何らかの腐敗した、あるいは違法な現実を抑制することを目的としているのではなく、むしろ、すべての法人が常に有してきた権利を法人から剥奪することを目的としているのであります」（*Hansard's Parliamentary Debates*, New Series, vol. XIX, 1747–1748, (1828. 7. 17)）と述べ、既得権擁護論を提示している。これに対し、ウィッグは必ずしも十分な法律論を展開できていない。彼らの主張は主に世論を武器にしながら、都市法人が公共目的（public purpose）をもつ受託者であることを強調するものであったといっていいだろう。したがって、本法案は、一八二七年以後数度にわたって提出されたにもかかわらず、貴族院を通過することができず、結局、一八三一年の総選挙によりウィッグが勝利した後に制定されることとなった。しかも、その法律においては、法人の法的地位の変更には何ら触れられてはいなかったのである。

（51）　この時の議席配分は、トーリーが一七一議席であったのに対して、ウィッグ及び急進派は四八七議席を獲得した。

（52）　第一次選挙法改正法が通過した後も、トーリーの選挙に対する独占的影響力は衰えてはおらず、ウィッグの側ではなおも対応策の必要を痛感していた。この特別委員会の設置も、まさにその脈絡のなかに位置づけることができる。ウィッグの大蔵卿で閣内の実力者であったオルソープ卿（Lord Althorp）は、一八三三年二月一四日、庶民院において、改革の対象とすべき都市を、法人格を付与された都市とそうでない都市とに分け、後者についてはすでに法案提出の準備があることを示唆した上で、前者につき、「常日頃より、一般的に法人の背任行為についての不満を聞くに及んでおります。それゆえ、本院がそうした行為に対する救済を目的として当該問題を審議すべき適切な時期がきたのです」（*Hansard's Parliamentary Debates, 3rd Series*, vol. XV, 646,（1833. 2. 14））と述べ、「より人望がありかつより有用な法人」とするために特別委員会を設置し調査を付託するのである。ちなみに、この委員会には、オルソープ自身の他に、D・オコンネル（Daniel O'Connel）、R・ピール（Robert Peel）といった第一次選挙法改正に加わったウィッグ及び急進派の主要な人物が含まれていた（Webbs, *op. cit.*, p. 711）。

（53）本節前項註（12）参照。

（54）*Report from the Select Committee*, p. vi.

（55）*1st Report*, p. 3.

（56）Keith-Lucas, "Municipal Government," p. 75. なお、任命の際に急進派でなかったのは、F・ペイルグレイヴ（Francis Palgrave）とJ・ディンクウォーター（John Dinkwater）の二人であったといわれるが（*Ibid.*, p. 76）、後に紹介するT・J・ホッグも、当初は急進派であったとしても、その署名拒否の理由を読む限りは、厳格な意味での急進派とは思われない。

（57）ブルーム自身、三五年法に関する貴族院の審議過程のなかで、次のように述べている。すなわち、「私は、本法案は私自身の戦いであると考えています。私は、〔王立〕委員会を作った張本人（the author of the Commission）でありますし、本院に提出した法案は私が考案いたしました。」（*Hansard's Parliamentary Debates*, 3rd Series, vol. XXIX, 1236,（1833. 7. 30））

（58）*1st Report*, pp. 13–14.

（59）G. B. A. N. Finlayson, "The Municipal Corporation Commission and Report, 1833–35," *The Bulletin of the Institute of Historical Research*, vol. XXXVI,（May, 1963）（以下、"The Municipal Corporation Commission"と略す）, pp. 41–42.

（60）Webbs, *op. cit.*, p. 715, n. 1.

（61）例えば、委員の調査活動は、必ずしも公平な態度で行われたとはいい難いものだった。特に、審問の際には、法人活動を阻害している証拠のみをしつこく調べ、そうでない証拠については十分に調べることはしなかったといわれる（Finlayson, "The Municipal Corporation Commission," p. 47）。

（62）もう一人の拒否者であるペイルクレイヴは、主に手続き的な面から、報告諸準備の性急さ、個々の事例を強引に一般化しようとするブラックバーンやパークスの強引なやり方を批判している。cf. Protest of Sir Francis Palgrave, in *Irish University Press Series of Parliamentary Papers, Government Municipal Corporation 6*, 1969, pp. 49–70.

（63）Keith-Lucas, "Municipal Government," p. 75.

（64）Protest by Mr. Hogg, in *Irish University Press of Parliamentary Papers, Government Municipal Corporation 6*, p. 17.

（65）*The Times*, 15 April, 1833, cited in Finlayson, "Politics," p. 675.

（66）Webbs, *op. cit.*, p. 704, n. 1.

（67）本報告書の一般的評価については若干の議論がある。まず、ウェッブ夫妻は「われわれは、改革者としてならば、その強力な有効性に対して賞賛を拒むことはほとんどできない」としつつも、「歴史家としては、……同じ賞賛をそのまま受け入れることはできない」とし、なぜなら、「悪名高い事例に言及する際に用いられる『しばしば』『一般に』『多くの場合』といった語を繰り返し使用」しており「何らの統計的概観」をも示してはいないからである、とするのである。その結果、彼らは本報告書を単に「政党目的に供するまったく政治的なパンフレット」と結論づけるのである（Webbs, *op. cit.*, pp. 718–721）。こうした評価に対して、キース・ルーカスは、ウェッブ夫妻の主張につき、彼らは「能率性と中央統制」を支持する立場から、「委員の一般的なアプローチ、特に民衆の選挙や地方民主主義を支持するきわめて明白で強い性向」に共感を覚えなかったこと、それゆえ、委員たちの意見よりもむしろ、ペイルグレイヴの主張を過度に高く評価したこと、に原因があるとして批判を加え、次のように、新たな評価を提示している。すなわち、確かに、委員、特にパークスは一定の政治的傾向を持つものであり、それゆえ、「必要とあらば、あえて、欺罔しようとした」だろうが、「一定以上の一般化は不必要であることも知っていたに違いない」のであり、その観点からすれば、法人の実態そのものが「いかなる基準からも期待を裏切る」存在であったし、報告書はほぼ正当な内容をもつ、としている（Keith-Lucas, "Municipal Corporation," pp. 76–79）。この論争がかみあったものかどうかはやや疑問であり、ここでは直接立ち入ることは避けるが、一応は後者の立場をとり、本報告書中の資料的部分については、客観的に妥当しうるものと考えている。ただ、そうした事実を取り上げ、さらには論評する視点に、当時の政治的関係のなかで捉えられるべき一定のバイアスが内在されているとみることは当然である。

（68） Keith-Lucas, *The Unreformed Local Government System*, p. 13.

（69） これら四つの機能のうち、前三者については、これまでの歴史過程のなかでわれわれが看取できた機能であり、特に、財産管理機能は最も古くかつ基本的なものといえる。最後の社会サービスの供給に関しては、一九世紀の一連の地方統治改革をとおして都市法人が担う重要な機能であることを前提に項目を立てた。

（70） *1st Report*, p. 44, para. 104.

（71） *Ibid.*, p. 44, para. 105.

（72） *Ibid.*, p. 44, para. 106.

（73） *Ibid.*, p. 45, para. 108.

（74） *Ibid.*, p. 45, para. 109.

（75） *Ibid.*, p. 34, para. 73.

（76） *Ibid.*, p. 37, para. 81.

（77） *Ibid.*, p. 37, para. 82.

（78）Webbs, *op. cit.*, pp. 739–740.
（79）*1st Report*, p. 45, para. 110.
（80）*Ibid.*, p. 45, para. 111.
（81）*1st Report*, p. 49.

第三節　一八三五年都市法人法

王立委員会報告書が提出されると、改革の動きは新しい都市法人の実現に向け急速に速度を上げて進み始める。以下ではまず、国会審議の過程を追いながら、法律制定までの議論を検証しておくことにする。ただ、王立委員会は急進派の色彩がきわめて強かっただけに、その考えがそのまま新たな制度に結びつくとは考えにくい。本質的には対話不能なほどに対立していた各党派が、いかにして、またどのような都市法人像を作り上げていったのかが、ここでの主な関心になる。さらに本章を締めくくるにあたり、最後に成立した都市法人法の構造についても検討する。この法律によりイギリスに固有な近代的な地方政府の姿が現れてくると考えているが、本章冒頭でも述べたとおり、過去との連続性のなかで登場したものであるだけに、その特徴を慎重に整理しておきたい。

1　一八三五年都市法人法の制定過程

[1]　国会各党派の変化

ところで、この改革は、次章でみる公衆保健改革のごとく深刻な社会矛盾の一掃を目的に開始されたものではない。それは、産業革命後の支配体制の動揺を契機に、従来排除されていた党派が、都市法人を舞台に、旧来の支配層の独占状況を打破し自らの勢力拡大をめざした一種の政治改革であった。それだけに、国会の場で新たな都市法人像を議論するにあたっても、提起される制度設計の背後で、各党派の政治的思惑が様々に働いている。しかも、王立委員会の設置から報告書の提出にいたる期間は、国会、より正確には庶民院における各党派が、第一次選挙法改正法の影響を受け、急速にその性格を変化させていく時期とも重なっている。トーリー、ウィッグといった大土地貴族の人的関係に結びつけられた派閥的集団は、選挙民の存在を意識し、それぞれが一定の政策理念を掲げる近代的政党組織へと脱皮しつつあったのである。そのため、三五年法案の審議過程で現れる各党派の主張も、かつて以上に党勢拡大を意図する政治姿勢に裏打ちされていたことが予想される。個々の改革提言をみる前に、まずは王立委員会の頃までさかのぼり、やや一般的な観点から国会各党派の動きを概観し、三五年法案審議の背景として彼らの政治的位置を確かめておきたい。

前述のとおり、王立委員会を設置したのは、一八三二年一二月の総選挙で勝利をおさめたウィッグのグレイ内閣であった。この総選挙で議席を確保した者の約半数は新参の議員であったが、そのなかには無記名投票や教会改革、アイルランド合同の撤回といったラディカルな改革を強力に主張する急進派やアイルランド分離派が多く含まれていた。そのため、第一次選挙法改正法を終結点と考え、既存の体制をこれ以上改革する必要性を感じていなかったウィッグにとって、政権獲得後の国会を安定的に運営していくことは容易ではなかった。実際、改革が革命へ発展することを恐れた彼らは、民衆の改革要求に応える必要性を認めつつも、主な関心はその速度をいかに抑制するかにおいていたといわれる。(1)とはいえ、この頃の彼らに確固とした政策理念があったわけではなく、したがって、アイルランドにおける国教会維持のための十分の一税をめぐる法案審議の過程で暗礁に乗り上げると、結局、一八三四年七月一六日、グレイ内閣は総辞職するのである。(2)

続いてこれを継承したのは、メルバーン子爵（Viscount Melbourne）率いるウィッグ内閣であった。しかし、庶民院の党内指導者であったオルソープがその父スペンサー卿（Lord Spencer）の死去に伴い貴族院へ転出すると、この内閣も急進派等の動きを十分に掌握しうる力を失う。その結果、国王ウィリアムⅣ世（William Ⅳ）（治世一八三〇―三七年）はついに大権を発動し、同年一一月一七日、メルバーンを解任するのである。(3)

ウェリントン公（Duke of Wellington）による暫定内閣を経た後、一八三四年一二月一〇日、正式に政権を担当するのがR・ピールである。彼は、党内に依然として有力な基盤をもつ超トーリー主義者（ultra-Tories）がウィッグを敵視するあまり急進派とも歩調をあわせる危険性をもっていることを当初から感じとっており、トーリーに属す首相でありながら、彼らとは一線を画す立場を示していた。年開け早々に行われる総選挙に向けての運動の最中、彼はタムワース宣言（Tamworth Manifesto）を明らかにし、自らの考えを開陳している。この「宣言」は、トーリーが保守主義を標榜する近代政党へと転換する画期となったことで有名なものであるが、その内容は都市法人法案の審議過程に対しても少なからず影響したと思われる。やや長くなるが引用しておきたい。このなかで彼は、トーリーが第一次選挙法改正法に対してとってきた全面否定という態度を翻し、次のように述べるのである。

「……選挙法改正法案が制定される以前もその以後も、私は悪弊の擁護者や分別ある改革の敵対者となったことなど一度もない。……私は、選挙法改正法案が、統治構造上の大問題に対する最終的で変更不可能な解決、すなわち、この国の平和と福利を支持する者であれば、誰も、直接的な手段または欺瞞的な手段を用いて妨害しようなどとは思わない解決であると考えている。さらに選挙法改正法案の精神とそれを統治の準則として採用し実施しようとする考えについてである。もし、選挙法改正法の精神の採用が、われわれに永遠なる興奮の渦中で生きることを余儀なくさせることを意味し、そして公人は、その時代のあらゆる民衆の影響を受け入れ、彼らの誰もが悪弊と呼ぶようなものに対する即時的救済を約束し、さらに法や理性よりも有力な偉大なる統治の補完物、つまり古来の権利への崇敬や長年の慣行により認められた権威への服従をすべて放棄することによって、はじめて世の尊敬をあつめることができることを意味するならば、つまり、これこそが選挙法改正法案の精神であるとすれば、私はこれを採用しようなどとは考えない。しかし、選挙法改正法案の精神が、確立された権利の確固とした維持や立証された悪弊の匡正、そして真の不満の救済を支持しそれらと結びつきながら世俗的制度、宗教的制度の双方を注意深く再検討していくことを意味するのであるならば、そのとき、私は私自身と同僚とでそうした精神に基づきそうした意図をもって活動に着手することができるのである。(4)」

すなわち、彼はここで、第一次選挙法改正法の存在を「統治構造上の大問題に対する最終的で変更不可能な解決」と認めた上で、当面する諸改革の要求に対しても、「確立された権利の確固とした維持や立証された悪弊の匡正、そして真の不満の救済」という観点から既存の諸制度を「注意深く再検討していく」との姿勢を表明している。なるほど、「民衆の影響」を全面的に受け入れ「古来の権利への崇敬」や「権威への服従」を「放棄」する急進派等の態度に対しては、はっきりと拒絶の意思を示してはいるが、選挙民の存在を既成事実として認めざるをえない庶民院議員としての現実認識からか、(5)既存の体制温存に固執した従来のトーリー的態度についても否定の立場を表明するのである。(6)そして、この変化をとおして、トーリーといえども、三五年法案の審議に積極的に参画する姿勢は明らかにされたといえる。

一八三五年一月に行われた総選挙では、彼の率いるトーリーはウィッグ及び急進派等に敗れはするが、それでも一〇〇に近い議席を伸ばしている。(7)この選挙結果に大きな危機感を抱き始めたのが、ウィッグである。庶民院におけるウィッグの新たな指導者として認められつつあったJ・ラッセルは、この局面を打開するため、翌二月に入ると、急進派及びオコンネル率いるアイルランド分離派との間で政策協定を結んでいる。この協定は一般にリッチフィールド・ハウスの盟約（Lichfield House compact）(8)と呼ばれ、ラッセルを中心に共同して改革を積極的に進めていくことを確認している。それは、ピールに対抗する体制固めに向けた政治的かけひきの所産といえ、明確な政策理念に基づいているとは考えにくいが、その後の展開をふまえれば、やはり旧来のウィッグが自由党へと再編されていくひとつの画期とみなしうるものではあった。実際、ウィッグにとって、急進派やアイルランド分離派は、戦術的に利用はすれど、けっして友好関係を結ぶ相手とはみておらず、むしろ過度の改革を主張する危険な存在として反感の対象にすらなっていたが、この盟約をとおしてウィッグは政策上一定の妥協を受け入れ、結果として、リベラルな改革路線が定着していくのである。ちなみに、急進派やアイルランド分離派の側でも、単独で国会の一政党を形成しえないとの現実認識があったから、それまで強く要求してきた幾つかの改革を棚上げにせざるをなくなり、(9)結局、彼らはここを出発点として自由党に吸収されていくことになる。

ともあれ、庶民院においては、それぞれ政治的な方向性は異なれ、個々の党派的思惑を背景に、改革に向けた議論の準備は整いつつあったといえる。ところが、目を貴族院に転ずると、それとはまったく正反対の動きが看取される。貴族院では、既存の体制を維持する観点からあらゆる改革を否定するトーリー貴族が依然として圧倒的多数派を占めており、改革の機運が高まれば高まるほど、その態度を一層硬化させていく。そのため、この段階の国会全体の対立図式は、ウィッグ対トーリーという単純な形で捉えることはできず、改革の射程をどこに定めるかという点を基準とした庶民院におけるウィッグ（自由党）対トーリー（保守党）と、改革そのものの是非を基準とする庶民院対貴族院という関係が絡み合っていたといえる。

さて、現実の政治動向に目を移せば、先に紹介した盟約が功を奏し、発足後間もないピール内閣は何らの立法も行うことができないまま、四月一八日には総辞職する。これにかわって政権を担当するのが、都市法人改革に着手する第二次メルバーン内閣である。ここにはラッセルが内務大臣として閣僚名簿に名を連ね、後に説明するように、この改革を進めるにあたって重要な役割を果たしている。メルバーン内閣は、五月二五日、本国会において都市法人改革を行う旨告知し、いよいよ法案審議に入っていくことになる。審議の具体的過程へと進んでいくことにしよう。

［2］　法案提出

審議は、一八三五年六月五日にラッセルが都市法人改革にかかわる法案を庶民院に提出したところから始まる。彼がその日に行った趣旨説明を参考にしながら、その内容を確認しておこう。

ラッセルはまず、王立委員会報告書を引用しながら閉鎖的都市法人の現状と問題点を指摘しつつ、本来都市法人のもつべき目的が、「それが存する都市を代表すること、すなわち、統治集団と負担を負う者との間で維持されるべき正当な関係を保ち、都市の財産を代表し、都市の一般的感情を共有し、都市の利益に配慮すること」(10)にあると述べ、この目的に適った適正な統治を実現するために、改革に向けた二つの原則を提示している。第一に、「人々は自ら任命する諸官職に対して周到なる統制権を行使しうること」、第二に、「基金は誠実かつ公正に管理され、個人の利益に有利に働くよう用いたり国会に対する投機（Parliamentary speculations）〔＝国会議員の選出〕を促進するために用いられないこと」、である。(11)都市法人を旧来とはまったく異なる「都市を代表する」地域団体と位置づけ直した上で、法人の管理組織を地域住民の統制下におくと同時に、その活動も住民全体の利益に還元するというのが、改革の基本方向であったことがわかる。

彼はこの基本方向をふまえつつ、法案の骨子とその理由を次のように説明している。[12]

(1)本法適用の統一性について

本法案は一八三の都市法人に適用されるが、その際、従来の勅許状や個別法律により付与された諸権限のうち本法案と矛盾するものについてはすべて無効とし、すべての都市法人で同一の統治形態が採用されるものとする。

(2)参事会員の選挙権について

統一した選挙権を導入する際、その資格要件を庶民院議員選挙と同じく年価値一〇ポンド以上の家屋占有とすべきとの考えがあるが、この選挙権はすでに一定の階層の選挙人団を形成しており、同じ階層に対してさらに参事会員選挙権を付与すれば、彼らによる独占的状況が生まれる。[13]また、参事会員選挙の場合は、庶民院議員とは異なり、居住する都市の政府において発言権をもつことに適した隣人を選ぶものであるため、当該都市の支出に直接寄与する者の方が選挙人として適合的である。したがって、ここでは地方税の納付が選挙権を行使する資格要件とされる。ただし、ここに下層民が含まれることを避けるため、選挙民は三年間継続的に自治邑レイト（borough rate）を納め、かつ当該自治邑の七マイル以内に恒常的に在住することを要件として加える。

(3)都市の政府について

都市には市長と参事会員から成る唯一の政府がおかれ、参事会員の数は、人口二〇〇〇名につき一五名とし、最大九〇名とする。それ以上の人口（一二〇〇〇名以上）の場合には区割を行い、各区で一定数の参事会員が選出されるものとする。

(4) 自由民のもつ金銭上の特権について

これまで自由民が享有してきた諸々の金銭上の特権（通行税の免除、共有地使用権等）は、未開状態で興隆した都市の内部において、商業的利益を促進するために市民に対し排他的に付与されたものであるが、今日、われわれはすべて自由で平等な臣民でありかつ商業取引の多くはこれら諸特権の有無にかかわりなく進められているため、特権の存在はむしろ都市の適正な統治の障害とさえなる。したがって、これは現在享有する者に限り終身的に特権を保持するものとするが、今後は認めない。

(5) 参事会員選挙と市長その他の官職について

参事会員の任期は三年とし、常に経験を継続させるために、毎年記名投票により三分の一ずつ改選されるものとする。市長は参事会により毎年選出され、当該自治邑及びカウンティの治安判事を兼務する。なお、市長及び参事会員には資格要件を課さない。参事会は選出されると直ちにタウン・クラーク及び収入役（treasurer）を任命する。その際、参事会はタウン・クラークに関し現職を留任させる必要はないが、解任された者から正当に補償が要求された場合には、規定に基づき支払うものとする。

(6) 基金の管理について

参事会は財務担当の委員を任命する権限をもつものとし、また、その会計は定期的に監査され、公表されることとする。こうした基金とは別に、参事会は公益信託基金（charitable fund）の受託者となり、その管理のために参事会員以外の市民から構成される委員会を任命し、その会計についても定期的監査と公表が行われる。

(7) 警察について

都市の治安維持に関する権限はすべて参事会におかれるものとし、これまで個別法律によって付与されてきた権限は、本法の目的を妨げる限り廃止される。しばしば個別法律により改良委員会に与えられている道路舗装、道路照明に関する権限は参事会に統合されることが望ましいが、さしあたりこれには干渉しない。また、現在治安判事のもつ酒場営業免許付与権限はその濫用がはなはだしく、したがって、参事会に委譲するものとする。

(8) 正義の執行について

本法案の適用される一八三の都市法人のうち一二九については治安判事嘱任状が付与され、参事会がその職に適すると判断した者を国王に推薦する権限をもつものとする。もとより任命権は国王にあり、したがって、この推薦手続きでは国王の権限を不要のものとするような選挙という方法は採られるべきではない。なお、残る五四の都市法人については、国王への申請により治安判事嘱任状を取得することができる。これらの治安判事はカウンティの四季治安判事裁判所に在席する権限を有するものではないが、大きな自治邑では、参事会による国王への申請と当裁判所の開廷者たる自治邑記録保管官に対する給与支払いの意思表明に基づき、独自の四季治安判事裁判所を設置することができる。ここでの自治邑記録保管官は五年以上のバリスタ（barrister）経験者がなるものとする。

以上が提出された法案の骨子である。ここで特に目についた点だけを簡単にまとめておくと、次のようになる。そもそも都市法人は地域から切り離された地位をもつという旧来の法的理解からすれば、この法人を地域団体とすることなど想像だにできなかったはずだが、ここでは、第一次選挙法改正法の勢いを引き継ぎ、コモン・ロー上の法原則を国会制定法により根本的に変えようとする強い姿勢で臨んでいる。骨子(1)では、コモン・ロー原則と同一の理解にたつ勅許状や個別法律を本法と矛盾する限りにおいてすべて無効としている。例えば急進派のイデオローグとして知られるJ・ベンタムが、貴族社会の封建的関係に基礎をおくコモン・ロー体系の不合理性を厳しく批判したことを想起すれば、この対応が単なる法形式の変更を意図したものではなく、それ自身が一定の階級的価値に裏づけられた改革の手法であったことがわかろう。

改革内容については、骨子(2)及び(4)が注目に値する。ここでは、都市法人の構成員として、旧来の特権化された自由民を現存する者を除き撤廃し、居住と納税を要件とする市民（burgess）をそれにかえて正式に導入しようとしている。財産資格に匹敵する一定のハードルは未だ設けられているとはいえ、長らく閉ざされてきた重い扉をついにこじ開け、不特定多数の地域住民の流入に先鞭をつける提案であったと評価できよう。そして、構成員がこのように定められると、それに応じて、都市法人の活動のあり方も当然に変更されていくことになる。例えば、骨子(6)では、基金の管理について参事会に定期的な会計検査や公表を義務づけ、さらに、それまで否定されてきた公益受託者となることも、ここでは積極的に受容され、それらをとおして「誠実かつ公正」な財産運用を確保しようとしている。また構成員たる市民に向けた活動については、骨子(7)で示されるとおり、従来都市法人の主たる任務とは考えられなかった都市の治安維持を基本に、警察、道路照明、道路舗装といった権限や、治安判事の酒場営業免許付与権限までも参事会に与えようとしている。

ところで、こうした新たな都市法人像は、ラッセル自身も明言しているように[14]、王立委員会報告書を土台にして策定されたものであった。たしかに、国王による治安判事の任命にみられるごとく、急進派の個別の諸要求がそのまま認められたわけではなかったが、基本的な方向において彼らの改革理念を概ね認めた格好になっている。その意味で、さしあたりはこの法案が先の盟約を具体化したものであると考えることができよう。しかしその一方で、ラッセルが法案の大部分を王立委員会報告書に依拠した背景に、この盟約とは別のウィッグ独自の政治判断があったことにも注意しておく必要がある。つまり、ウィッグにとって、世論に強く促されたこの改革をいち早く断行することは、徐々に弱まりつつあった自己の勢力を回復する絶好の機会であり、そのためには、たとえ急進派の色彩が濃厚な報告書であっても、それを利用し法案をできるだけ短期間に提出する必要があったと考えられるのである(15)。したがって、この法案は、理念において急進派の性格をもちながら、効果においてウィッグの党派的利益が第一に念頭におかれるというやや複雑な関係を内包したものとみることができる。実際、そうであったがゆえに、改革の必要性に関して一定の合意が成立していた庶民院の審議過程では、改革理念が一応の議論となりながらも、問題の焦点はその基底にあった党派的利益にこそおかれていくのである。

[3]　審　議

①庶民院

ラッセルの趣旨説明をうけて野党席から発言したピールは、まず「私は、……自治政府の適正なるシステムの確立が、都市の繁栄にとってきわめて重要な意味をもつ時期が到来したことを否定することはできません(16)」と改革の遂行にはっきりと同意する姿勢を示し、その上で改革の視点と実現すべき「適正なるシステム」に関し次のように議論する。

「国会は、現在通過させようとしている法律により、今後、これら法人の収入が、……公共目的に充てられ、都市の公共利益と結び付けられるべきことを要求する理由をもつようになると、私には考えられます。私がもしこの問題を狭量な党派的視点から眺めることのない法人構成員であるならば、法人基金が公共目的に充当されるのをみるとき、それが公然と行われる饗宴やその他単なる選挙運動や党派的利益といった目的に充当されるのをみるよりも、はるかに大きな利益、より強力で直接的で個人的な金銭的利益を感じるに違いないことを申し述べておかねばなりません。(17)」

法人は財産を私人と同様に保有し、その処分に関しては何らの規制も受けるべきではないとするのが、その財産を「饗宴」その他の「党派的利益」に帰着させてきた旧来のトーリーの主張する法原則であったことは、これまでも繰り返し述べてきたところである。ピールは改革を進めるにあたって、まずはこうした法原則の放棄を暗に示すのである。彼のいう「狭量な党派的視点」とは、まさに旧来のトーリーが都市法人に対して保持した考えを意味するものであり、その点では、この改革をとおして旧来のトーリーの独占的支配体制の打破をめざすウィッグ等と同一の立場に立っていると考えられる。

しかしその一方で、ピールは次のようにも述べる。

「私は保守党の一員として、すべての法人構成員に対し、次のことを迅速かつ自発的に行うよう強く勧告するものであります。すなわち、既存のシステムの改善に合意すること、法人基金または公益信託に対する統制権から派生したと思われる影響力を放棄すること、改革はこの明示的な条件に基づき誠実で誠意ある改革でなければならず、権力を国家の一政党から他の政党へ移すための単なる口実であってはならないこと、追求されるべき目的は、自治政府の適正なるシステムとその課題に対する保証が可能な限り確保されるところにあること、個々の都市の共同体における実際上知的で尊敬に足る部分が自治的諸事項の執行のために召集されるべきこと、そして、公益信託基金または法人基金が将来において公益的または公共的な目的以外に充当されることを抑制すること、であります。もしこれが新しい法案の真の公然とした目的であるとすれば、私は一個人として、その一般的原則を支持する考えをもつ用意がありますし、また、詳細にわたる改善に対し喜んで協力いたします。しかしそれがもし、改善というもっともらしい口実の下に、権限の濫用の根絶ではなくその転嫁、すなわち、一政党をおとしめ別の政党を昇格させることをもくろむものであるとすれば、私は、その法案を、現在あるすべての悪弊をさらに悪化させ固定化し永続化させるたいへんな公共的害悪であると考えます[18]。」

彼はここで、この改革が「権力を国家の一政党から他の政党へ移すための単なる口実」とされ「一政党をおとしめ別の政党を昇格させることをもくろむもの」となることを強く懸念しているが、この主張が、改革をとおして勢力拡大を図ろうとしていたウィッグに直接向けられた党派性批判であったことは明らかであろう。第一次選挙法改正法以降一貫して守勢にまわっていたトーリーの起死回生をねらうピールにとって、先の「狭量な党派的視点」を排除し改革を支持するとの言明が最大限の譲歩であったとしても、それがそのままウィッグの政治的利用を招くものであってはならず、したがって、同様の論理を用いてウィッグを牽制したのである。

その上で、彼は独自の都市法人像を提示する。ここでは「誠実で誠意ある改革」という名の下で「自治政府の適正なるシステム」を実現するために、「知的で尊敬に足る部分が、自治的諸事項の執行」の担い手となること、そして、彼らの執行活動は「公益的また公共的な目的」に供するものでなければならないこと、という二点に集約的に表現されている。後者はともかく、前者はラッセルが改革に向けて示した第一の原則、すなわち、法人の管理組織を地域住民の統制下におくとした原則とは明らかな違いをもっていることに気づこう。かつてピールはタムワース宣言のなかで、ここでのラッセルのように「民衆の意思」を容易に受け入れるようなことがあれば、われわれは「永遠なる興奮の渦中」に陥り、「公人」による「古来の権利への崇敬」や「権威への服従」の「放棄」を誘因するとし、仮にそうした改革方向を採用しても、「確立された権利の確固とした維持や立証された悪弊の匡正、真の不満の救済」を導かないと批判していた。この見解が、ここでは「知的で尊敬に足る部分」、すなわち住民の意思に左右されない旧来の支配層を都市法人の統治部門に温存するというそれ自身きわめて党派的な主張につながっていたのである。(19) むろん、「立証された悪弊の匡正、真の不満の救済」という目標を掲げる以上、温存の度合いについては後にみる貴族院の議論ほど徹底させることはできないが、ピールにしてみれば、そうした目標を提示するからこそ、既存の支配関係を正統化する客観的根拠が確保できるという判断があったと考えられる。それを彼の都市法人像の脈絡に置き換えれば、都市法人を「公益的または公共的な目的」に供する地域団体に変えようとするからこそ、公正な役割を担う「知的で尊敬に足る部分」を残すことができるという論理になり、そうであるとすれば、右にみた「自治政府の適正なるシステム」というピールの改革指針自体も、実のところ、トーリーの党派的利益の維持をめざす巧妙な戦術であったと理解できるのである。

さて、庶民院の審議は、六月一五日に第二読会に進むことが全会一致で承認されると、若干の議論はあったものの、六月二二日には常任委員会での逐条審議にはいっていくことになる。ここではトーリーから多くの修正案、とりわけラッセルの第一原則に関するものが提出され、(20) 上のピールの提起した視点を具体的に実現しようとするのであるが、庶民院の議席配分は彼らにとって圧倒的に不利な状態であり、したがって、結果的には法案内容にほとんど影響を与えることはできなかった。結局、七月一七日には第三読会に進むことが可決され、七月二〇日、本法案はほとんど修正されることなく庶民院を通過することになるのである。

②貴族院

貴族院には翌二一日上程されるが、ここでの状況は庶民院とはまったく異なっていた。旧来のトーリー貴族が圧倒的多数を占めており、そのなかには一八二七年以降エルドン卿の後を継ぎトーリー政権下の大法官となった党内実力者リンドハースト卿をはじめ超トーリー主義者も多く含まれていたため、彼らは最初から徹底交戦の構えをみせるのである。

七月二八日、貴族院は法案を第二読会に進めるべきか否かを問題にする。彼らはここでまず、王立委員会報告書の誤謬を理由に法案の撤回を要求する各地の請願を紹介しながら、審議に入る条件として証人喚問を政府に認めさせる戦術に出る。司法機能を併せもつ貴族院では、公正性を担保する目的で証人喚問の手続きをとることは稀有ではなかったが、ここではむろん明確な政治目的をもって提起されたといえる。実際、請願を提出した都市法人から選ばれた二名の証人は、三日間にわたり報告書は「冗漫な無駄話であり、愚劣な話であって、ジプシーのたわごと[21]」でしかないとの発言を繰り返し、王立委員会そのものが政府の意図的な操作によって設置されたきわめて非憲法的な（unconstitutional）ものであることを印象づけるのである。

審議の冒頭から法案の根拠となる報告書の不当性を攻撃されたメルバーンは、ウィッグ、トーリーの間にあった過去の政治的対立ばかりに目を奪われるのではなく、この改革によって将来もたらされるべき便益を共に展望する視点から議論を行うよう注意を喚起し[22]、常任委員会への付託動議を提出するのであるが、トーリーの議員たちは納得するはずもなく、この動議に対しても強く反発する。リンドハーストは、「この法案が法人の改革のための法案でなくして、それを提出した政党を強固にし強化するために提案された法案であることに気づかないほど、誰が盲目であるというのか[23]」と先の証人喚問を引きながらメルバーンの言葉を激しい口調で批判し、その上で、かつてエルドン卿が展開した都市法人の法的地位に関する法原則[24]をもちだすのである。

「……法人は、私的個人がその財産を保有するのと同じ権限により、その財産を保有するものであります。もし、私的個人がある信託にしたがって財産を保有するならば、財産はその信託に拘束されることとなります。もし、法人がある信託にしたがって財産を保有するならば、私的個人によって保有される信託財産とまったく同じ方法、同じ範囲において、その財産は信託に拘束されることになります。信託によらずして法人により保有される財産は、王国の私的個人によって保有される財産と全く同じ様式で、完全に法人の統制下におかれ自由に処分されることとなり、また処分に関する同じ準則と権利に服することとなるのです。[25]」

この議論は、あらためて説明するまでもなく、都市法人が有する財産管理権が私人の財産権と同じく絶対的なものであり、本来いかなる制約にも服すべきではないことを示している。リンドハーストは、この議論を実質審議に入ることなく法案を粉砕するための道具として用いようとする。

「……それゆえ、諸侯は、これまで最も神聖なものと考えられてきたあらゆる権利を王国の一政党の利益のために侵害するよう要請されているのであります。……いかなる者も、勅許状または国会制定法により権利を保有するときには、彼に対する告訴が提起され、それが十分な証拠によって実証される場合を除いて、その権利を剥奪されることはないのであります。そしてそれがこれまでの準則でありました。それは、保守主義者、トーリー党員と呼ばれてきた者によって統一的に運用されてきたのでありますが、残念なことに、自由と祖国の友のふりをする者たちによって、そのようにはされなくなってしまったのであります。[26]」

法案は、都市法人の閉鎖性を排し地域住民と密接な関係をもつ団体とすることにその中心的な意義をもつものであったが、結果として、法人財産の使途は相当程度制約されることになる。リンドハーストの批判は、まさにこの部分に向けられているのである。彼は、王立委員会報告書が司法手続きにみられるがごとく「十分な証拠によって実証」する公正な手続きに従ったものとはいえず、「一政党の利益」に偏向していることを指摘することによって、法案の正当性を根本的に否定しようとする。同じく法案の党派性を問題にしていたピールが、改革理念の枠のなかでそれを批判したのとは異なり、ここでは、代替案の提示は一切なく、手続き的側面から外在的にウィッグ批判を展開していたといえる。それだけに、彼の批判に妥協の余地はなく、廃案があるべき唯一の答えとして用意されていたのである。

ちなみに、彼のこの発言は、メルバーンの動議に対しカーナヴォン伯（Earl of Carnarvon）が提出した修正案を支持する形で述べられていた。この修正案は、委員会審議の前に公正で冷静な判断を確保するとの理由から法案に反対する証言の聴聞を求めたものであったが[27]、それが可決されると、閉鎖的な都市法人の統治のあり方を積極的に擁護し法案の必然性を否定する証言が続けられる。ところが、この間にこれら一連の強硬戦術は若干の変化をみせることになる。ウェリントンやフィッツジェラルド卿（Lord Fitzgerald）などトーリー内部の穏健派が、ウィッグを嫌悪するあまり庶民院全体を敵に回すこの戦術に対し懐疑的な姿勢を見せ始めるのである[28]。彼らは、将来の政権樹立のために党内統一こそが不可欠と考え、徐々に表面化しつつあった庶民院トーリーとの対立を解消するため常任委員会への付託動議を受け入れる合意を調達する。その結果、トーリーは法案を全否定するのではなく、修正案をとおしてその内容を変更する戦術へと転換していくのである。

貴族院の審議は、八月一三日、やっとのことで常任委員会段階へと進んでいく。貴族院は数の点でトーリーがまさっており、したがって、ほとんどの修正案がそのままの形で可決されていくが、ここでは、そのうち重要と思われる幾つかの論点につき触れておくことにする。

(1)自由民の特権の維持[29]

これはすでに庶民院でも主張された論点であるが[30]、ここでは、上に示したリンドハーストの主張からも予想されるように、自由民の金銭的特権を財産権として立論し、それを剥奪し公共の便益に供することは「不当

(unjust)」としている。[31] 結果はこうした主張がとおり、自由民の特権はそのまま維持されるのであるが、ウィッグがここで提起した議論は彼らが初めて展開した法律論という意味で内容上注目に値する。紹介のみしておけば、次のとおりであった。すなわち、「自由民の権利は財産権と同等のものではありませんし、そこには奪うことのできないもの、世襲しうるもの、あるいは労力によって獲得されたものは含まれていないのです。それらは直接的な権利(direct right)ではなく、単に彼らの公的な地位に付随するものでしかないのです。[32]」

(2)市長及び参事会員の財産資格の賦課[33]

この点もまた庶民院で相当な議論となった論点であるが、[34] ここでは庶民院以上に過激な提言をしている。すなわち、参事会員に財産資格が賦課されていないのは「きわめて不適切でありかつ愚かなことである」とした上で、修正案では、レイトを納付する者をその納付額により六段階に分類し、最高の額を支払う者のみに参事会員として選出される資格を与えるというものである。反対意見を述べたブルームは、この修正案を「それは排他性という最悪の原則に立ち、貴族制、あるいは富の寡頭制を志向するものであります[35]」と厳しく批判している。

(3)終身の長老参事会員の存続[36]

修正案のうち最も論議を呼んだものである。提案者のリンドハースト自身、「本院は今や、本法案のうちで最も重要な条項、すなわち様々な法人の統治集団の構成にかかわる条項にやってきました」と述べ、長老参事会員の維持がいかに必要かを説く。彼は、広範な権限をもつ参事会は、選挙により刷新されるたびに、世俗的な政党の不安定な影響下におかれることとなるため、公正かつ公平で偏見のない判断を行使しうる最高の市民をそのなかにおくべきであるとし、参事会員の四分の一を長老参事会員とする修正案を提出する。ブルームは、この提案が参事会員を選挙民の「単なる操り人形か道具」としてしか考えておらず、この修正案が「英国の統治構造という木にはびこる最も有害で疎遠で嫌悪すべきものの一つであり、さらに最も避けることのできない矛盾の一つ」であるとして最大限の批判を浴びせている。[37]

(4) 参事会選挙区割り[38]

法案では、区割り権限を政府の区割り委員会（Boundary Commissioners）に与え、人口一二〇〇〇名以上の自治邑で区割りを行うことが規定されていたが、修正案では、政府の委員会は先の王立委員会と同じく信頼に足るものではなく、したがってその権限は地方の情報に強い国会におくべきこと、また、大半の自治邑は人口一万二〇〇〇名以下であるとの理由から人口六〇〇〇名以上で行われるべきこと、が提言されている。ただ、この提案は、選挙区をできるだけ小さくして富裕な者の影響力が及びやすくすることを意図したものとみなされ、メルバーンにより「法案に貴族的性格を与える」[39]と批判されている。

(5) タウン・クラークの地位の維持[40]

これもまた庶民院で一定の議論のあった点であるが、[41]法案では参事会が選出されると直ちにタウン・クラークを任命するものと規定していたのに対して、ここでは、この官職の重要性を鑑み選挙により変動されるべきではないとの理由で、従来どおり、悪しき行状を示さない限り解任されないものとする提案がなされている。むろん、その意図は、この官職に就いた者の地位を安定させ、さらにそこから得られる様々な手数料を確保する点にあったと考えられる。

このほかにも、教会財産を管理する参事会員を国教会員に限定するもの[42]や参事会に移譲された酒場営業免許付与権限を再び治安判事に戻すもの等、[43]様々な修正案が提示されている。そして、そのほとんどが明らかに、都市法人内部における旧来の支配体制を維持する目的をもったものであったから、法案は相当な後退を余儀なくさせられるのである。

③庶民院での再審議――成立

貴族院においてこれらの修正案が次々に可決されていくと、庶民院を構成する議員たちは、当然のごとく、口々に強い疑念と対抗の姿勢を露わにしていくことになる。

例えばトーリーのピールは、貴族院の動きを相当ないらだちをもってながめながら、庶民院での決定に真っ向から対立する長老参事会員の存続が可決されると、貴族院の修正案に対する支持を明確に拒絶する意思を明らかにしている。彼は、信頼する同僚であったグールバーン（H. Goulburn）宛の書簡のなかで、次のように述べている。

「修正案は当院で行ってきた議論とは相当にかけ離れています。私は、私がそこで言及した原則、つまり私が庶民院においてとった方向に実質的に沿った原則を主張する必要があると考えていますから、それに矛盾するような代替的法案を議論するつもりはありません。(44)」

前述のごとく、彼とて改革を進めるにあたって旧来の支配体制の維持を考えてはいたが、それは「自治政府の適正なるシステム」をとおして実現すべき目的と考えられていたのであり、それこそが彼の現実認識に基づいた将来のトーリーへの指針であった。したがって、長老参事会員を存続させるがごとく旧来の体制をそのまま残すような修正案は、彼には不可解としか映らず、いかに同じ党の修正案であっても、あえてそれを飲むことはできなかったのである。

一方、ウィッグや急進派からも、ピールと同等あるいはそれ以上の激しい批判の声はあがる。ところが、ウィッグ自身にしてみれば、単なる腹立ちという感情だけではなく、政権担当者という立場に起因する動揺の姿勢も隠すことはできなかった。もし庶民院がこのまま妥協を拒めば、国会の機能が停止するばかりか公務の進行も行き詰まり、結果として、政権は倒され、この改革も雲散霧消化してしまうのではないか、そうした懸念が彼らを徹底した抵抗というよりはむしろ妥協の方向へ導くのである。この時期、パークスはブルーム宛の書簡のなかで、庶民院を通過した法案をさしあたりは過去のものとした上で、今国会において受け入れ可能な方策をあらためて模索すべきと自らの考えを吐露しているし、[45]ラッセルは、彼の支持者たちをダウニング街に招集し、[46]政府は平穏を維持するためにいかなる修正案を飲みいかなる修正案を拒否すべきかを議論したといわれている。このように、ウィッグや急進派の認識は、実際に法案策定にかかわった部分を中心に、法律の成立を勝ち取るためには一定の譲歩もやむなしという方向へと進んでいったといえよう。

八月三一日、法案が庶民院に再び送付されると、議論の主な関心事は貴族院の修正案との妥協点をどこに絞るかという論点に収斂し、両者の対立は一気に収束に向けて動き出すことになる。このとき、上にあげた貴族院の修正案のうち、例えば市長及び参事会員の財産資格の賦課や終身の長老参事会員の存続、タウン・クラークの地位の維持などは、そのまま受け入れることはできないとしながら、それにかわる一定の具体的妥協点が提示され、結果的にそれが受け入れられることになる。その内容は成立後の法律に現れるため、ここでは主な論点のみ紹介しておくことにする。[47]

(1)自由民および自由民となる資格をもった者の庶民院議員選挙権及び金銭的利益は保障するが、今後贈与や売却による自由民の創設は行わないこととする。
(2)参事会員に対して一定の財産資格を賦課するが、その要件は貴族院の修正案よりも緩和する。
(3)長老参事会員を存続させるが、終身職ではなく、参事会が三年ごとに参事会員より選出することとする。

(4)大規模自治邑で導入する参事会選挙区割りの実施基準は、当初の案にあった一万二〇〇〇人以上から九〇〇〇人以上に変更する。
(5)酒場営業免許付与権限を参事会に移管するのをやめ、従来どおり治安判事が有するものとする。

ともあれ、庶民院においてこれらの修正案が受け入れられることで、国会での攻防はついに幕を閉じることになる。すでに指摘したことではあるが、争点の大半は、いずれも参事会の構成にかかわる問題、言い換えれば、それまで排除されていた部分をどの程度そのなかに組み込むかというすぐれて党派的性格をもつ問題であった。パークスは、この法案が成立する前夜、ダラム伯に宛て次のような書簡を送っているが、都市法人改革が基本的にこうした意識で取り組まれたことを、今さらながらに語っている点で興味深い。

「ここでわれわれは栄光への進歩の途上にあります。あと三日ほどたてば、おそらくは、われわれが改革法案に追記した部分が国王の勅許を得ることになるでしょう。実際、自治改革は『議会改革』によって作られた製粉機の蒸気エンジンです。影と実体とは相対的に異なるものです。……裁判官を指名する国王と極端なものとされた区割りを除いてすべてのものを回復した……法案は、明日通過します。大臣はこれ以上の口論をすることなく取引を閉じることを望んでいます。私はこの譲歩が重要であると同時に堕落したものだとは思いますが、あくまでこれ以上を要求するつもりはありません。(48)」

『議会改革』によって作られた製粉機」、これをあえて言い換えれば、第一次選挙法改正法が導入した旧来の支配体制を粉砕する新たな選挙制度となろうが、パークスは、都市法人改革を、その選挙制度を活気づかせ、結果として自らの陣地獲得を可能にする「蒸気エンジン」とみていたのである。こうした認識は、彼だけでなく、おそらくは大半の議員たちに共有されていたと考えられ、したがって、都市法人の本質的な性格もその脈絡では議論にはなったものの、それ自体が主たる論争の的になることはなかったのである。しかし、だからこそ、ひとたび旧来の支配層の城壁が破られるや、都市法人は意外なほど簡単に地域団体としての地位を確保しえたのかもしれない。ともあれ、こうして近代的な地方政府像が具体的な形となって現れることとなったのである。

2　一八三五年都市法人法の基本構造

一八三五年九月九日、都市法人法案は女王の裁可を受け、ついに可決成立する。「自治革命（municipal revolution）」(49)とも形容されるこの歴史的事態により、都市法人は、いよいよその姿を近代的地方政府へと変貌させていくことになる。本法は一四三条から構成される比較的大部の法律であるが、以下では、その基本骨格を整理しながら、新たに登場した都市法人制度を概観しておくことにしたい。

［1］　都市法人の法的位置づけ

本法は、その正式名称を「イングランド及びウェールズにおける都市法人に対する規制を規定する法律（An Act to provide for the Regulation of Municipal Corporation in England and Wales）」という。既に述べてきたとおり、これまでの都市法人は、勅許状により設立されると、コモン・ロー上の法人格が認められ、独自の判断で内部構成や活動内容を確定することができた。また、地方の発議によって制定される個別法律により様々な権限が個別に付与され、さらには慣習に基づいて固有の活動も行われることも一般的であったため、全体として不均等で複雑多様な様相が広範に展開されていた。本法は、こうした状況を整序し新たな時代のなかで効率的な体系を作り上げるため、都市法人を「規制」し、統一した内部構成と活動内容をもつ組織へと再編成しようとしたものとみることができる。そのために、ここではまず第一条に、現在効力を有する判例法、国会制定法、慣習（usage）、開封勅許状（letter patent）を含む勅許状について、本法の諸規定と矛盾する限りそのすべてを無効とする旨の規定をおき、都市法人を根拠づける法準則の一元化を図るのである。

もとより、本条の直接的な目的は、根拠法の混乱状況を収拾し単純で効果的な規範構造を構築することにあったと考えられるが、当時の時代的潮流を勘案するとき、そこには統治構造全体にかかわる重要な意義が含まれていたことに気づく。

都市法人の内部構成や権限を変更する際、従来であれば、長い歴史のなかで幾重にも積み重なった法規範を駆使しながら、自律的に改革を進めていくことが可能であった。しかし、本法が成立すると、勅許状をはじめこれまで依拠してきた規範は原則として廃止され、いずれの都市法人も本法に含まれた諸規定に拘束されることになる。このことは、都市法人を国会制定法上の制度として位置づけなおし、少なくとも法形式上は、過去との明確な断絶が余儀なくされたことを意味する。内部構成にせよ活動内容にせよ、国会制定法の規定に根拠がおかれ、それを修正するにあたっても、都市法人は国会が求めるところに忠実に従わなくてはならなくなったのである。

ちなみに、このように国会制定法が主導する地方制度改革は、一八三五年以降次々に進められていくが、それは地方に対する国会の統制強化の過程と読み替えることができる。むろん、こうした動きは第一次選挙法改正に端を発する国会活動の活発化に起因するものであり、そこでの国会の姿は、第一章で確認した「国会主権」原理の一八世紀的実態からの離脱とも映るし、あるいはまた、ダイシーが「古いトーリー主義すなわち立法休止の時代（the period of Old Toryism of legislative quiescence）」[50]に続く「ベンタム主義すなわち個人主義の時代（the period of Benthamism or Individualism）」における立法状況として描くところとも重なる。

そして、三五年法は、この動きに先鞭をつける先駆的役割を担ったといえる。本法の規定によれば、なるほど、適用範囲は附則に掲げられた一七八都市に限定されていたし、この段階で都市法人の存在が確認されない自治邑については、地方の意思に基づき国王への請願を提起しないかぎり適用を受けなかったから(第一四一条)、国会の統制といっても、それが全国の都市に及ぶまでには未だ相当な時間を必要としたと考えられる。しかし、地方政府といえども常に国会の意思に服すものと捉え、例えばわが国のように地方自治体を憲法上特別保障された地位に基づき包括的権能を有する団体とする見方をとらないこの国の地方政府理解は、本法の成立を契機にして大きく拡がっていくのである。その意味で、都市法人の法的根拠を国会制定法にのみ求めた第一条は、現代にまで引き継がれるイギリスに特殊な捉え方に対し大きな軌跡を記したと評価することができよう。(51)

[2]　都市法人の構成員

では、新たに示された都市法人像とはどのようなものであったのだろうか。まずは、都市法人の構成員からみておくことにしよう。

この改革において最も注目すべき特徴が、都市法人を「都市を代表する」地域団体へ再編した点にあったとすれば、従来自由民に限定されてきた法人構成員をどこまで拡大したかは、本法の核心的部分のひとつといえる。

その点でまず目にとまるのが、法案審議の過程で貴族院との妥協が図られた自由民の処遇である。ここでは、これまで自由民の認定を受けた者に対し、自治邑の共有地等の共有財産に対する財産権や庶民院議員選挙権の維持を認めはするものの(第二条、第四条)、贈与または購入による自由民の創設については明示的に禁止している(第三条)。そのため、特権的な利益を保持する自由民は、現に実在する者に限定されることになるのである。さらに重要なのは、慣習や法人定款により自由民に付与されてきた営業権の排他性を否定し、「自治邑に住む者はすべて、当該自治邑内において、すべての合法的な製品及び商品を卸売又は小売により販売する目的で店舗を保持し、雇用、利得、販売その他の目的で合法的な取引、占有、手職及び手工業を行うことができる」（第一四条）と定める点である。かつての自由民の存在意義が自治邑内における排他的な営業権にあったことをふまえるならば、この規定がおかれることで、自由民は残されたとしても、その実質的な意味はもはや失われたとみることができる。

そして、自由民にかわり法人構成員として正式に登場するのが、市民である。本法によれば、市民とは、毎年名簿が更新される八月一日において、それ以前の一年間または過去二年のうちの一年間、当該自治邑内において住居、倉庫、会計事務所又は店舗を占有する者のうち、その間、自治邑内又はそれより七マイル以内に居住し、占有する土地及び建物に関し三年間救貧税を納付した成年男性（第九条）となっている。この要件を具備する者は、その氏名が市民名簿（burgess roll）に登載されることで正式に市民としての資格を付与される。その際、居住と納税以外の要件での名簿登載は明示的に禁止されており（第一三条）、不特定多数の住民を構成員とする方向へと一歩を踏み出したといえる。なお、市民名簿は、当該自治邑内の教区を管轄する貧民監督官が課税対象に関し毎年作成する市民リスト（burgess list）に基づいて作られる。このとき、市長と二名の課税額査定人（assessor）は、公開の地方集会（court）を開催し、住民から提起された異議申立てを審査する手続きをとることとなっており（第一五―一七条）、市民名簿はその手続きに基づいて最終的に確定される。

市民名簿に登載された市民は、参事会員のほか、会計監査人（auditor）、課税額査定人についての選挙権を取得する（第二九条）。上述のように、排他的な営業権は既に廃止されているため、市民としての資格から派生する権利は、この選挙権に限定された。しかも、その選挙権の行使に関しては、特定の候補者に投票するまたは投票を差し控えることの対価として、金銭その他の報酬を授受し又はその合意を行った場合、五〇ポンドの罰金を科すとしている（第五五条）。腐敗を防止するために設けられた規定であろうが、これをとおして、かつての選挙権に事実上付帯していた財産権的ないし特権的な性格も徐々に払拭されていったと考えられる。

［3］参事会

さて、三五年法では、こうした市民が住む「都市を代表」する「自治政府」として、各自治邑に参事会を設置している。従来のものと同一の名称をもつが、上述のとおり、それを規定する法規範がかわったことで、かつてとはまったく異なる性格をもつ参事会があらためて新設されたことになる。以下では、この参事会につき、内部構成と活動内容という観点から少し詳しくみておくことにする。

(a) 内部構成

新たな参事会を基本的に構成したのは、市長、長老参事会員、参事会員であった（第二五条）。

まず、市長は任期が一年で、参事会により毎年、長老参事会員または参事会員のなかから互選により選出される（第四九条）。彼は、例えば選挙の際には課税額査定人とともに選挙管理委員の役割を担ったりもするが（第三二―三五条）、日常的には参事会を主催しその議事進行に責任をもつ役職とされている（第六九条）。選出方法や職務のあり方をふまえれば、市長とはいえ、住民を直接代表する独任制の首長というよりは、むしろ合議機関たる参事会の議長という性格づけが適していよう。この点は、今日でもこの国の地方政府の特徴とされる首長の不存在という形態と付合している。

次に長老参事会員である。法案審議の過程でその存続をめぐり激しいやりとりがあったことは、既に述べたところであるが、本法によれば、その存在は残されたものの、終身の地位は与えられず、任期は六年とされている。その定数は参事会員の六分の一に制限され、選出は、市長と同じく、参事会が行い、三年ごとに半数ずつを参事会員または参事会員有資格者のなかから選ぶものとしている（第二五条）。リンドハーストが提起した案に比べ、長老参事会員の位置づけが著しく後退していることがわかろう。なお、長老参事会員は、市長が死亡や病気等で不在になったとき、その任務を代理することとなっているが（例えば、第三六条や第六九条）、長老参事会員に固有の権限はほとんどみあたらない。

これらに対し、市民の直接選挙によって選ばれるのが、参事会員である。彼らの任期は三年で、毎年一一月一日に定数の三分の一ずつが改選されることになっており（第三一条）、その定数は自治邑ごとに定められ、長老参事会員の定数とともに本法附則に明記されている。しばしば、三五年法は地方統治の領域に民主主義的要素を導入したと指摘されるが、それはこうした参事会員の選出方法に端的に示されている。[52] もっとも、ここでの民主主義の到達度を測るためには、参事会員の被選挙資格に対しても注意を払っておく必要がある。実際、この点も法案審議の過程で主要な争点のひとつとされてきたが、本法においては、区割りされる大自治邑在住の市民の場合、四つ以上の区において一〇〇〇ポンド以上の物的又は人的財産を保有するか、年間四〇ポンド以上の救貧税を納付すること、それ以下の自治邑の場合は、五〇〇ポンド以上の財産保有か一五ポンド以上の救貧税納付を要件としているのである（第二八条）。なるほど貴族院のトーリーが示した最高額の救貧税を納付する者に限定する案は拒否されてはいるが、結局、庶民院におけるトーリーが提起した案に落ち着いたことがわかる。[53] そして、ピールが「知的で尊敬に足る部分」を「自治政府」の担い手にすべきとの主張に込めた参事会の権威主義的性格の温存という姿勢は、こうした財産資格をとおして、そのまま受け継がれたと考えられるのである。その意味で、民主主義といっても、相当に制約されたものであったことは確認できよう。

ただその一方で、このようにして参事会員となった者、あるいはそこから選出され市長や長老参事会員となった者に対しては、次のような規定が設けられていることに留意しておきたい。すなわち、「破産宣告を受けた者、支払不能債務者救済法（any Act for the Relief of Insolvent Debtors）の救済を受けた者又は債務者との間で捺印証書による示談を行った者」は、「市長職の場合は二暦月以上、長老参事会員又は参事会員の場合は六暦月以上、その職を解かれる」（第五二条）としているのである。これは、参事会構成員が私的な利害に左右され腐敗に陥ることを防止するための策であるが、その背後には、参事会構成員としての公的責任を果たすためには、一定の財産的裏づけが必要であるとの認識が秘められていたと理解されるのである。そして、これらの役職につく者に与えられた義務を懈怠した場合には厳しい罰則が科されることを定めた他の諸規定をあわせて読むとき、権威主義の枠組みを維持しながら、民主主義の導入によって要請される「公共性」をその枠組みのなかで実現しようとする近代的な試みとして、この法律を位置づけることが可能ではないかと思われるのである。(54)

ところで、参事会には、これら三者以外に、市民の選挙によって選ばれる課税額査定人と会計監査人がそれぞれ二名以上含まれるべきことが義務づけられている。いずれも、毎年三月一日に参事会員有資格者から選出され、任期は一年となっている（第三七条）。課税評価人は、前述のとおり、市長とともに市民名簿の修正手続きに参与し、会計監査人は当該自治邑の収支勘定につき毎年監査を行う（第九四条）。このほか、参事会は、参事会員でない者からタウン・クラークと収入役を任命しなくてはならない。タウン・クラークは従来どおり法律職として位置づけられており、その任期は定められていないが、収入役については一年ごとに任命されることとなっている（第五八条）。

また、参事会と治安判事のつながりについても、簡単に触れておこう。かつての都市法人では、市長や長老参事会員が事実上治安判事職を取得する慣行が拡がっており、王立委員会がこの問題を取り上げ両者の分離を主張していたことは、すでに述べたところである。しかし、法案審議の過程ではこの慣行を否定する動きは必ずしもみられず、そのため、三五年法では、市長がその在任期間及びその後の一年間につき自治邑の治安判事を兼務すべきことが定められている（第五七条）。任命についても、参事会の請願に基づき従前どおり国王が行うとされ（第九八条）、俸給は後述の法人基金から支払われることとされた（第九九条）。

(b) 参事会の活動

では、こうした参事会はどのような活動を行うのか。

具体的な活動内容に入る前に、参事会が合議機関である以上必要となる議事手続きにつき、まずは簡単に触れておくことにする。この手続きを詳しく規定する第六九条によれば、参事会は、全構成員の三分の一以上が出席し市長が議長を務める会議を開き、本法に規定のある審議事項（後述の条例制定や財政にかかわる事項）や延会等の動議等あらゆる案件を多数決により決することができるとされている。会議は通常年四回開催されるが、それ以外に、参事会員五名以上の要求をもって開くことができる。後者については、たとえ市長が拒否した場合でも、参事会員が独自に開催の準備を行うこともできるとされ、その際、会議の開催日時や場所を遅くとも三日前までに一般に告知することとなっている。また、いずれの会議においても、議事録は常に作成され、一シリングの料金で市民の閲覧に供すべきことも明示されている。この改革にいたる過程では、都市法人、特に参事会の閉鎖性が批判の的とされてきた。会議それ自体が市民に開かれてはいなかったとはいえ、議事手続きがこのように法定されたことで、公開の原則はある程度導入されていく。この点でも、「都市を代表」する「自治政府」の構築に向けた動きは着実に始動したといえよう。

さて、個別の具体的活動となると、参事会は、適宜常設または特別の委員会を設置することで対応する。これもまた、今日まで続く地方政府の基本的な活動形態といえる。本法では、参事会は参事会員から必要な数の委員を選出し、委員会の活動は参事会に付託され承認を得るものと定めている（第七〇条）。

本法に規定をもつ委員会はさほど多くはないが、それでも多分に関心を引くのが公安委員会（watch committee）である。参事会は、選挙後直ちに市長と相当数の参事会員から構成される公安委員会を設置する。この委員会は、設置後三週間以内に、昼夜における平和の維持、強盗（robbery）その他の重罪（felony）の防止、平和を害する犯罪者の逮捕を目的に、十分な数の治安官（constable）を任命することとなっている（第七六条）。治安官は有給であり、その給与や手当等は後述の自治邑基金（borough fund）から支払われる（第八二条）。彼らの管轄する地域は、当該自治邑のほか、それが位置するカウンティ及び当該自治邑から七マイル以内にあるカウンティと広い範囲に及び、またその権限は、公共の平和を乱しまたは重罪着手の意思があると判断される無職の風紀紊乱者（disorderly person）を逮捕し治安判事に送致することとされ、軽罪（misdemeanor）の場合には自らの判断で保釈することもできた（第七八―七九条）。これら一連の活動は、法の執行の一環として行われるため、治安判事の指示にしたがって遂行されるが、それとは別に、公安委員会には、治安官の義務の懈怠や権限濫用を防止するために規則を策定し、不適任と判断される治安官を解任する権限が与えられている（第七七条）。治安官に対する監督責任は公安委員会にあったといえる。

治安維持という観点からは、治安官の活動を促進し犯罪の発生を抑止するために、照明に関する定めもみられる。[55]本法では、照明に関する制定法の適用を受けない地域につきインスペクションを実施し、必要な場合には、照明を設置しそのために必要な税を徴収する権限を、参事会に付与しているのである（第八七―八八条）。

このように都市の治安に関してことさら詳細な規定がおかれていたことは、当時の主要な関心が、急速な都市化に伴う犯罪増加をいかに抑えるかにあったことをうかがわせ、それゆえ、本法が施行されると、有給の治安官というかつてない制度であっても、それは徐々に全国へと拡がっていく。[56]しかしその一方で、ここに導入された新たな警察制度が、あくまで中央からの権力的介入を嫌う伝統に沿う形で設計され、[57]地方の参事会におかれた公安委員会を中心にこの国独自の成長の過程を遂げていったことについては、十分留意しておく必要があろう。

次に、一般的な権限に移ろう。「自治政府」としての参事会の性格を理解する上では、自治立法権と自治財政権が重要と考えられる。

まず自治立法権である。第一節にみたとおり、法人格を付与された自治邑には、「法人の良き統治のために」条例を独自の判断で制定することが、コモン・ロー上認められてきた。都市法人は限定された構成員の「共同利益」を実現する私的団体であると理解されていたから、条例を策定するにあたっても、他からの介入を受けることはなく、法人内部の自由な決定に委ねられていたのである。三五年法でも、以下にみるとおり、これに類似する条例制定権は付与されているが、構成員が不特定の住民に開放されたことで、都市法人にはかつての「共同利益」よりも広範な人々を対象にした「公共利益」の実現が求められ、それに伴って、制定されるべき条例の性格も単なる内部的な準則をこえて社会統制的意味合いの強い規範へと変質していく。

この権限を直接定める第九〇条によれば、次のようになる。

本条ではまず、「自治邑の参事会は、自治邑の良き支配と統治（the good Rule and Government of the Borough）を行い、当該自治邑に効力を有する国会制定法に基づく略式の様式で処罰ができないすべてのニューサンス（nuisance）を防止し抑制するために、自ら必要と考える条例を策定し、それらの犯罪を防止し抑制するために必要と考える罰金を条例により定めることを、合法的になすものとする」と規定している。さしあたり注目しておきたいのは、条例を制定する具体的な目的が、「国会制定法に基づく略式の様式で処罰ができないすべてのニューサンス」の防止におかれている点である。先にあげた公安委員会の規定と同様、「公共利益」を実現しようとする都市法人の中心課題が、多様な住民を抱える都市の治安維持にあったことは、ここからも読みとれるが、この規定が都市法人のあり方に与える現実的な意義はけっして小さくはない。

いうまでもなく、治安維持は、それまで、もっぱら治安判事を中心とする司法制度の管轄に属す問題と考えられてきた。ところが、ここでは、「国会制定法に基づく略式の様式」という文言が意味する司法手続きだけで都市の治安は守れないとの認識からか、その様式で処罰できない行為、言い換えれば、刑事法上の犯罪類型には含まれないが社会生活を妨害すると判断される不当な行為を、事前的に「防止し抑制するため」に、条例を制定するというのである。この規定で前提とされるのは、司法的手法とは相対的に区別される「行政」的手法を駆使し、事実上の法判断権を行使する都市法人の活動形態といえる。そうであるとすれば、ここに、一八世紀的「司法国家制」の強固な枠組みを壊し自律した権力性を具備しつつあった新たな都市法人の姿をみいだすことは、さほど困難ではあるまい。しかも、本条では、参事会が自ら必要と考える罰金（五ポンド以下）を条例のなかに設定することができるとしている。通常国会制定法により定められる罰則規定を、都市法人の独自の判断で創設できるとしたことは、都市法人が立法的授権を受けうる公的機関として認められつつあったことを意味しよう。

そして、都市法人はこのように一定の権力性をもつ公的機関と位置づけられるため、条例の制定にあたっては、中央政府の統制が加えられるし(59)、何より、都市法人の性格や活動内容は、国会制定法たる本法により厳格に枠付けされると理解される。条例制定権であれその条例に含まれる「行政」権であれ、少なくとも形式上は、中央政府や国会の意思に服すものであり、その限りでは、近代国家の下におかれた公的機関としての地方政府という像もあてはまるのである。

ところがその一方で、こうした条例は、右に掲げた条文からもわかるとおり、旧来の「自治邑の良き支配と統治」を実現することをより包括的な目的としてあげており、そのため、場合によっては新たに付け加わった治安維持も含め、かつての私的団体がもっていた自律的ないし自治的性格の延長線上に位置づけることが可能となる。すでに言及してきたことだが、ここでもやはり、本法のもとにある都市法人の歴史的性格を一義的に説明することはできないのであり、結局のところ、近代的な要素と前近代的な要素を混在させながら、依然として中央当局や国会により統制されない部分を「自治政府」としての活動に内在させていたと考えられるのである。

さて、「自治政府」としての性格を示しているという点で、さらに重要な意義をもつと思われるのが、自治財政権である。

財政について定めた第九二条ではまず、都市法人が保有する財産から得られる賃貸料や利子、配当金、売却益、罰金などあらゆる収入が、収入役が管理する自治邑基金（borough fund）に一元的に充当されるべきことを規定する。そして、支出についても、法人が負うべき債務の償還、市長や自治邑記録保管官、参事会が任用した法人官吏や治安官に支払われる給与、市民名簿や選挙区割り簿（ward list）の作成費を含む各種選挙にかかる費用、自治邑が特別期治安判事裁判所をもつ場合の犯罪者の訴追、訴訟維持、科罰にかかる費用、自治邑監獄や矯正院など法人所有の建物維持にかかる費用など特定の費目に限定するとしている。いずれも本法の目的を実施するために必要な費用とされているが、このことは、それ以外の使途については厳しく制約されたこと、換言すれば、支出を伴う都市法人の活動に対し国会の統制が及んだことを意味している。

ただ、こうした全体傾向のなかで、同条には、参事会に対し財政上の裁量を付与する文言が含まれていることには注意しておきたい。ひとつは、「自治邑基金が上記の目的を遂行する上で十分であるとき、その余剰金については、参事会の裁量に基づき、住民の公共の便益や自治邑の改善（the public benefit of the inhabitants and improvement of the borough）に充てるものとする」という規定であり、もうひとつは、逆に自治邑基金に不足が生じた場合に関し、参事会は不足額を厳密に算定した上で、それに充当するために、「当該自治邑内で課されるカウンティ・レイトと同等の性格を有する自治邑レイトを命令する権限が与えられ、適宜行使することが求められる」とするものである。前者は、自治邑基金に「余剰金」があるときに、その使途を「参事会の裁量」に委ね、後者では、参事会に課税権を与え、自治邑基金の不足を補うために、独自の判断に基づく財源の確保を可能にしているのである。いずれも都市法人に一定の自律性を認めたものといえるし、後者の課税権は、最近にいたるまで地方の多様な活動を支えてきた自主的なレイト制度の起点でもある。

むろん、この規定がおかれたからといって、これまでの無制約な状態がそのまま維持されたというわけではない。これらの裁量行為はいずれも、条例の場合と同じく、「公共利益」の実現をめざすものでなければならず、裁量権の行使にあたって考慮すべき事項は、「共同利益」の場合よりもはるかに広く、結果として、行為の幅は内在的に制約されると考えられるからである。事実、「余剰金」の使途については、「住民の公共の便益や自治邑の改善」という明示的な限定が付されており、本法を制定した国会には、その文言をとおして、都市法人を私的な団体から「自治政府」へと変質させる明確な意図があったと理解できる。(60)

では、いかなる裁量行為が「自治政府」にふさわしいのか、言葉を換えれば、このとき都市法人に認められた自律性は、過去に具備したそれとどのように変わったのか。この論点は、法の文言から即座に明らかになるものではなく、個別的な事例に対する裁判所の判断をふまえ具体的に確かめられるべき解釈上の問題である。とはいえ、それを詳細に検証することは、三五年法の基本構造を概観するここでの議論から逸れてしまうため、以下では、本法成立直後から現れ始める諸判決の動向を簡単に紹介しながら、裁判所の対応にかかる大まかな流れだけを確認しておきたい。

すでに述べたとおり、都市法人は、三五年法の制定を契機として、国会制定法上の機関として再定置された。裁判所もまた、この転換に反応し、都市法人に対しては、「人は、法により明示的に禁止されないかぎり、望むことは自由になすことができる（People are free to do as they like unless expressly prohibited by law）」とする自然人への伝統的理解を採用することを避け、国会制定法によって正式に付与された権限のみを行使することができると考えるようになる。裁判所のこうした新たな動きは、制定法により設立された法人の行為規制として機能しはじめる権限踰越の法理の適用過程として説明されることが多い。(61)都市法人についても、概ねこの傾向を読みとることができるが、少なくともこの分野では、厳密な意味でこの法理とはやや異なるエクイティ上の信託違反（breach of trust）[62]の論理をとおし、より内在的な規制が開始されていくことになる。

　具体的には、法人基金の運用に関して、一八三七年法務総裁対アスピナル事件（*Attorney-General v. Aspinall*）[63]や一八四〇年法務総裁対ウィルソン事件（*Attorney-General v. Wilson*）[64]、またレイト徴収に関して、一八三八年法務総裁対プール法人事件（*Attorney-General v. Pool Corporation*）[65]や一八四八年法務総裁対リッチフィールド法人事件（*Attorney-General v. the Corporation of Lichfield*）[66]といった事例をあげることができる。いずれにも共通している点は、三五年法の制定により、法人基金に対して「公衆」を受益者とする公益信託が設定されたと解釈し、それゆえ、基金の運用はもとより、その充填たるレイト徴収についても、「公衆の権利の擁護者（protector of the rights of the public）」たる法務総裁[67]による告発に基づき、差止命令（injunction）や確認判決（declaration）といったエクイティ上の救済が与えられうるとの判断を示したことである。実際、前三者の判決例では、法人の行為に対し信託違反を理由に無効の判断が下され差止め命令が発給されているし、また法務総裁対リッチフィールド法人事件でも、行為の無効を求める確認判決が請求され、大法官裁判所（Court of Chancery）は申立事実の一つひとつに対し実体的判断を加えている。ただし、この事件では、裁判所の審理の結果として、法務総裁の請求は退けられている。

　総じて、法人基金に関する都市法人の行為に対しては、エクイティ上の統制が包括的に加えられることが確認され、三五年法により与えられた裁量権といえども、受託者たる都市法人は受益者たる「公衆」の利益のために財産を適正に管理しているかどうかが争点とされるのである。「公衆」の利益に反すると判断された行為であれば明確な救済の対象とされるし、逆にその利益を実現すると考えられる行為であれば、仮に違法行為たる蓋然性がある程度含まれていたとしてもそれは阻却される。元来、「公正（fairness）」や「公平（impartiality）」を指導理念にもつ財産法であったエクイティが、公的性格をもち始めた都市法人に適用されるとき、「公衆」の利益に適う行為を行うことが、受託者の義務、言葉を換えれば、公的責任の領域に属す行為として構成されるようになった点は、注目していい。

一九世紀後半以降、次章で検討する公衆保健法をはじめ様々な法律が制定され、都市法人を含む地方政府に対し、多彩なサービスを提供する権限が次々に付与されていく。その際には十分な財源的保障が与えられたわけではなかったから、地方政府は自ら財源を準備せざるをえなくなるが、そのことがかえって、受託者としての義務ないし公的責任という発想を強めさせ、しばしば「都市社会主義（municipal socialism）」と形容される多様で自律的な活動を可能にしていくのである。そして、裁判所の側も、その観点から地方政府の行為の根拠を広くとるようになり、その活動を抑制するというよりは、むしろ促進する方向で対応していったといえる。[68]

これらはエクイティからのアプローチであるが、一九世紀も終わりに近づくと、コモン・ローの側からも、広範な裁量権をもつ都市法人に対し、より包括的な監督的統制が及んでいく。ただ、三五年法第九二条を直接の対象としているわけではないため、ここではその事実があったことを述べるにとどめておく。なお、制定法上の機関として位置づけられた都市法人が、その裁量権を行使する際、司法機能を有するとみなされ、結果として、その妥当性は上訴（appeal）の対象として裁判所の判断に委ねられるようになるのは、[69]権限踰越の法理にかかわるこうした「法の支配」原理の近代的変容の過程においてである。[70]

註

（1）　cf. N. Gash, *Aristocracy and People: Britain 1815–1865*, Edward Arnold, 1979, pp. 156–158. この内閣は、もし自分たちが倒壊すれば、トーリーの内閣により継承されるであろうが、その基盤は脆弱であるため、もしそのような局面がおとずれるならば、急進派による政権が誕生するであろうとの危機意識をもっていた。それゆえ、彼らは、相当な困難に遭遇しつつも政権の維持こそが最大の課題とされていたのである（*Ibid.*, p. 157）。

（2）詳しくは K. C. Clark, *Peel and the Conservative Party*, Frank Cass and Co. Ltd., 1964, pp. 168–181 を参照。

（3）国王が大権を発動しメルバーンを解任に追い込んだ背景には、庶民院においてピールを中心としながら結束を固めつつあったトーリー（当時すでに保守党（Conservative Party）という用語が一般化しつつあったが、ここではトーリーとして統一的に用いることにする）に対する国王自身の信頼と同時に、メルバーンの政権維持への意欲の減退があったといわれる。後にメルバーンは国王による解任を批判するつもりはないと述べていたといわれるが（*Ibid.*, p. 195）、その点では、この政権交替がむしろ、急進派等の影響力の拡大を恐れたメルバーン自身によって導かれたものと考えられなくもない。

（4）"Peel's Tamworth Manifesto, 1834," in H. J. Hanham, *The Nineteenth Century Constitution: Documents and Commentary*, Cambridge U. P., 1969, pp. 212–213.

（5）彼自身、この「宣言」は、「政党の〔党派的な〕主張というよりも、秩序の維持や適正な統治のという大義にはるかに大きな関心をもつ……社会の多くの知性ある階層」に対して述べられたものであることを明言していた（Gash, *op. cit.*, p. 160; Clark, *op. cit.*, p. 210）。

（6）彼は改革に対して一定の積極性をもっていることを示すために、「宣言」のなかで幾つかの具体的改革に対する態度を表明している。都市法人改革についての見解を引用しておけば、次のとおりである。「まず第一に都市法人の調査について取り上げてみよう。その調査の進展を妨害するよう国王に進言したり、前の政府によりその調査を付託された者からその権限を取り上げることが、私の意図ではない。私自身にしてみれば、もともと調査を委ねられた庶民院の委員会を構成することに同意したことから、私が調査の原則にけっして敵対的ではないことをはっきりと証明することができる。」（"Tamworth Manifesto," in Hanham, *op. cit.*, p. 213）

（7）このときの選挙結果は、保守党が二七三議席であったのに対して、ウィッグ及び急進派は三八五議席を獲得した。

（8）その詳細については、Clark, *op. cit.*, pp. 232–235 を参照。

（9）急進派の場合には、例えば無記名投票、庶民院議員任期の短縮化といった課題が、またアイルランド分離派の場合には、合同の撤廃という最大の課題がほぼ棚上げにされ、より現実的な路線へと進んでいくことになる（Gash, *op. cit.*, pp. 162–163）。

（10）*Hansard's Parliamentary Debate,3rd Series*, vol. XXVIII（以下、*Hansard's*, vol. XXVIII と略す）, 544,（1835.6.5）.

（11）*Ibid.*, 547.

（12）*Ibid.*, 548–556.

（13）こうした認識の前提には、この改革に先行して一八三三年に制定されたアイルランド自治邑改革法の結果があった。この法律では参事会員の選挙権を一〇ポンド戸主に与えていたが、同年一二月の選挙では多くの異教徒急進派が当選しており、この時期すでに彼らによる寡頭制が生まれるのではないかとの懸念が出ていた（Gash, *op. cit.*, p. 167）。こうした懸念自体がきわめて党派的性格をもつことは確かであるが、それがウィッグ、トーリー双方に共通した利益となるものであっただけに、この規定に限っては、庶民院でも貴族院でも大きく問題とはならなかった。（cf. *Hansard's*, vol. XXVIII, 567–568,（1835.6.5）, *Hansard's Parliamentary Debute, 3rd Series*, vol. XXX（以下、*Hansard's*, vol. XXX と略す）, 433,（1835.8.13）.

（14）治安判事の公選制を主張する急進派は、国王の任命権を規定するこの法案について、次のように批判している。すなわち、この法案は「新しい法人の体制に対して、司法……権に関する中央集権という忌まわしい原則を注入するものであり、換言すれば、治安判事の任命権と警察の統制権を国王に委ねるものである。……それは、統治構造上の自己統治システムからの正当化しえない逸脱である。」（*Weekly Dispatch*, 31 May 1835, cited in Webbs, *op. cit.*, p. 740. n. 4.）

（15）実際に、ラッセルはこの法案を四週間足らずで作成したといわれる（cf. *Ibid.*, pp. 737–738）。

（16）*Hansard's*, vol. XXVIII, 559.

（17）*Ibid.*, 560.

（18） *Ibid.*, 566.

（19） この論点とのかかわりで、ピール等庶民院のトーリーが最も強く反発したものの一つに自由民のもつ諸特権を剥奪する条項がある。この特権には一連の金銭的特権と庶民院議員選挙権とが含まれいずれも世襲的な権利と理解されてきたが、トーリーの議員たちは、こうした特権を剥奪することは「適正なるシステム」を実現するという本法案の基本原則とは関係がないとして、第二読会段階でその削除を求める修正動議を提出している（*Ibid.*, 1000–1014,（1835.6.22））。常任委員会においても長時間にわたり議論が行われるが、結局、数にまさるウィッグが彼らの修正案を否決している（*Ibid.*, 1066–1120,（1835,6,23））。ちなみに、このとき、トーリーが上の論点に加えて提示した具体的主張は、金銭的特権に関しては、共有地使用権や法人収入により維持される学校への登校権等を示しながら、これが下層民にとって必要不可欠な生活手段となっているというものであり、また庶民院議員の選挙権に関しては、第一次選挙法改正法の通過時にラッセル自身が自由民の選挙権維持を認めた事実を引き合いに出しながら、その剥奪の不当性を強調するものであった。

（20） 「知的で尊敬に足る部分」を統治の担い手とする議論から当然に提出される修正案として、市長及び参事会員の資格要件を一切課さないとする規定に対するものがある。その提案理由と修正案の内容を簡単に紹介しておけば、次のようになる。すなわち、これまで発給されてきた勅許状には、法人の諸官職は「適切で思慮深く尊敬に値する者」が就くことと記されており、確かに明示的な財産上の資格要件は付されていないのが通常であったが、実際には富裕な者が選出されるのが勅許状の精神であるし、それが法人の財産管理主体として適正な者を選出する一般化した慣行でもある。また、保安、照明等諸権限を付与する個別法律の場合でも、権限保持者に関し財産規定をおいている。むろん、財産を保有することが即座に尊敬に値する者であることの証明にはならないが、少なくとも、一定の財産資格を明記することは選出された者がその重要な職務を果たさない場合に課される科料が支払われる保証とはなるし、またこの提案は従来の原則をあらためて確認しているにすぎないのである。このように説明された後に出された修正案は、区割りされる大自治邑の場合には、その資格を年価値一〇〇〇ポンド以上の物的もしくは人的財産の占有者または年間四〇ポンド以上の救貧税担税者とし、区割りされない小自治邑では、その額をそれぞれ五〇〇ポンド、二〇ポンドとする、というものであった。一方、ウィッグの側はこの案に対し、選出される者の選択の範囲を限定することは市民の権利を著しく制約することになるし、そもそもこの修正案の前提となっているのは、現在問題となっている自選された閉鎖的な集団でしかないといった論理で痛烈な批判を加え、否決している（*Hansard's, Parliamentary Debate, 3rd Series*, vol. XXIX（以下、*Hansard's*, vol. XXIXと略す）, 99–120,（1835.6.30））。

（21） cited in Clark, *op. cit.*, p. 270.

（22） *Hansard's*, vol. XXIX, 1340–1355,（1835.8.3）. 例えば彼は次のように述べている。「私は諸君が、こうした感情に動かされることなく、法案を提出した者をではなく、法案そのものを検討されるものと信じておりますし、諸侯は法案が基づく根拠と理性のみを考慮され、……法律として通過することが適切であるか否かを決せられるものと信じております。」（*Ibid.*, 1352）

（23） *Ibid.*, 1382–1383.

（24） 本章第二節註（22）参照。

（25） *Hansard's*, vol. XXIX, 1385.

（26） *Ibid.*

（27） *Ibid.*, 1355–1357.

（28） 実際、リンドハースト等の動きにピールは激怒し、このときすでにロンドンを離れる決心すら固めていたといわれる。その経緯についてはClark, *op. cit*, pp. 275–276を参照。なお、ピールがかくも激怒した理由には、庶民院で確認された改革原則そのものを否定しているという点に加え、この法案が貴族院で否決された場合、政府は辞職する可能性があるが、その際、トーリーには政権を維持するだけの力が未だ蓄積されておらず、より急進的な政権が誕生する危険性があるとの状況認識が含まれていた（cf. *Ibid.*, pp. 278–279）。

（29） *Hansard's*, vol. XXIX, 427–464,（1835.8.13）.

(30) 本章本節註(19)参照。
(31) *Hansard's*, vol. XXX, 438.
(32) これはプランケット卿（Lord Plunkett）の発言であるが（*Ibid.*, 452），自由民の特権を権利ではなく「公的な地位に付随する」利益とした点は、自由民を不特定多数の住民として法的に再定義する端緒的意義をもっており、その意味で注目に値する。
(33) *Hansard's*, vol. XXX, 483.
(34) 本章本節註(20)参照。
(35) *Hansard's*, vol. XXX, 487.
(36) *Ibid.*, 579–602,（1835.8.17）.
(37) *Ibid.*, 586–594.
(38) *Ibid.*, 632–645,（1835.8.18）.
(39) *Ibid.*, 637.
(40) *Ibid.*, 965–971,（1835.7.2）.
(41) *Hansard's*, vol. XXIX, 189–206,（1835.7.2）.
(42) *Hansard's*, vol. XXX, 971–977,（1835.8.25）.
(43) *Hansard's*, vol. XXIX, 1400,（1835.8.3）.
(44) cited in Webbs, *op. cit.*, p. 745.
(45) 八月二〇日付のブルーム宛の書簡で、パークスは次のように述べている。「法案を貴族院によって『修正された』ものとして受け入れることは理にかなうものではありません。しかし、結局のところ、われわれが今国会において受け入れ可能な、そして受け入れるべき手段を手に入れることを期待しています。唯一、この成果をあげるためには、法案をもはや過去のものとして宣言した上で、政府を臨戦状態に保ちながら、分けても貴族院の彼らに譲歩と妥協について無駄口をたたかせなければ、それは可能となるでしょうし、また、獲物狩りのうまい庶民院まで法案を辛抱強く持ちながらえることができれば、狐を見事仕留めることができましょう。」（cited in Finlayson, "Politics," p .685）

（46） Webbs, *op. cit.*, p. 744.

（47） さしあたり以下を参照。*Ibid.*, pp. 746–747; Finlayson, "Politics," p. 686.

（48） Finlayson, "Politics," p. 686–668.

（49） Webbs, *op. cit.*, p. 693ff.

（50） A. V. Dicey, *Lectures on the Relation between Law and Public Opinion in England during the Nineteenth Century, 2nd ed.*, Macmillan, 1914.

（51） 本法の適用を受けた地域が包摂する人口は、全人口の七分の一であったといわれる（Webbs, *op. cit.*, p. 748）。

（52） 本法施行後、初の参事会員選挙は一八三六年一一月一日に実施されているが、このとき新たに選出された参事会員は、非国教徒の小商人（tradesman）が多くを占めた。彼らにとって倹約は美徳であり、新たな支出には消極的であったため、都市法人における浪費という問題は回避されるようになっていったといわれる。Keith-Lucas, "Municipal Corporations," p. 80.

（53） 本章前節註(20)参照。

（54） 例えば、第四八条では、市民名簿の更新や参事会員等の選挙に際し、市長や長老参事会員等がその任務を怠り又は拒否した場合、一〇〇ポンドの罰金を科すとしている。

（55） 一八三三年照明及び監視法（Lighting and Watching Act, 1833）。

（56） cf. J. Hart, "Reform of the Borough Police, 1835–56," *English Historical Review*, no. 70, 1955.

（57） 治安維持にかかわって中央との関係が規定されているのは、公安委員会が治安官の数や彼らの携行装具、給与等につき年四回にわたり大臣に対し報告する義務をもつ旨規定した第八六条があるのみである。

(58) Blackstone, *op. cit.*, p. 463.

(59) 第九〇条に規定された手続きは次のようなものである。条例案は、三分の二以上の参事会員が出席する参事会において審議される。これが可決されると、自治邑の印章を付した写しが国務大臣に送付される。通常であれば、その後にタウン・ホール等の公共の場所に公示され効力をもつことになるが、送付後四〇日以内に国王が不許可の決定を下せば、施行されることなく廃案になる。

(60) 三五年法の評価につき、メイトランドの言葉を引用すれば、次のようである。「一八三五年、国会が都市法人を手中に収めたとき、国会は、都市法人に対し、その収入は『住民の公共の便益』に供するために支出されるべきことを説くのである。すなわち、〔都市法人が実現すべきは〕共同（common）便益ではなく、公共の（public）それであると。」（Maitland, *Township and Borough*, p. 32）

(61) 権限踰越の法理とは、特定の目的を実現するために設立された法人が、基金の一部を、法人化の要件に含まれない目的に充当することはできないとする法原則である。その要件を定めるのは、国会制定法以外に勅許状や定款なども含まれるため、法理の存在自体は一八世紀においても知られていたが、裁判所がこれを本格的に運用するようになるのは、国会が一定の公益を実現するために様々な法人（ここには、例えば、鉄道の敷設・運行を目的に法人化された会社などが含まれる）を創設するようになる一九世紀中葉以降といえる（cf. *Colman v. Eastern Counties Rly. Co. Ltd.*,（1846）10 Beav. 1; *East Anglian Railways Company v. Eastern Counties Rly. Co. Ltd.* [1851] 11 C. B. 775）。

なお、一九世紀におけるこの法理の展開については、さしあたり以下を参照。H. A. Street, *A Treatise on the Doctrine of Ultra Vires*, Sweet & Maxwell, 1930（reprint Wm. W. Gaunt & Suns, Inc., 1981）; D. J. Beatties, *Ultra Vires in the Relation to Local Authorities*, The Solicitor's Law Stationery Society Ltd., 1936. また、三五年法とのかかわりで都市法人に対する司法統制の変容を検証するものとして、W. I. Jennings, "Central Control," in Laski, Jennings, Robson eds., *A Century of Municipal Progress*, G. Allen & Unwin, 1935,（reprint AMS Press, 1976）が参考になる。

(62) 権限踰越の法理と信託違反の本質的な違いは、前者が付与された権限（*vires*＝power）に着目するのに対し、後者は受益者と受託者の関係に根拠をもつ義務に注目する点にある。ただし、三五年法に関しては、信託違反の行為は事実上すべて権限踰越として扱われてきたといわれる（Beatties, *op. cit.*, ch. 1）。

(63) *Attorney-General v. Aspinall*［1837］2 My. & Cr. 613. 本件は、三五年法成立後未だ参事会員選挙が行われていない段階で、リヴァプールの旧参事会が自治邑内にある教会に対し聖職録を付与する目的で法人基金を充当しようとしたことの当否を争った案件である。このなかで、大法官コテナム卿（Lord Cottenham L. C.）は、「私見によれば、第九二条は、他の諸規定、とりわけ〔旧参事会が締結した財産売却契約等に対し新参事会が異議を唱えることを合法とした〕第九七条を援用して解釈する必要はないが、それらを全体として理解すれば、本法により、公衆（the public）に対する明確な信託が設定されたこと、それゆえ、本法通過段階において、法人に属するすべての財産に対し、法的意味において、公益目的（charitable purposes）が設定されたことにつき疑う余地はないのである。そして、新参事会や収入役の選挙までの間、法人財産を旧来から受け継ぐ旧参事会は、この目的をもつ受託者の立場にあるかのごとく、本法により明示的に課された制限や、そうした〔信託〕財産が帰属する者が負うべき一般的な責務や義務に服することは、明らかなのである」（at 622–623）と述べ、三五年法により法人財産に対し「公衆」を受託者とする公益信託が設定されたとし、そのことを理由に、旧参事会の行為を無効と判断している。

(64) *Attorney-General v. Wilson*［1840］Cr. & Ph. 1. 本件では、リーズ都市法人が、三五年法成立直前に、コンソル公債（consols）等の法人財産を名義上の受託者であった二名の統治集団構成員に譲渡した行為の有効性が争われた。この事件においても、コテナム卿は、これまでの判決同様、「このとき〔三五年法が成立した一八三四年九月九日〕より、法人に属す財産はなんであれ、本法〔三五年法〕により宣言された信託に付されることとなり、その法律の目的に反する目論見で財産を譲渡する試みは、いかなるものも違法かつ無効となる」（at 23）との姿勢を示しているが、本件は三五年法成立以前に発生した事実が問題とされているため、ここでは三五年法を援用することなく譲渡行為の無効を言い渡している。すなわち、「統治集団の構成員として彼らが受託者ないし代理人となっている法人に対し有する義務は、彼らに託された財産を保持し保護することである。ところが、彼らは、……一八三五年五月三〇日の捺印証書〔譲渡についての統治集団決議〕により前もってその財産を目論見に適う場所におくことで、法人から剥奪する公然とした意図をもって財産を移譲する措置をとったのである。……これは、彼らが代理人ないし受託者となっている法人に対する信託の違反、義務の侵害だけではなく、自治邑レイトに責任を持つすべてのリーズ住民に対する不正横領（spoliation）の行為でもある。」（at 26）

（65） *Attorney-General v. Poole Corporation*［1838］4 My. & Cr. 19. 本件では、三五年法において市長等の官職保有者のタウン・クラークとの兼職が禁止されたことで当該官職を辞任した者に対し、新たなレイトを徴収することで補償を支払う問題につき、コテナム卿はここでも信託違反があることを理由にその正当性を否定している。いわく、「私は、他の事案、特に法務総裁対アスピナル事件において、本法〔三五年法〕は、法人において、自治邑基金に信託を設定していると判断を行った。この見解を変更する理由はみあたらず、当面する事案を解決する上でも、私はそれを確定した論点と考えている。……本告発において差止が求められている支払いは、自治邑基金からのものであるが、〔ここで問題となっている〕基金はレイトという手段によって創設されたものである。本裁判所〔大法官裁判所〕が自治邑基金から発生する信託に違反する行為一般を防止又は修正する管轄権を有しているとすれば、レイトによって調達された基金の一部についても同様の管轄権を有していなければならない」（at 21–22）とし、従来から保有する財産だけではなく、新たに作られた部分に対しても、信託の法理が適用されることを主張するのである。

（66） *Attorney-General v. Corporation of Lichfield*［1848］11 Beav. 120. 本件は、一〇年以上にわたり累積しながら明らかにはされてこなかった負債を、後年返済するために参事会が行ったレイト徴収決定の妥当性が主な問題とされている。記録長官ラングデイル卿（Lord Langdale）は、三五年法の解釈として、参事会が適正な評価に基づき当該年に発生した費用に対し自治邑基金が不十分であると判断した場合に、レイト等によりその不足分を補填することは参事会の義務であり、当該年の返済を回避するために、将来的な負債とする契約を結ぶべきではないとの考えを明らかにしたものの、その解釈を厳格に適用することについては、実際上重大な不都合を引き起こす可能性があることを理由に、否定的な態度を示している。その結果、本件に関しても、個別的な事実に対する実体的判断を行った上で、参事会のレイト徴収決定の無効等に関する確認判決を求める法務総裁の申立を退けている。

(67) Jennings, *op. cit.*, p. 421.

(68) 一九世紀後半以降、制定法上の法人は、制定法により認められた事項のみを行為することができるとしても、その準則を厳格に適用すれば、本来予定される活動を妨げるとの考えから、制定法によって与えられる行為の根拠を、明示的なものだけでなく、黙示的な的なもの、すなわち明示的な根拠に付随すると合理的に推論されるものに拡大させる動きが登場する（cf. *Attorney-General v. Greater Eastern Railway Co.*（1880）5 App. Cas. 473）。そして、この傾向は、都市法人についても認められる。例えば、一九二一年法務総裁対フルハム法人事件（*Attorney-General v. Fulham Corporation*［1921］1 Ch. 440）では、国会制定法により洗濯所の設置権限を付与された参事会の使用人が新たに洗濯サービスを行う計画をたてたことにつき、それが一定階層に向けた利益供与であることを理由に無効の確認判決を下しているが、その際、都市法人が他者のために着衣を洗うことは、そのための設備を提供することとは区別されるべきであり、その行為に対する明示的または黙示的な根拠は存在していないと判断している（cf. per Sargant J.）。ちなみに、こうした理解はひとつの判例を形成し、一九七二年地方政府法（Local Government Act 1972）第一一一条となって結実している。

(69) 例えば、一八八二年女王対地方政府庁事件（*R. v. Local Government Board*（1882）10 QBD 309）では、ブレット控訴院裁判官（Brett L. J.）が「今日における禁止令状（prohibition）の権限に関する私の意見は、裁判所はそれを行使することに躊躇すべきではなく、立法者が個人に義務を課す権限を上位裁判所以外の団体に付与した場合、その団体が国会の付与した権限を越えてその権限を公然と行使しようとすれば、裁判所はその団体を統制する権限をできる限り広く行使すべきであるというものである」（at 321）と述べている。ここでいう「上位裁判所以外の団体」は、直接的には中央当局たる地方政府庁（Local Government Board）（後述）を意味しているが、ブレット裁判官も同じ文脈のなかで指摘するとおり、地方当局たる都市法人もまたその射程に含まれているのであり、その結果、都市法人による決定の妥当性は裁判所の判断に委ねられることとなる。

(70) この点については、Jennings, *op. cit.*, pp. 421–425参照。

小括

以上、産業革命により大きく変動しつつあった社会のなかで、中世以来の都市法人が変化しながら近代的地方政府を形成していく過程をたどってきた。かつて特定構成員の「共同利益」を実現する私的団体であった都市法人は、支配体制の動揺を契機に、徐々に変質を遂げていく。私的であるがゆえに本質的属性として具備した閉鎖的性格は、この流れのなかで様々な批判の的とされ、まさにその結果として、都市法人は不特定多数の住民に開かれた「公共利益」を実現する公的団体へと変わっていったのである。

こうした議論をふまえつつ、最後に、ここに登場した近代的地方政府の特徴にかかわり、今後もなお検討していくべきと思われる論点を、以下の二点に整理しておくことにする。

第一に、三五年法との関連でしばしば指摘される新たな都市法人の民主主義的性格についてである。本法制定にいたる流れを単純化すると、改革の直接の対象は、第一章でみた身分的ヒエラルヒーの牙城ともいうべき都市法人であり、ここに正面から迫ったのがヒエラルヒーの下位に属す急進派という構図になる。しかも、新たに登場した都市法人では、こうした急進派の要求が実質的に受容される形で、居住と納税のみを要件とした「市民」と彼らの選挙に基づく参事会がおかれるようになったわけであるから、これら一連の経緯を捉えて、近代社会の徴表たる民主主義の流れをみいだすことはさほど困難なことではない。

しかし、このようにして選ばれる参事会員が、依然として相当の財産所有者に限定されたことや、さらに長老参事会員がなおも残されていたことについては、三五年法が内包した民主主義の程度を測る際、十分に注意しておく必要がある。都市法人内部には、身分的ヒエラルヒーに基づく権威的支配の構造が維持されていたのであり、都市法人が実現すべき「公共利益」が何かを判断するのは、結局のところ、「知的で尊敬に足る部分」に委ねられたままであったのである。たしかに、こうした権威的秩序の構造は、時代が下るにつれ、衰退していく運命にあったが、それでも、長老参事会員が廃止されるのが一九七二年であったという事実ひとつを取り上げても、その動きは実に緩慢であったことがわかる。

そうであるとすれば、近代的地方政府の原型と理解される都市法人であっても、その内部に民主主義的潮流を明示的な形で確認できるわけではなく、むしろ外見的には、過去との連続性を強く印象づける姿になっていたと想定されるのである。新たな選挙民と位置づけられた「市民」の存在を軽視すべきではないとしても、都市法人を総体として評価するとき、「市民」の登場をもって即座に民主主義の動きを強調することは避けるべきだろう。

実際、「市民」が果たす役割といえば、確固として存続する権威的支配の構造と向き合いながら、その漸次的変化を促していくことに収斂されるのであり、三五年法が導いた民主主義的要素を探ろうとすれば、支配構造の変化にこそ目を向ける必要がある。その変化については、「知的で尊敬に足る部分」が、旧来の「狭量な党派的視点」を捨て去り、選挙民の存在を意識しながら、しかしあくまで自らの判断に基づいて、「自治政府の適正なるシステム」を構築していくべきとした保守党のピールの言葉に、ひとつの方向性をみいだすことができる。そして、この方向をさしあたりの前提とするならば、権威的支配の構造それ自体に大きな変化はなかったとはいえ、その枠組みのなかで、担い手たる支配層が、受益者たる「市民」に負うべき公的責任を自覚し、それを具体的に果たしていく過程にこそ着目すべきだろう。そうした視点に立つことで、間接的にではあれ、都市法人に内在する民主主義の影響を捉え、さらにいえば、この国の地方自治が三五年法を拠り所に比較的最近にいたるまで安定的に維持されてきた秘密の一端をのぞくことができるものと考えている(1)。

三五年法にかかわって指摘しておくべき第二の論点は、都市法人の自治的財政権に端的に示される自律的地位についてである。

本法は、都市法人がもっていたコモン・ロー上の法人格を否定し、その法的根拠を国会制定法に一元化した。このことが、私的団体としてもつ自由度を著しく低め、都市法人を常に国会の意思に服す公的な機関として位置づけ直すことを意味したことは、すでに指摘した。しかし、この法律では、都市法人の活動に対し一定の裁量を認めている。特に財政面での活動についていえば、都市法人は、自治邑基金に余剰があるとき、それを「住民の公共の便益や自治邑の改善」に充て、逆に不足があるときには、住民に自治邑レイトを命令する権限が与えられており、いずれの場合も、広範な自律的判断の余地が残されているのである。

こうした自治的財政権の存在にあらためて注目するのは、後の展開において、それが地方の諸活動を維持するための実質的な制度的基盤になっていくからにほかならない。本法制定時には、都市の治安などごく限られた範囲に限られていた地方の活動も、一九世紀後半以降になると、飛躍的に拡大していく。このとき、予算の使途や税の徴収が個々の都市法人の裁量に委ねられたことが、それぞれの自由で多様な活動を可能にしたのであり、二〇世紀に入ると、そうした様々な活動が福祉国家を支えていくのである。

そして、これら一連の事実を念頭におくとき、三五年法が付与した裁量やそれを行使する都市法人の自律的地位は、かつての都市法人とどのように異なり、どこに近代的な性格が含意されているかという疑問が浮かび上がってくる。本論では、この点にかかわり、裁判所が、裁量行使の基準を、「公衆の受託者」として住民利益を実現するという点におき、その基準を満たす限り、都市法人の自律的な地位が確保される傾向にあったことを指摘した。かつての都市法人との違いは、「公衆の受託者」たる地位に基づくという点にあるが、ひとたびその地位にたつと判断されれば、旧来と同じく、相当な自由が保障されることになるのである。

一般に裁量といえば、増大する現代的な行政需要に応えるために必然的に拡大する公権力行使の一環と捉えられるが、ここに示される裁量は、都市法人がもともっていた財産管理機能に由来する側面を色濃く残しており、実質的には私的団体という性格を未だ脱却していない。しかも、上述の第一の論点との関係では、「公衆の受託者」であることは、都市法人が果たすべき公的責任の具体的発露とも理解できるのである。そうであるとすれば、一見すると新たな統治機関として現れた都市法人ではあったが、その自律的地位は過去との連続性のなかに位置づけられるべき性格を依然として数多く具備していると考えられるのであり、その部分を具体的にとらまえることが、今後残されたひとつの課題といえる。ただ、以上のごとき見方は、この国の「行政」機関が具備する「行政」権のあり方に深くかかわる問題であり、本来的には、その観点からのより包括的な検討が必要であることを、最後に付け加えておくことにする。

註

（1）ときに「民主主義の母国」などと称されるイギリスではあるが、そのありようを理解しようとすると、様々な困難が伴う。その点につき、かつて松浦高嶺氏が示した以下の見解は、一八世紀とのかかわりで述べたものであるものの、ここでの議論とも密接にかかわるだけに、今後もなお検証されるべき多くの論点を含んでいると思われる。すなわち、「……イギリス民主主義の特徴は、第一には、国家権力を掌握・行使する政府に対する民間公共社会（シヴィル・ソサエティ）の自律性であり、第二には、その民間公共社会における少数エリート支配である。この二つの特質は相互補完的で、われわれが民間公共社会の自律というメリットに学ぼうとすると、そのエリート主義に支えられているというデメリットにつきあたる。しかも他ならぬそのデメリットが、イギリス民主主義の一定の

健全性と安定性を保障しているという、一種のパラドックスがわれわれをとまどわせるのである。」（傍点原書）

（松浦高嶺「一八世紀のイギリス」、『岩波講座 世界歴史17』岩波書店、一九七〇年、所収、一五三頁）。

第三章　近代的地方政府の始動

――「自発性の原則」に基づく自治的活動――

はじめに

本章では、一九世紀中葉から後半にかけて展開した公衆保健改革(1)(2)をみていく。前章でみた三五年法をめぐる改革との関係については、前章冒頭で触れた。ここでは、まずはこの改革の流れを簡単に紹介しておくことから始めよう。

一九世紀初頭、都市部を中心に、生活環境を取り巻く様々な社会矛盾が産業革命の産物として一気に噴出する。そして、伝統的な地方統治の構造はこれら新しい問題に対して圧倒的に無力であるとの認識から、根本的な改革が開始されていくのである。このときに対象とされたのは、前章でみた改革と同じく、土地貴族による地方支配を貫徹させた一八世紀の統治構造であったが、本章での改革ではその不備を厳しく批判し、強力な中央集権体制が導入されようとする。しかし、自由主義を謳歌する時代に登場したこともあり、この体制は、当時の社会においてきわめて不評であり、結局、受容されることはなかった。それにもかかわらず、対応不全に陥っていた地方の諸当局は、この過程を経ることで、着実に変化していくことになる。組織の面では、三五年法が示した近代的地方政府像へと近づき、活動の面では、三五年法の段階では未だ抽象的だった「公共利益」という理念を実体化していくのであり、全体としてみれば、地方政府としての活動を始動していく方向へと進んでいくと考えられるのである。

本章では、これら一連の行程を追っていくことになる。もとより、議論の対象とされるのは、公衆保健問題という限られた領域ではあるが、従来は私的に処理されてきた住民生活にかかわる問題でもあり、したがって、改革の過程では、かつてない公的な対応の必要性が認識されていく。そして、本章では、そこに、近代的な地方自治制度の原像をみいだそうと考えている。

註

（1）「公衆保健」は“public health”に対しあてた訳語である。一般的には、「公衆衛生」という用語が用いられているし、またそこに含まれる地方当局の活動実態を照らし合わせても、その訳語の方が適しているのかもしれない。しかし、「公衆衛生」が、近代国家の権力的性格を背後におく警察行政の一環として展開した歴史を想起するならば、行論のなかで明らかになるとおり、イギリスにおいてそうした動きは必ずしも妥当しない。しかも、容易に断言はできないが、一九世紀の地方統治にかかわる一連の動向を、二〇世紀における「福祉国家」の基盤形成に向けた出発点と位置づけようとすれば、「公衆衛生」という用語のもつニュアンスは適さないと考えている。

（2）一九世紀の公衆保健問題を扱うものとして、以下を参照。赤木須留喜「一八四八年の公衆衛生法の成立（正）（続）」（『東京都立大学法学会雑誌』第三巻一・二号、第四巻第一号、一九六三年三月、一二月）、武居良明「イギリス産業革命と救貧行政」（『社会経済史学』第三六巻第四号、一九七一年一一月）、同「公衆衛生問題を通じた一九世紀イギリスの行政改革」（『社会経済史学』第四二巻第三号、一九七六年一一月）、澤田庸三「一八三四年の救貧法改革と一八四八年の公衆衛生法」（『法と政治』第三〇巻第三・四号、一九八〇年一二月）、同「公衆衛生改革（一八五八年—一八七五年）の特質——中央による地方に対する行政統制を中心に」（『法と政治』第三一巻第二号、一九八〇年九月）。

第一節　一八四八年公衆保健法の成立とそれに対する批判
――「地方の自己統治」対中央集権――

前章でみた組織改革が、支配体制の動揺を契機とした一種の政治改革であったとすれば、本章で扱おうとしている改革は、差し迫る社会矛盾の克服をきっかけに展開した一種の「行政」改革ともいえる。不衛生な生活環境から発生する伝染病の恐怖、それが大きければ大きいほど、この改革はより根本的なものにならざるをえず、したがって、組織改革の過程で現れた政治的妥協の積み重ねという形容はあてはまらない。以下ではその点をふまえつつ、公衆保健改革の流れを追っていくが、まずは、改革の出発点となった産業革命後の都市にみられる陰惨な実態を概観するところから始めていくことにする。

1　産業革命後の都市の実態

F・エンゲルス（Friedrich Engels）は、一八四五年に初版が公刊された『イギリスにおける労働者階級の状態（*Die Lage der arbeitenden Klasse in England*）』において、産業革命後における都市の様子を詳細に分析している。まさに公衆保健改革が開始される直前の叙述であり、議論の出発点としてまずはその一部を紹介しておくことにしよう。

「大都市にはおもに労働者が住んでいる。この大都市では、ブルジョア一人にたいして、最良の場合で労働者二人、しばしばまた三人、あちこちでは四人の割合である。これらの労働者は、自分ではまったく財産というものをもたず、きまったように手から口に消えていく労賃で生活している。文字どおりの原子に解体した社会は、労働者たちのことなど考えもせず、労働者が自分自身とその家族の面倒をみるのは、労働者にまかせておきながら、こうした面倒を、有効かつ永続的にみることのできる手段を、労働者にはあたえないのである。したがって、どの労働者も、たとえ最も恵まれた労働者でも、たえず失業、つまり餓死の危険にさらされているのであって、そして、多くの労働者が飢餓のために死ぬのである。労働者の住宅は、一般に配列が悪く、建て方が悪く、修理が悪く、通風が悪く、湿気が多くて不健康である。……労働者の衣服も、やはり一般に貧弱で、大多数はぼろぼろである。食物も一般に悪く、しばしばほとんど食えないようなしろもので、多くの場合、すくなくともときどきは量も不足するので、ひどいときは死することもある。[1]」

前章でも触れたとおり、イギリスでは、一八世紀後半以降、農業、工業の両面で資本主義的な経営が飛躍的展開を遂げていく。そして、農村部では、穀物需要の拡大にみあう新たな農業技術の導入を可能とするため、開放耕地の囲い込みが広範に展開するが、結果として、その土地に住んでいた小農たちは、伝統的に継承してきた諸々の共有権を喪失し行き場を失うことになる。彼らは、アイルランド移民と同様、工業化により蓄積された富を求め、都市へと大量に流入していくのである。[2] そして、右の引用文は、まさにそうした展開の帰結として都市に現れた現実の一断面と理解できる。

過酷な労働強制にもかかわらず極度に低い賃金しか手に入れることができなかった労働者たちは、総じて劣悪な生活環境のもとで生きることを強いられる。溶鉱炉から排出される硫黄を大量に含んだ煙、屠場から流れ出る悪臭、染料工場から出される有害物質、汚水溜からあふれ出た水でいっぱいの井戸、ゴミ捨て場と化した袋地、これらはすべて彼らの住居をとりまく環境の一部であった。彼らの住居はといえば、湿気の多い地下室や換気の悪い背中合わせの住宅（back-to-back）といった狭く暗くじめじめとしたところが一般的であり、詰め込まれる限りの人間がそのなかに住んでいる状態が日常的であった。[3] もとより給排水設備など整っておらず、このような環境のもとでは、当然に、コレラやペスト、天然痘、赤痢といった伝染病が多発し、それによる死亡率、とりわけ若年層のそれが年々高くなっていくことになる。[4] 経済的な困窮は、直接的な死である「餓死」だけでなく、生活環境の悪化をとおしていわば間接的な死をもたらしたのである。

ところで、このような事態に直面したとき、それに対処するために当時用いられた方策には、私人間関係のなかで事実上施される救済と、公的な機関をとおして正式に提供される救済とがあった。しかし、いずれも比較的安定した一八世紀社会において利用されたものであり、急激な変化を経験したこの時期に適合的な方法でなかったことは容易に想像がつく。

まず前者からみておこう。一八世紀社会においては、土地所有関係を基軸におく身分的ヒエラルヒーが確固として存在しており、被支配層に何らかの問題が生じたときは、パターナリスティックな人間関係をとおし支配層の私的責任の範囲で恩恵的に対応策が講ぜられていた。しかしこの時期になると、資本の論理が都市の内部にまで浸透していくことになり、それにともない、かつての人間関係は「原子に分解」され、支配層の自覚された責任領域も急速に狭まっていくのである。

たしかに、伝染病の感染は、スラムに住む労働者だけではなく、支配層自身にも及ぶ可能性はあったから、それだけで都市の衛生問題に対する意識は高まるはずであるが、その改善に向けての動きとなると、きわめて消極的な態度しかみられない。例えば、労働者が住む住宅の所有者たちにすれば、都市の過密状態が増せば増すほど、家賃収入は増えていったから、その状況を喜びこそすれ改良を加えるなどといった発想が生まれるはずもなかった。また台頭しつつあった資本家（企業家）にしてみれば、富の増進、生産力の拡大こそが彼らの最も重要な使命であり、労働者に対して支払う賃金やその生活環境の改善は、資本蓄積を阻害する大きな要因としてしか映らなかったのである。「都市問題」は資本主義の展開過程で一般的にみいだされる矛盾現象のひとつであるから、かりにかつての私的な関係が崩壊したとしても、資本家は自らの存在を維持するため矛盾の解消に着手しなければならなかったはずである。しかし、この国の資本主義は自生的に発展したものであっただけに、そうした自覚が一般化するには、未だ一定の時間が必要であったといえる。

他方、都市住民が有害な衛生状態を改善するために利用できた公的救済方法についてもみておこう。権力の専断的行使を否定した市民革命後の社会にあっては、中央からの統制を受けることなく、個々の地方が個別的に自律した「地方の自己統治」の構造が展開していたことについては、既にみたとおりであるが、そのなかでは、裁判所から独立した法判断領域をもつ「行政」機関の存在はほとんどみあたらない。したがって、ここで用いることができる救済方法も、地方ごとに行われる司法的救済と立法的救済に限定されていたのである。

司法的救済は、通常の裁判所（とりわけ、治安判事の主催する様々な裁判所）に対して、民事もしくは刑事の訴訟手続きをとることにより、不衛生な環境をもたらす者、例えば悪臭を放つ工場の代表者や汚水を垂れ流す住居の所有者を、不注意（neglect）またはニューサンスとして訴える手段を意味する。しかし、これは、訴訟手続きの煩雑さに加え、訴訟費用も高額にのぼり、一般人にとってはきわめて利用しがたいものであった。[5]しかも、この救済手段は、もともと事後的かつ個別的に紛争を処理する方法であり、したがって、事前の迅速かつ広範な対応を必要とする都市環境の改善のごとき問題には、あまりに非現実的であった。

一方、立法的救済とは、急速な都市化にともなって都市の執行機関である市長や参事会が対処しきれない問題が生じたとき、特定の地方にのみ適用される地域的個別法律の制定を国会に請求し、改良委員会を設置するという方法である。[6]通常、この委員会に対しては、道路舗装、街路灯の設置、清掃、保安などの権限が付与され、都市の改良事業が遂行されてきた。しかし、元来が一八世紀の比較的安定した社会に現れた規模の小さな問題への対処を予定した手法であり、例えば伝染病の予防にとって最も重要な課題となる都市における下水道の敷設など大きな事業にかかわる権限を与えられることはなかったのである。また、この種の立法には、ニューサンス法理に基づき、不衛生な環境をもたらした者に対する処罰規定が含まれることもあったが、改良委員会を構成する有力な委員が、河川を汚濁し煤煙をまき散らす当の事業主や土地所有者であることもしばしばであり、したがって、十分な効力を発揮することはなかったといわれる。

ともあれ、以上のごとき状況であったから、産業革命の行程をほぼ完了しつつあった一八四〇年代の都市は、その姿を急速に変貌させ、住民をとりまく生活環境は悪化の一途をたどっていくことになる。そうした現実は、旧来の社会が総体としてもつ限界を顕在化させるのに十分な深刻さを含んでいたから、ひとたび認識の射程にはいると、統治構造全体の根本的な転換の必要性を自覚する過程が現れてくるのである。では、いかにして、またいかなる方向へと転換していこうとしたのか、次にこの点をみておこう。

2　一八四八年公衆保健法の成立

[1]　一八四八年公衆保健法の成立

都市に生じた様々な問題の重大性を認識し、それに対しかつてない徹底した対策を講じようとしたのが、一八四八年公衆保健法（Public Health Act 1848）[(7)]（以下、四八年法と略す）である。それまでも幾つかの国会制定法が一般法律として制定されてはいたが、いずれもなんらかの原理に基づき体系的に策定されていたというわけではなく、むしろ、眼前の急迫した状況に対して場当たり的に制定された感が強かった。したがって、この四八年法が当時の社会に与えた衝撃はかなりのものであったと思われる。

ところで、この法律が成立するにあたっては、しばしば語られるように、ベンタム主義左派に属すＥ・チャドウィック（Edwin Chadwick）の思想がきわめて大きな影響を及ぼしている。彼はもともと中央救貧法委員会（Poor Law Commission）に籍をおいていたが、一八三八年、ロンドンに発疹チフスが流行し大量の死者が出ると、翌年には都市労働者の生活環境に関する初の実態調査を命ぜられ、精力的にこの作業を遂行している。その結果は、一八四二年に提出された『グレート・ブリテンにおける労働人口の衛生状態に関する報告書（*Report on the Sanitary Condition of Labouring Population of Great Britain*）』(8)で明らかにされ、四八年法の制定に向けた記念碑的な第一歩を記すのである。ここではこの報告書を素材にしながら、四八年法に直接つながる状況認識とその打開をめざす彼の改革構想を大まかにみておきたい。

報告書ではまず、動植物の腐敗、汚物の堆積、過密した住宅事情など都市労働者をとりまく不衛生の実態が、多くの具体例と統計を駆使しながらつぶさに紹介されている。そこでは、この実態が単にロンドンに限られるものではなく、他の都市や農村にまで急速に拡大しつつあるとし、各所で事態の深刻さを強く訴えている。こうした叙述の方法は、都市労働者の死亡率を年々高めている伝染病の流行が、結局のところ、彼らをとりまく生活環境の悪化に原因があるとする認識に一定の客観性を与えるのに役立ったが、報告書ではさらに進み、社会的・経済的損失の観点から一層の注意を喚起するのである。例えば、「汚物や劣悪な換気による年間の生命の損失は、国家が現代において参加したいかなる戦争の死傷による損失よりも大きい」(9)としたり、劣悪な衛生状態のなかで失われる労働力は、生活環境整備に努力した場合に比べ、八ないし一〇年の損失にも匹敵する負担を社会全体に与えている(10)とするあたりは、十分な関心を抱かない支配層に対しても、それなりの説得力をもつ議論であったと考えられる。その上、報告書では、有害な生活環境は単に生産労働の減退を誘引するだけでなく、社会全体の秩序の動揺までもたらすといった点にまで言及している。現下の状況で育った若年層は、「道徳的な悪影響を受けやすく、教育の効果は、健康な者よりも一過的になり」がちであり、「寿命の短い、無分別かつ向こう見ずで乱暴な成人」がはびこるというのである。[11] 注意すべきは、報告書がとった認識方法が、都市労働者の生活環境の悪化それ自体を直接的に問題とするというよりは、むしろそこから派生する支配層の喪失利益を中心にすえていたという点である。別の言い方をすれば、都市に展開する諸問題は、救貧税などの福祉支出の抑制、労働力の確保、社会秩序の維持といった支配層の経済的な関心事をすべて妨げる要因であるとする捉え方が基調にあったと考えられるのである。

したがって、事態を改善する具体的方法を述べる際にも、労働者自身の貧困の解消あるいは生活水準の向上といった論点には一切触れられてはいない。報告書では、雇用や賃金、それに多様で豊富な食糧といった高度の繁栄が確保されたとしても、労働者たちは頻繁かつ致命的な疾病の攻撃から免れることはできないとまで断言し、[12] 労働者の生活にまでふみこむ必要性を明確に否定している。

また、打開策についても、不衛生な状態を直接引き起こす有害な廃物の撤去とそれを可能にする給排水設備の設置があげられており、労働者の生活は排除の対象にはなっても、それに対する救済の必要性が説かれることはなかったのである。当時の医学知識では、死体や汚物、塵芥、淀んだ河川や沼などの「毒素（miasma）」こそ伝染病の主因であると考えられていたから、報告書の提起する打開策も、単にこれら「毒素」の除去に主眼をおくものであった。それでも、全国の都市に給排水設備を設置し「毒素」を洗い流そうとすれば、膨大な費用と人手が必要となることは必至となる。報告書でもこの点に触れ、「町や住居の腐敗した廃物を即座に除去する際主な障害となるのは、その目的を遂行するために必要な労働力と荷車にかかる費用とその煩雑さにある」[13] としているが、地方税の増額に反対する勢力を予期してか、「公的排水設備、家屋内に引き込まれる給水、改善された清掃手段にかかる費用は、病気や早死に費やされる従来の負担が軽減されることによって、逆に金銭的な利益をもたらすだろう」[14] と、その正当性を強く主張している。

事態そのものの新規さもあり、多くの人々が即座にその深刻さに気づいたわけではなかっただろうが、それでも、このように経済的視点からアプローチする状況の認識方法は、産業革命直後の支配層、とりわけ新たに台頭しつつあった産業資本の利益に適合的であったから、彼らのなかにも現状に対する理解は徐々に定着していくことになる。ところが、チャドウィックの問題提起は、これにとどまるものではなかった。彼は、この認識を土台に統治機構の大規模な改革を展望しているのである。それは、不衛生状態の撤去を一刻も早く効率的に進めるための包括的な改革構想であったが、旧来の統治構造を前提とはしないあまりにラディカルな案であったため、その是非をめぐっては激しい論争を引き起こしていくことになる。

では、その構想はどのような内容をもっていたのだろうか。

報告書では、機構改革を提起するにあたり、まずは既存の統治構造の問題性を強く批判している。その点を確認しておくことにする。

前述したとおり、当時この問題を処理する機関がなかったわけではない。しかし、それらは、中央政府からの統制を極度に嫌う「地方の自己統治」の伝統に固執しており、他からの刺激を受けながら効果的な対応を進んで実行しようとするものでなかったばかりか、腐敗した運営もしばしば横行していた。その点は、第一章で示したとおりである。報告書では、この状況を「無責任」「不公正」「不効率」「時代遅れ」と批判し、徹底した不信感をむき出しにしている。そうした見方は、例えば、「公的事業にかかる費用は、一般に、不公平かつ不公正に査定され、個別的な徴収により抑圧的で非経済的に取り立てられ、未熟で、実際、無責任な官吏による個別的で非効率な運営により浪費されている」(15)とか、「公衆保健の保護やその執行の改善のための統治構造上の機構、例えば、リート裁判所にかかわる既存の法は、時代遅れのものとなっており、それらによって防止されると意図されていた害悪はむしろ拡がっている状況にある」(16)といった一文からも理解できよう。

さらに、こうした批判的視角は、報告書提出後にチャドウィック自身が王立委員会委員長バックルー公（Duke of Buccleuch）に宛てた一八四四年一二月一三日付の覚書きに、より具体的に示されている[17]。「チャドウィックの公衆保健政策についての見解が最も正確に表れている」といわれるだけあって[18]、彼の姿勢をはっきりと読みとることができる。

チャドウィックは、このなかで、自治主義（municipalism）的傾向に基づく地方の諸当局は、公衆保健にかかわる業務を遂行するには適さないとし、反分権的な姿勢を明確にしているのである。その理由は次の四点に整理される[19]。第一に、都市法人は、元来が国王の勅許状により設立され権限の及ぶ範囲が限定されてきたため、都市の排水の出口とされるべき郊外の土地は管轄権外となっていること、第二に、自治主義に基づく地方社会には、衛生改革に敵対的な影響力、小土地財産に対する嫌悪感、党派的確執によって生みだされた嫉妬と嫌疑、パトロネジと汚職などが蔓延していること、第三に、一般的に知識が欠如しているため、土木工学上の問題を理解しえないこと、そして第四に、都市において果たされてきた公衆保健機能は、互いに衝突し非協力的な諸当局、水を供給する私企業、排水設備を設置する都市法人、郊外において同種のサービスを提供する改良委員会、道路清掃と道路敷設を行う信託団体など、複雑に絡み合った複数の団体に配分されており、その間の有機的な関係が確保されていないこと、である。チャドウィックがこうした指摘をするにあたり直接念頭においていたのは腐敗した地方社会であったのだろうが、彼からみれば、一八三五年都市法人法によって改革された都市法人とてさほど異なるものではなかった[20]。なるほど、ここにあげられた論点はいずれも地方社会に伏在する構造的な問題であり、したがって、三五年法の改革方向をも含め個々の地方の自律的な活動に比重をおく統治構造のあり方それ自体が、批判の標的とされていたと考えられる。

こうした視角にたつ以上、当面する問題に対し対症療法的にあたるとしても、まったく新しい機関を設置し、結果として、統治構造全体の根本的な改革を志向するのは、当然の流れであった。報告書では、「第一の最も重要な手段であり、認められた公的法執行（public administration）の範囲にある最も実践的な手段は、排水設備の設置、住居・街路・道路のあらゆる廃物の除去、給水の改善である」[21]とした上で、こうした事業を遂行するにあたっては、次のように専門の公的機関を創設する必要性を説いている。すなわち、「新しい地方の公的事業のすべてが、土木工学の知識と技術をもっていることで資格を付与された責任ある官吏（responsible officers）によって考案され実施される」[22]べきであり、その際には、「私的事業から独立しながら衛生手段を主導し法の執行を要求する特別の資格と責任をもつことを保証されたディストリクトの医務官を任命する」[23]必要があるというのである。

これまでも述べてきたように、かつての伝統的な統治構造の下であれば、裁判所から自律して法を判断し執行する存在は否定され、司法的な紛争処理の範囲には入らない日常的な事業はあくまで私的に対応すべき領域におくべきとされてきた。ところが、ここでは、排水設備の設置等の事業はもはや私的な問題などではなく、あくまで社会全体にかかわる「公的法執行の範囲」にある問題と位置づけなおされ、その実施についても、司法機関とは相対的に区別される土木工学や衛生管理に関する専門知識・技術をもった者に委ねようというのである。彼らは、資格に裏づけられた専門性をもつがゆえに社会に対して責任をもつ「官吏」と認められ、民間部門たる「私的事業」から独立した立場を保持しながら、法を独自に判断し執行する権限が付与されるのである。もとより、こうした構想は、従来の統治のあり方に対する強烈な批判意識から生み出されたものであろうが、逆にそうであったからこそ、伝統的な統治構造から相当に逸脱する道筋、言い換えれば、それまで看取されることのなかった「行政」権とそれを担う「行政」組織を一気に導入するための道筋が引かれようとしていたといえる。

もっとも、個々の地方にこうした「官吏」が新たに設置されたとしても、依然として「自治主義」に固執するならば、その改革が大きな成果をあげるとは思われない。そのため、チャドウィックは、当時の社会では一貫して拒否されてきた中央集権的な統制システムの導入を提唱するのである。この点については、先にあげたバックルー公宛の覚書きにおいてより明確に語られているため、再びそれを参考に彼の構想をまとめておくことにする。[24]

彼はまず、地方を排水および都市改良を実施する特別のディストリクトに区分し、そこに公衆保健の業務全体に責任をもつ地方当局を国王の任命に基づいて設置すべきという。その当局には、むろん土木工学や衛生管理に関する専門官の導入が含意されているが、その積極的活動を確保するため、中央には、こうした地方当局を直接統制する新しい機関の創設が考えられているのである。これは、全国的な視野から政策を立案し、それに基づいて地方に具体的活動を強制しようとするものであるが、チャドウィックは、中央に一名の資格ある法律顧問をおき、その勧告に基づいて枢密院司法委員会（Judicial Committee of the Privy Council）が決定を下すという形を構想していたとされる。そこでの決定事項には、公衆保健事業にかかる負担の合法的配分、事業遂行過程で土地を収用された者の復帰権（reversion）や不在地主の権利の確保、補償額の確定といった事項が含まれており、裁判所とは別に個別の紛争を処理することを想定した統制システムであったことがうかがわれる。こうした単独責任制の機関に強力な権限を委ねる体制が登場すれば、社会全体に大きな驚きと激しい抵抗を呼び起こすことは、当然に予想されたところではある。しかし、彼にすれば、こうした機構改革こそ、目的を達成する上でおそらくは最も迅速かつ効率的で安価な方策と映ったのであろう。

さて、こうした構想を含む報告書が提出されると、国会ではいくつかの法律が制定されている。[25]いずれも根本的な改革とは言い難かったが、最終的に、モーペス卿（Lord Morpeth）が提出した法案に基づき、一八四八年八月、一五二条からなる公衆保健法がついに制定されることになる。この法律によりチャドウィックの思想は一応の結実をみたといえる。後の動きとも大きく関連するため、ごく簡単ではあるが、その内容を整理しておこう。

(1)中央当局について

まず中央には、本法の執行を指揮するために、一名の議長（president）と二名の委員から構成される中央保健局（General Board of Health）が五年という任期を付して設置される。議長職には女王直轄の森林等を管轄する第一委員（First Commissioner of her Majesty's Woods and Forests）があてられ、また二名の委員のうち一名は有給とされている（第四、五条）[26]。中央保健局は、自治邑、教区、その他一定の境界をもつ地域において、救貧税納付者の一〇分の一以上の請願があった場合、または過去七年以上の平均死亡率が一〇〇〇分の二三を越えた場合、インスペクター（superintending inspector）を当該地域に派遣し公開審問（public inquiry）をとおして調査を行うよう指示する（第八条）。その結果、中央保健局が必要と判断すると、前者の場合であれば、国王が枢密院の助言に基づき命令を下し、また後者の場合であれば、中央保健局が暫定命令（provisional order）を発することで、本法が強制的に適用される（第八―一〇条）。

なお、この中央当局は、本法が適用された地域に対し、地方保健委員会（local board of health）を設置する権限（第一二条）をもつ。またそれ以外にも、地方当局における土木技師（surveyor）や保健医務官（medical officer of health）の任命及び解任に対する承認（approval）（第三七、四〇条）、地方当局の制定する条例に対する確認（confirmation）（第一一五条）、長期事業に関して設定する起債等に対する許可（consent）（第一一九条）などの権限が付与され、人事や運営に対する中央統制が制度化されている。

(2)地方当局について

本法適用地域に設置された地方保健委員会は、一八三五年都市法人法の適用を受けている都市の場合は参事会とされるが、それ以外の地域については、一八三四年救貧法改正法と同じく、救貧税納付者による保有財産に応じた複数投票をとおして選出される（第二〇条）[27]。なお、その構成数や被選挙資格は、暫定命令または枢密院令によって決められる（第一四、一六条）。この委員会は、土木技師や保健医務官のほか、ニューサンス・インスペクター（nuisance inspector）、書記官（clerk）、収入役を自らの判断で任命することができる（第三七、四〇条）。

なお、この委員会には、下水道の敷設（第四三―四八条）や各家屋における便所や排水設備の設置規制（第四九―五四条）、屠場（slaughter house）や簡易宿泊所（lodging house）、侵害事業（offensive trade）に対する規制（第六一―六七条）などの厳密な意味における衛生業務以外に、道路の管理（第六八―七三条）、給水事業（第七五―八〇条）、墓地の管理（第八二、八三条）などの自治的な業務も、遂行すべき義務として課されている。その一方で、委員会は自らの裁量でレイトを課すことができ（第八六―九一条）、さらに三五年法の適用を受けない非法人の地方当局も含め[28]ニューサンスなどの規制事項に関し条例を制定する権限が付与された（第一一五、一一六条）。なお、財政については、委員会自身が選任する会計監査人による毎年一回の監査が義務づけられている（一二二条）。

[2]　一八四八年公衆保健法に対する批判

中央集権的な統制システムを導入するにあたっては、四八年法の制定過程においてもかなりの批判があったところであり、したがって、右のとおり、中央当局を、チャドウィックが構想した単独責任制ではなく、三名（後に五名）の委員から構成される中央保健局とすること、またその任期が五年とされたことなど一定の譲歩を行い、なんとか成立させることができたのである。それでも、中央のほぼ独占的な判断に基づいて地方を強力に主導していく体系的なシステムを導入したことに違いはなく、したがって、実施段階になると、あらためてこの法律に対し多くの批判が浴びせられていく。ここでは、統治構造の変容という視点から、さしあたり重要と考えられる二つの立場からの批判をみておくことにしよう。

第一に、伝統的な地方統治を擁護する立場からの批判である。この立場から最も痛烈な批判を投げかけたのが、

J・レートリッヒ（Josef Redlich）とF・W・ヒルスト（Francis W. Hirst）により「統治構造に対するロマン主義（constitutional romanticism）の指導者」[29]と評されたバリスタ、J・T・スミス（Joshua Toulmin Smith）である。彼は、中央集権化は伝統にそぐわないだけでなく、この国にとって有害なものでさえあるとして、次のごとく四八年法の全面否定を試みる。

「その〔中央集権的な〕システム全体がもつ傾向は、個人の思考や努力を衰えさせ、権威というまことしやかな口実にかこつけて個人を欺き、個人の理念の発展を麻痺させ個人が真理を探究するのを阻害する。そして、真理を自力で勝ち取るまで自ら必死で問題とたたかう代わりに、眼前に現れたどんな手引きも素直に受け入れるよう人々を誘導し（また、人々もあまりに容易に誘導されるのだが）、さらに、人々を、もっとも熱心で注意深い考察によって自己を形成する者たちではなく、むしろ簡単に他者の思想に頼る者としていくのである。」[30]

その言葉からは、批判の原点に、政府の介入から「個人」の自由をいかに守るかという名誉革命以来の反権力的発想、あるいはこの時期に顕著な「自由放任（laissez faire）」ないし「自助（self-help）」の発想があったと推察される。しかし、そうした発想も、この局面では、現状を無批判に認め擁護する立場と直接結びつき、住民が古来の権利を保持するならば、本法など採用しなくとも必要なことはすべて独力でなしうるとの主張になって現れるのである。[31]この時期、中央集権体制に対抗するために、「地方の自己統治」という概念がしばしば用いられているが、スミスはこれを次のように説明している。

「地方の自己統治のシステムがもつ本質的性格は、人々を兄弟の愛情によって不断に結びつける不変的な傾向をもつところ、個人に災難が発生して男らしく同情を請い、それに対して男らしく同情をさしのべる必要ができたときには、そうするあらゆる機会を提供するところ、そして、間接的でおそらくは緩やかではあるが必然的である法の圧迫から生まれる苦痛原因やその法を実施することで発生する結果が、社会善（general good）のために受容され、そのことがすぐさま全体に知らされ理解を得たとしても、個々の協同集団（each associated group）が、自らの権能により、そうした法やその実施を、提示された必要性に沿って迅速かつ矛盾なきよう修正し採用するところ、にある。(32)」

「兄弟の愛情」によって結びつけられ「男らしく同情を請い」または「さしのべる」相互援助の関係とは、一八世紀の社会に拡がったパターナリスティックな私的関係のなかで日常的な諸事を個別的に解決する関係を想起させる。また、「個人」の活動を事実上「圧迫」する法を、裁判所などの公的な機関と距離をおく地方の「協同集団」が、その状況に応じて「修正し採用」する体制は、都市法人を私的なものと捉えたブラックストーンの発想とも近似している。スミスは四八年法の中央集権的傾向を直接の批判対象としていたから、チャドウィックとの間に中央の介入か地方の自律性かといった対立軸があったことは確かであるが、それ以外にも、地方社会に生起する諸事を、公的な統治権、チャドウィックの脈絡からすれば、「行政」的な権限の行使によって処理するのか、それとも「個人」の私的な活動によって処理するのかといった対抗が含まれていたことは、あらためて確認しておきたい。

ところで、このような全面否定の立場とはやや位相を異にする立場からの批判もある。そもそも、当面する都市の矛盾も、スミスには、かつての社会に散発的に発生した個人的諸問題と同種のものとしてしか映らず、したがって現状のなかで対処可能と判断していたと理解される。ところが、別の立場からする第二の批判は、現状を深刻に受け止めその克服に向けた改革を必要とみており、その限りでは、チャドウィックとも認識を共有していたと考えられる。そのため、ここでは、スミスと一線を画しながら、同時にチャドウィックをも批判の対象とするのである。そうした立場は、例えば、一八五〇年に中央保健局に入り一八五八年には内務省地方政府法担当局書記官（secretary of Local Government Act Office）になるT・テイラー（Tom Taylor）の議論に示されている。彼は両者を批判して次のように述べるのである。

「もちろん、偽の『地方主義（localism）』があるのと同様に、有害で誤った『中心主義（centralism）』も存在しよう。すなわち、ある者が地方の自由というもっともらしい仮面をかぶりながら、まったく妥協を許さない利己主義（unmitigated selfishness）と金銭的狡猾さ（penny wisdom）の準則を確立しようとするのとまったく同じように、プロクルテスのごとく個々の事情を無視した独自のシステム（Procrustean system of its own）を確立し、地方の自由を弱め、独立した活動の健全な多様性を中央から統制された悪意ある近視眼的な統一性に置き換えようとする者がいるのである。」(33)

テイラーは、一方で、チャドウィックの「有害で誤った『中心主義』」を、地方の自律性を無視した「悪意ある近視眼的な統一性」と批判しながら(34)、他方では、スミスのごとき中央からの介入を徹底的に排除しようとする者に対しても、「まったく妥協を許さない利己主義と金銭的狡猾さ」を擁護するものと批判の目を向けている。行間からも理解できるように、テイラー自身は改革についてけっして消極的なわけではない。事実、彼は同じの文章のなかで、「地方の自由というもっともらしい仮面」をかぶったスミスに対し、次のようにも述べている。

「地方の義務に対する過小評価や軽視という趨勢が、『イングランドにおける諸制度を、その作用と精神において、官僚制と機能主義のシステムによって圧倒しようとするここ数年の試み』の結果であるとするスミス氏に、私は同意することはできない。そのようなシステムが存在していることに関していえば、それによって地方の義務に対する軽視が帰結するのではなく、むしろ地方の義務に対する軽視が原因となって〔そのシステムが現れて〕いると考えざるをえないのである。」[35]

すなわち、チャドウィックが主導する「官僚制と機能主義のシステム」が登場するのは、地方において本来なされるべき活動を「過小評価」ないし「軽視」するいわば利己主義的な傾向が強く、その結果として不活性な状態が拡がっているからにほかならず、したがって、それに対するなんらかの改革が必要であるという観点を暗に提起している。それゆえ、問題はいかなる改革をどのように進めるべきかという点に帰着するのである。

改革のあり方につき、テイラーは、チャドウィックを「地方の自由」や「独立した活動の健全な多様性」を無視しているがゆえに「有害で誤って」いるとしているが、それを裏返していえば、「地方の自由」や「独立した運動の健全な多様性」を確保することが、彼がめざそうとする改革の基本と読むことができる。テイラーは、上の引用とは別の箇所で、「もしわれわれが想像可能な最も望ましい地方の自己統治を達成しようとすれば、そこではおそらく中央からの援助や助言、介入は必要ないだろう」[36]と述べている。この一文をみても、伝統的な「地方の自己統治」は、けっして否定されるべきものではない。むろん、テイラーの意図するところはスミスとは違い、この用語をとおして、「地方の自由」や「多様性」を土台に地方社会が自らの手で改革を積極的に遂行する姿を展望しているのである。

ところが、チャドウィックは、「プロクルテスのごとく個々の事情を無視した独自のシステム」を押しつけることで、こうした改革の道を無理矢理閉ざそうとしている。だからこそ、批判の対象とされるのである。後の法改正において中心的役割を果たすJ・サイモン（John Simon）[37]は、チャドウィックについて、あまりに中央の命令を信頼しすぎたために、若き官僚が陥りやすい独裁的な傲慢さを持ち、それゆえ、国民の同意を待ち切れなかったと評しているが[38]、これなどもテイラーと同種の批判といえよう。要するに、この立場の主張は、現状の地方社会における無力さを打開するための改革は必要であるが、そこでの改革は、専制君主のごとく上から強引に押しつけるのではなく、あくまでこの国の伝統に基礎をおきながら、地方の主体的な活動を活性化することで推進されるべきというものなのである。ちなみに、改革の主体という点に着目すると、改革を肯定する以上、スミスのごとく私的な問題として簡単に処理する路線に与するものとは言い難いが、その一方で、「地方の自己統治」を改革の基本にすえるため、公的な統治権を中軸にする方向も採ることはなかろう。その点は、微妙な問題を含んでいるだけに、行論のなかであらためて検討したい。

ともあれ、このように立場の違いはあっても、全体としてみれば、四八年法に対する風当たりは厳しく、任期であった五年が過ぎると、一八五四年、チャドウィックもついに中央保健局委員の座から降ろされることになる。このとき、『タイムズ』紙では、「もし、われわれの間に政治的に確実なものが存在しているとすれば、それは、この国に独裁的なものは存在することができないということである。チャドウィック氏とサウスウッド・スミス氏は退陣させられ、われわれは脅かされて健康にされるよりも、むしろコレラやその他の病気にかかるチャンスを選ぶことになる。……イングランドは清潔にされることを望むが、けっしてチャドウィックには清潔にしてもらいたくないのである」[39]という論説を掲載している。これをみても、当時の世論はチャドウィックに強い不信感をもっていたことがわかるが、同時に、その論調は、改革そのものを否定してはおらず、テイラーに比較的近いものであったことが推測されるのである。

表　19世紀における都市人口の推移　（単位は1,000人）

	1801	1821	1841	1861	1881
ロンドン（London）	959	1,380	1,949	2,808	3,830
リヴァプール（Liverpool）	82	138	286	444	553
マンチェスター（Manchester）	75	126	235	339	341
バーミンガム（Birmingham）	71	102	183	296	401

出典：B. R. Mitchell, *British Historical Statistics*, Cambridge U. P., 1988, pp. 26–33 をもとに作成。

註

（1）フリードリヒ・エンゲルス著、全集刊行委員会訳『イギリスにおける労働者階級の状態1』大月書店国民文庫、一九七一年、一六七―一六八頁。

（2）いくつかの都市人口の推移をあげれば、上の表のようにまとめられる。

（3）この時期の住宅事情については、J. Burnett, *A Social History of Housing 1815–1985, 2nd ed.*, Methuen, 1986, esp. ch. 3 に詳しい。あわせて、大和田健太郎「チャドウィック時代の住宅問題」（『ジュリスト増刊総合特集30　現代日本の住宅改革』有斐閣、一九八三年三月、所収）も参照。

（4）この時期の都市における貧困な労働者層の生活環境については、次を参照。村岡健次「病気の社会史」（角山栄・川北稔編『路地裏の大英帝国』平凡社、一九八二年、所収）、ミッチェル／リーズ著、村岡赴訳『ロンドン庶民生活史』みすず書房、一九七一年、一七八―一九一頁。ちなみに、当時の都市における死亡率については、後述の『グレート・ブリテンにおける労働者人口の衛生状態に関する報告書』（一八四二年）に詳しい統計がある。それによれば、マンチェスター、リーズ、リヴァプールといった工業都市における労働者、職工、サーヴァントの階級の死亡率が高く、そのなかでも特に二〇歳以下の死亡がきわめて目立っていたといわれる。

（5）この手段による救済は、健康、身体の安全性、便宜性を侵した者をリート裁判所に対し訴えることでも得られた。しかし、ここでの正式起訴状を要する訴訟は、一般庶民にとって時間的にも経済的にも過重な負担となったし、また、たとえ訴訟が開始されたとしても、この裁判所で任命される陪審は公衆保健問題に無関心な小商人であることが多く、裁判の公平さについても疑わしかったという（R. A. Lewis, *Edwin Chadwick and the Public Health*

Movement 1832–1854, Augustus M. Kelly, 1970, p. 55)。しかも、なにより、この裁判所自身中世に起源をもつものであり、この頃には、仮に存在しても古めかしく時代遅れになっていた。

（6）立法的救済については、さしあたり次を参照。S. & B. Webbs, *English Local Government, vol. 4, Sanitary Authorities for Special Purpose*, Frank Cass and Co. Ltd., 1963, ch. iv; W. Holdsworth, *A History of English Law, vol. X*, Methuen & Co. Ltd., 1938, pp. 214–220. なお、歴史的にみれば、衛生問題にかかわる国会制定法の存在は、一四世紀にまでさかのぼる。動物の汚物や廃物を川や堀割に捨てた者に罰金を科す法律（一三八八年）が最初といわれており、一四八九年には都市における家畜の屠殺を禁ずる法律も制定されたといわれる。いずれも一八五六年までは効力をもっていた。また、一六世紀になると、大法官や大蔵卿、王座裁判所首席裁判官（Chief Justice）が裁量に基づき下水に関する嘱任状（Commission of Sewer）を発給することを認める下水法（the Statute of Sewer 1531）が制定されており、この嘱任状により任命された委員（commissioner）には、海岸や堤防の監督、河川や堀割の清掃の権限が付与された。その後、この嘱任状には公衆保健にかかわる権限も盛り込まれたようであるが、実際に運用されることはほとんどなく、したがって、一八世紀、特にジョージⅡ世の頃になると、本文にあるように、地域的個別法律をとおして改良委員会が設置されるようになった（*Second Report of the Royal Sanitary Commission*, 1871（以下、*2nd Report* と略す）, in *Irish University Press of Parliamentary Papers, Health General* 10, 1972, p. 4)。

（7）例えば、一八四〇年及び一八四一年種痘法（Vaccination Act 1840 and 1841）や一八四六年ニューサンス除去及び疾病予防法（Nuisance Removal and Disease Prevention Act 1846）があった。ちなみに、後者の法律について付言しておけば、この法律は一八四八年、四九年と続けて改正されているが、効率的な法の執行のために、一八五五年ニューサンス除去法（Nuisance Removal Act 1855）と一八五五年疾病予防法（Disease Prevention Act 1855）とに分けられて制定されることとなった。前者では、参事会、地方保健委員会、それらのないところでは改良委員会、公道委員会（highway board）、あるいは教区会（vestry）のいずれかが、さらにそのいずれもが存在しないところでは、救貧官（guardian of the poor）がこの目的を遂行するニューサンス当局とされ、本法によってニューサンスと規定されたもの、すなわち健康に有害な家屋、便所、排水設備、動物、堆積物を除去するため、ニューサンス・インスペクターを任命し調査することとされている。また、後者では、伝染病が流行した際、枢密院が命令を発すると、中央保健局はそれに対処するための規制を作成することができる旨規定されていた。ニューサンス当局として指定された地方当局は、この規制を具体化するために、死者の埋葬や医薬品の配布等の業務にあたることとされている。

（8）*Report on the Sanitary Condition of Labouring Population of Great Britain*, 1842（以下、*Report on the Sanitary Condition* と略す）, in *Irish University Press Series of British Parliamentary Papers, Health General* 3, 1971.

（9）*Ibid*., p. 369.

（10）*Ibid*.

（11）*Ibid*., p. 370.

（12）*Ibid*., p. 369. この点からさらに進んで、この時期の公衆保健問題への対処は、貧民救済や教育、住宅供給などと同様、「産業主義、都市化、大衆労働者の脅威」に対して社会秩序の維持を図る「社会警察（social police）」の一環とみる見方もある。ドナグロツキー（A. P. Donajgrodzki）はこの概念を用いながら、「慈善」と「強制」の相互補完的な関係のなかで、ベンタム主義と伝統主義との関連性を捉える視角を提示している（A. P. Donajgrodzki, "'Social Police' and the Bureaucratic Elite: a vision of Order in the Age of Reform," in do., ed., *Social Control in Nineteenth Century Britain*, Croom Helm, 1977）。

（13）*Report on the Sanitary Condition*, p. 370.

（14）*Ibid*., p. 371.

（15）*Ibid*., p. 370.

（16）*Ibid*.

（17）チャドウィックの報告書が提出されると、一八四三年、ピール首相はバックルー公を委員長におく新しい王立委員会を設置し、都市の状況を調査し、流行している疾病の原因を突き止め、既存の法律の範囲内で対処しうる方法を明らかにすることを諮問している。一八四五年には、その報告書（*the Second Report of the Royal Commission on the State of Large Towns and Populous Districts*）が提出されており、国王が都市の衛生改善に対する監督権限をもつべきこと、地方当局はより大きな権限をもつべきこと、下水道敷設、道路舗装、清掃、建物規制、給水については、単一の執行団体が責任を有すべきこと、下水だけでなく給水についても強制的な税をおくべきことなどを勧告している（*2nd Report*, pp. 5–6）。

（18）Lewis, *op. cit.*, p. 94.

（19）*Ibid.*, pp. 94–95.

（20）この点につき、詳しくは、赤木、前掲論文（正）、四五四—四六三頁を参照。

（21）*Report on the Sanitary Condition*, p. 370.

（22）*Ibid.*, p. 371.

（23）*Ibid.*

（24）Lewis, *op. cit.*, pp. 94–97.

（25）ここで制定された法律には、上記註（7）で触れた一八四六年ニューサンス除去及び疾病予防法や後述するいくつかの条項法が含まれる。

（26）中央保健局は一八五二年に改組され、新たに二名の有給の委員を加えることとなった。そして、このとき委員となったのが、チャドウィック、そして彼と同じくベンタム主義者に属す医師S・スミス（Southwood Smith）であった。また、一八五四年以降、この委員会の任期は一年とされ、毎年国会制定法をとおして更新されることとなっている。

（27）第二〇条では、救貧税を課された保有財産の年価値に応じ、投票権を次のように配分している。年価値五〇ポンド未満の者に一票、五〇ポンド以上一〇〇ポンド未満の者に二票、一〇〇ポンド以上一五〇ポンド未満の者に三票、一五〇ポンド以上二〇〇ポンド未満の者に四票、二〇〇ポンド以上二五〇ポンド未満の者に五票、二五〇ポンド以上の者に六票。こうした複数選挙制度を採用した点は、三五年法での対応と対照的とも考えられる。

(28) そもそも条例は、法人がその活動と運営の枠組みを定めるために策定されるものであったことをふまえれば（第二章第一節参照）、ここで三五年法の適用を受けない地域に設立された地方保健委員会に条例制定権が付与されたことは、法人と同等の地位を与えられたことを意味し、この国の地方自治の歴史において一定の意義をもつと考えられる。

(29) J. Redlich and F. W. Hirst, *The History of Local Government in Britain*, Macmillan, 1956, p. 150.

(30) J. T. Smith, *Government by omission Illegal and Pernicious*, 1849, p. 175, cited in E. J. Evans, ed., *Social Policy 1830–1914, Individual, Collectivism and the Origins of Welfare State*, Routledge and Kegan Paul, 1978, p. 116.

(31) Redlich and Hirst, *op.cit.*, pp. 150–151.

(32) J. T. Smith, *Local Self-Government and Centralization*, John Chapman, 1851, p. 358.

(33) T. Taylor, "On Central and Local Action in relation to Town Improvement," 1857, p. 476, cited in Evans, *op. cit.*, p. 117.

(34) テイラーは、「中央当局が、地方の機関による地方的義務の達成を、援助し啓蒙し力説しようとはしないばかりか、逆にその達成を反故にすらしようとすれば、有害で誤った経緯をたどることになろう」と述べて、チャドウィックを批判したという（R. M. Gutchen, "Local Improvement and Centralization in Nineteenth Century England," *Historical Journal*, vol. IV, 1961, p. 85）。

(35) Taylor, *op. cit.*

(36) *Ibid.*

(37) サイモンは、一八四五年から五五年までロンドン市（the City of London）の医務官の職についていたが、一八五五年、中央保健局に医療審議会（Medical Council）がおかれると、彼は医務官（Medical Officer）に任用されている。中央保健局廃止以降は、枢密院の医務官となり、後述する公衆保健関連法の制定に対し積極的にかかわっていく。専門家による調査とそれに基づく地方に対する徹底した指導の必要性を説くその主張は、結果として、中央政府の活動範囲を大きく拡大させることに寄与した（cf. R. Lambert, "Central and Local Relations in Mid-Victorian England; the Local Government Office, 1858–71," *Victorian Studies*, vol. VI, 1962/63, p. 121, n. 3)。その視点はチャドウィックとも重なるが、その一方で、正確な情報を広く知らしめることで地方社会の自律的な対応を促進しようとした点で異なっている（cf. J. Simon, *Public Health Report*, 1887, cited in Evans, *op. cit*., pp. 83–84)。

（38） Redlich and Hirst, *op. cit*., pp. 150–151.

（39） Times, 1 Aug.1854, cited in Gutchen, *op. cit*., p. 85.

第二節　一八五八年以降の改革動向
――「自発性の原則」の成立――

さて、チャドウィックが中央保健局を辞職すると、その四年後には一八五八年地方政府法（Local Government Act 1858）（以下、五八年法と略す）が制定される。この法律により、四八年法の核心ともいうべき中央保健局は廃止され、チャドウィックの描いた中央集権的な構想もいよいよ立ち消えになっていく。公衆保健業務を積極的に促進する母体が解体されることで、地方社会は再びかつての無力な状態へと回帰したのではないかとも考えられるが、実態は果たしてどうであったのだろうか。この点は、近代的地方自治制度の形成という観点からも特に注目されるところである。ここでは、四八年法以降の改革動向を追いながら、具体的に検討していきたい。

1　一八五八年地方政府法の意義

五八年法が制定された意義を理解するために、まずはその背後にあった議論につき、あらためてみておくことにする。四八年法の背後で動きつつあった流れを、今一度確かめておきたいからである。

一八五一年、Quarterly Review は、中央と地方の対立した関係に関し興味深い論説を掲載している。このなかでは、前節で若干の言及を試みた「地方の自己統治」につき、二つの理解があることを指摘している。チャドウィックを否定した社会が、いずれの方向を指向していたのかをより正確に知る上で、有用な整理になると思われる。

「……この問題を適切な論点に限定しようとすれば、われわれは明確に識別しうる前提的区別、すなわち、ある地域の住民の大部分に影響を与える地方の自己統治と、住民に課税し支配しながらもしばしば腐敗し無知な職員にかかわる地方の自己統治との間に、区別があることを主張することから始めねばならない。不正に利得を得る地方保健委員会や無資格である地方保健委員会によって地域のレイトが浪費されているようなところでは、それがどこであれ、中央権力の矯正的介入（the corrective intervention of a Central power）が行われるならば、その介入は、明らかに、当該地域の真の自己統治権（the real self-governing power）を縮小させるのではなく、むしろ、それを基金の支出に対する人民の統制により判断された自己統治権としてますます増大せしめるのである。」(1)

この雑誌は一般に当時のトーリーの見解を反映するとみられているが、(2)そうした保守主義の伝統を受け継ぐこの雑誌が、旧来の「地方の自己統治」の理解を二つに分け、スミスの立場に通ずる「しばしば腐敗し無知な職員」を黙認する捉え方を否定的に捉え、地方社会が抱える諸問題の解決をとおして「ある地域の住民の大部分に影響を与える」捉え方を新たに採ろうとしている。旧来の静態的な統治構造にはすでに限界があるとの認識が、トーリーを含め一般化しつつあったことを示すものといえよう。しかも、さらに重要だと思われるのは、かつてならば徹底して拒否された中央権力の介入についても、一定の可能性を認めている点である。「地域のレイトが浪費されているような」腐敗した地方に対しては、「矯正的」とされる介入が行われることで、「自己統治権」は「人民の統制により判断」されるものとして増大するという。この論説では、上の引用文に続き、「中央権力」についても、そのあり方を二つに分け、「全国的な集団的利益すべてを包括しつつ、特定の教区の内発的な関心については排除する」ものと、「全国の一般的利益に注目しつつも、教区の基盤に立ちつつ、地方の支配者の違法行為によって侵害された地区住民の諸事に介入する」ものがあるとしている。[3] 前者が、チャドウィックが念頭においた「中央権力」だとすれば、後者は、「地方の自己統治」を活性化する方向で作用する新たな「中央権力」のイメージということになる。そしてここでは、後者の立場にたった中央集権化がなされる限り、それは「全国または地方の公共的な要請（public requirements, national or provincial）」に基づいたものであるがゆえに「正統である」とこれを支持するのであり、そこでは中央集権化と「地方の自己統治」とはけっして対抗的関係をとるものではないという。[4]

すでに明らかなように、こうした考えは、地方の活性化を起点にしているという点で、先にあげたテイラーの見解と一致するものであり、四八年法に対する強い不信感を契機にしながら、全体としてこの方向での改革が承認されつつあったことがうかがわれる。そして、このことを前提にすれば、中央保健局を廃止したことで知られる五八年法ではあるが、その法律の意図したことは、けっして四八年法以前の状態への回帰ではなかったと考えられるのである。

では、五八年法は実際にどのような内容をもつものであったのか。以上の議論をふまえ、その点を確認しておきたい。

そもそも五八年法は地方政府法と呼ばれてはいるが、その正式名称を「一八四八年公衆保健法を改正し、都市及び人口稠密ディストリクトの地方政府に対しさらなる規定をおくための法律（An Act to amend the Public Health Act, 1848, and to make further Provision for the Local Government of Towns and populous Districts）」といい、公衆保健領域にみられた中央集権的な体制をあらため、地方に比重を戻すことを基本的な性格としてもっている。起草者たるトーリーの政治家、C・B・アダレイ（Charles Bowyer Adderley）は、この法律の意義を二点に集約して説明している。[5] 第一に、地方の諸当局をロンドンにある中央の委員会にとっての必要性から解き放つことで、公衆保健にかかる全システムについて地方分権化（decentralisation）を図ること、第二に、地方の諸当局に対して十分な自律的執行権限（the amplest powers of self-administration）を与えること、である。ここでは、この二点に沿って本法を概観しておきたい。

まず、第一の地方分権化の意味は、直接的には中央保健局の解体という事態に示されている。しかし、実態からすれば、その事実は、組織そのものというよりはむしろ、この当局がもっていた地方に対する様々な統制権限の廃止（第八条）[6]にこそ重要な意味が含まれていたと考えられる。

なかでも、法律適用にかかる強制権限は、本法ではっきりと消えている。四八年法のもとでは、地方からの請願があったとき、または地域の死亡率が一定の数値をこえたとき、中央保健局は、その判断で強制的に法を適用し、当該地域に地方保健委員会を設置する権限をもつことが規定されていた。五八年法は、四八年法の本質ともいえるこの権限を廃止したことで、ひとまず、地方を中央の拘束から解放したと評価することができる。

ところが、四八年法は、これ以外にも中央保健局に対し監督的あるいは指導的な性格をもつ権限を多数付与しており、五八年法では、それらを廃止するどころか、むしろ拡大ないし強化させながら、中央政府の他の部局に移管しているのである。

五八年法制定とともに、内務省（Home Office）には、地方政府法担当局が新たに設置され、こうした権限の多くは事実上この部局が所掌することになった。[7] 例えば、境界が明確でない地域における本法適用の請願や参事会等の本法適用決議に関する異議申立てが提起された際の審問及び暫定命令（第一六―一八条）、ディストリクト分割またはは隣接ディストリクトの統合に関する認可（sanction）（第二四、二七条）、道路敷設のための土地購入に関する認可（第三六条）、「市場及び定期市に関する条項法（Markets and Fair Clauses Act 1847）」[8] 上の使用料徴収権限を編入する際の承認（第五〇条）、地方債の起債に関する許可（第五七条）、土地収用に関する異議申立てに対する審問及び暫定命令（第七五条）などが付与されている。いずれも、何らかの地方の要請に基づき中央政府として一定の判断を行うことを規定したものであるが、四八年法と比較して、裁量の幅は大きくなっていることがわかる。

さらに、中央保健局の権限の一部は、枢密院にも移っている。チャドウィックが辞職した一八五四年以降、公衆保健法は毎年更新手続きがとられることとなったが（一八五四年公衆保健法）、翌五五年の更新の際、中央保健局に医療審議会（Medical Council）がおかれている。そして、五八年法とほぼ同時に制定された一八五八年公衆保健法（Public Health Act 1858）では、この医療審議会がそのまま枢密院医務局（Medical Department of Privy Council）として移管され、伝染病の発生地域に対して適切な調査を行いそれに基づいて必要な規則を制定する権限が付与されているのである。[9] 緊急時であるとはいえ、地方に対し強力に介入する権限が、中央当局におかれたのは、医学の発達を背景に、専門的な予防的措置の有用性やその必要性が認識されるようになったからである。別の言い方をすれば、いっこうに収束しない伝染病被害は、[10] 依然として高度な知識に基づく迅速な対応をなしえない地方の実態を浮き彫りにし、それが結果として、中央の指導的な役割に対する期待を大きくさせたといえよう。

こうした事実をふまえるならば、五八年法の制定は反中央集権派の勝利を意味したとしても、それがそのまま、中央からの介入に対する全面否定につながったわけでないことはわかる。そして、地方分権化の意味を以上のごとく理解するとすれば、第二に示された地方の自己執行権についてはどうであろうか。

さしあたって注目しておきたいのは、法律適用に関する中央保健局の強制権限が廃止された後の対応である。本法によって法律適用の判断は地方に委ねられるようにはなったが、第一の特徴と同じく、それは、四八年法以前の段階へ逆行したことを意味するものではけっしてなかった。

その手続きを簡単にみておこう。本法の適用については、三五年法の適用を受けた都市においては参事会が、改良委員会が管轄するディストリクトではその委員会（board of improvement commissioners）が、それ以外の一定の境界を有するディストリクトでは一定額以上の財産保有者及び救貧税納付者が、それぞれ行う決議に任される（第一二条）。そして本法の適用が決定されると、四八年法上地方保健委員会に付与された権限に、新たに付された条項法上の権限を加え、それらを行使する地方委員会（local board）[11]が設置されることとなる。ただし、本法適用の決議に対し当該ディストリクトの財産保有者及び救貧税納付者のうち二〇分の一が反対したときは、適用拒否の請願を地方政府法担当局に提出し、中立的な立場からの判断を求めることができた。このとき、地方政府法担当局は、インスペクターを派遣し請願の真偽や拒否の事由につき審問を行わせ、その報告に基づいて適用の可否につき命令を下すことになる（第一七条）。

基本的には、地方の自律的判断を可能とする「地方の自己統治」原則を実現する手続きといえるが、完全に中央政府から切り離されたわけでないことは、右の手続きからもわかる。実際、地方から適用拒否の請願が提出されたときには、中央政府の介入が認められ、しかもその際には、一般に反対者を説得し法律を適用するよう指導したといわれる[12]。さらに注目すべき点は、地方の側でも、中央政府のこうした動きに対し、かつてのような抵抗を示すのではなく、むしろ積極的に受け止めていくようになったことである。五八年法では、法律適用の判断以外にも、例えばかつて中央保健局に認められていた土木技師や保健医務官の任免にかかる承認権も廃止されているが、地方当局に基本的な判断を委ねたことが、地方の公的責任に対する自覚を呼び覚まし、中央当局の意見にも進んで耳を傾けようとする姿勢に結びついたと考えられる。

そして、こうした地方当局の変化は、再定義されつつあった「地方の自己統治」原則の定着度を表しているだけに、十分な注意を要する。ここで、若干の数字をあげて確かめておくことにしよう(13)。

まず地方委員会の設置状況であるが、一八五六年の段階で二三〇の地方保健委員会が存在していたのに対し、一八五八年から一八六八年の間にその数は五六八にまで上がり、一八七〇年八月の段階には六七〇と三倍近くにまで増えている。右の手続きをふまえれば、地方が自らの意思に基づき進んで問題の解決にあたるようになりつつあったことがわかろう。

また、中央当局の許可した地方債の額は、一八四八年から一八五八年の一〇年間に中央保健局が許可した額が約二九六万ポンドであったのに対し、一八五八年から一三年間に地方政府法担当局が許可した額は約七三六万ポンドと二倍強の数字となっているし、年間の額をみても、一八五八年の段階で二六万ポンドであったのに対して、一八七〇―七一年には約一〇〇万ポンドと相当に増加している(14)。いずれも、主として排水設備の設置や給水事業を目的としたものであっただけに、この数字をみても、地方の取り組む公共事業が相当に活発化したことが確認できる。

さらに暫定命令の発給状況についても同様のことがみてとれる。暫定命令は、委任立法上の権限として地方政府法担当局が特定の地方当局に対して下す命令であり、四八年法により導入された比較的新しい制度である。五八年法においては、地方政府法担当局が、この法律に関連する事項に関し地方からの請求に基づいて地方審問を開催し、必要と判断すれば、当該地方に権限を付与する形で一定の行為を命ずるという手続きで進められる。また、この命令は、地方委員会の合意を得た後、暫定命令確認法案として国会に提出され、そこで承認が得られれば法的効力も与えられることになる(第七七条)。これと類似の効果は長らく用いられてきた地域的個別法律によっても得られたが、暫定命令の場合、地方の負担は一件につき七ポンドから一〇ポンドと安価ですむため、このころには、強制土地収用、地域的個別法律の変更、起債権限の拡大、境界の再調整などに広く利用されたという[15]。地方政府法担当局は、一八七一年にこの部局がなくなるまでに、約三五〇の暫定命令を発給し、そのうち三四の法案を国会に提出している。むろん、この数字は当時としてもけっして満足のいく状態を示すものではなかっただろうが、少なくとも、中央の強制から解き放たれた地方が、再び不活性の方向に向かったのではなく、自らの責任を認識して本法を積極的に活用していく姿勢をみせはじめていたことはうかがわれる。

しかも、このとき、地方と中央との関係はかつてのような対立的なものではもはやなく、両者の連携が徐々にとられつつあったことにも留意しておきたい。地方委員会から地方政府法担当局への年間の書簡による問い合わせは、一八五九年で九八三四件であったのが、一八六四年には二八六一四件に上昇したという。これは、積極的に活動しようとする地方が中央の助言を求めていた事実を示していよう。

2　一八六六年衛生法第四九条の意義

ところで、テイラーは、以上のごとき五八年法の特徴を、端的に「自発性の原則（voluntary principle）」の確立と表現したといわれる[16]。その用語は、新たに解釈し直された「地方の自己統治」と同一の意味をもつと考えられるが、ともかくそれが当時の主要な潮流になりつつあったとすれば、その後の動きについても、概ねこの法律と同一の線上にありながら、その方向での改革をさらに進めていったと予想される。あらためてその点を確認しておくことにしたい。

ここでとりあげるのは、一八六六年衛生法（Sanitary Act 1866）（以下、六六年法と略す）である。本法は、四八年法や五八年法と同じく公衆保健領域に属す問題を扱ってはいるものの、その対象を主に汚物処理に限定した法律である。[17] そして、ここに含まれた第四九条は、しばしば伝統的な「地方の自己統治」のあり方を大きく転換させたと評価されるように、地方統治の歴史をみるにあたって注目すべき内容をもっている。

まずは、この条項を簡単に紹介しておこう。[18] ここでは、四八年法により設置された地方保健委員会、一八五五年ニューサンス除去法（Nuisance Removal Act 1855）により設置されたニューサンス当局（nuisance authority）、五八年法により設置された地方委員会、または一八六五年下水利用法（Sewage Utilization Act 1865）により設置された下水当局（sewage authority）が、本来なすべき義務を懈怠した場合を想定し、その際、何人も内務大臣に対して不服申立てができ、内務大臣はそれに基づいてインスペクターを派遣し、その結果、義務懈怠の事実が明らかになったときは、当該当局に対し一定期間内に履行するよう命令を下すことが規定されている。それでもなお履行されない場合は、内務大臣は第三者を任命し、その者に対し代執行を命ずるとともに、当該当局に対しては代執行者に必要な費用と合理的な報酬等を支払う旨命令することができるとされているのである。それでもなお地方当局が従わない場合は、命令そのものが女王座部裁判所に移管され、司法手続きに基づいて執行されることとなる。

伝染病の流行をきっかけに制定された法律であっただけに、中央当局の権限強化の方向がくっきりと浮かび上がってくる。特にこの条項は、「自発性の原則」が展開しようとしているとき、地方当局の活動を任意のものから義務的なものへと転化したわけであるから、「イギリス地方自治史上、晴天の霹靂ともいうべき規定」[19] と評価されても異論を挟む余地はない。かつて「中央集権的」とか「強権的」と批判された四八年法ですら、地方当局の義務の履行を担保する規定をもたなかった事実を想起すれば、当時の人々の間に、こうした表現に見合う相当な驚きと反発があったことも、[20] 容易に理解できるところである。

それにもかかわらず、本条をもって、チャドウィックがかつて構想したごとき中央政府の意思に基づく強力な介入制度が蘇り、改革の方向が中央主導型の体制づくりへと再び転じたと評価するならば、それはいささか性急な見方といわざるをえない。なるほど、本条の規定により、中央当局の地方への介入が相当に強化されたことは確かであるが、この規定が現れた経緯をふまえれば、その事実だけをもって本法を特徴づけるべきではないと考えられるのである。

簡単に振り返っておけば、かつての四八年法は、公衆保健問題を解決する有効な手段をほとんどもたなかった地方に対する強烈な不信感から、中央のほぼ独占的な判断に基づく統制システムを導入し、地方の活動を強制的に活発化しようとした。しかし結果的には、そうした改革方向は拒絶され、地方を起点におく発想が、過去との一定の連続性を保ちながら、改革の基本原則として承認されてきたのである。そして、中央政府がなおも介入する余地があるとすれば、そうした地方を指導し自主的に活動を活性化するよう促すところにあったといえる。再度、テイラーの言葉を引用しておこう。

「政府が行うべく適切に要求されうることは、地方の改良手段を住民の手のとどく範囲で可能なかぎり安価でかつ簡易に提示することでしかない。政府は、公衆を清潔で健康にする場合であっても、強制することなどできないのである。清潔さと健康であることの利点を理解しうる良識と、こうした利点をもっともうまく確保しうる手段が何であるのかを決定しうる知性は、……公衆によって保持されなければならない。イングランドにおける政府はこうした素養を供給するように作用することはできないのである。それら〔公衆自身が保持する素養〕が存在しなければ、地方の義務を強制する責任を仮定することなど無駄なことになる。そのような責任は……政府によって負われないほうがよいのである。地方のあらゆる関心事については、中央当局の時期尚早で欺瞞的な活動よりは、いかに緩慢であっても、地方の意見の真の発展のほうが望ましいのである。」[21]

中央政府の存在意義は、「地方の意見の真の発展」を呼び起こすために「地方の改良手段を住民の手のとどく範囲で可能な限り安価でかつ簡易に提示すること」にこそあるというのが、ここでの趣旨である。そして、六六年法制定の背後にも、同種の考えが伏在していたとすれば、中央政府に対し代執行の権限までも認めている本法とはいえ、もはやそれを単純に中央集権化の潮流にのみ位置づけることはできない。実際、この法律が制定された直後の『タイムズ』紙では、「われわれは選択の代わりに義務を、参事会員の意思や満足の代わりに国の法律をもつことになった」[22]と紹介しながらも、第四九条に触れ、それは衛生に関する法律を全国統一的に適用する手段として導入されたものであり、「中央集権的な統治システムへの前奏曲（a prelude to a centralized system of government）」とみるべきではないと指摘していたという。[23]議論の出発点はあくまで地方の主体的活動に置かれているのであり、本法の核心ともいえる第四九条はといえば、公衆保健事業が地方の手で広く推進されるための触媒的役割を果たすべきと理解されていたことがわかろう。その点では、「自発性の原則」、すなわち新たに解釈された「地方の自己統治」の原則は、本法においても十分に看取されるのであり、全体の流れからすれば、強調されるべきは、五八年法との断絶面というよりはむしろ連続面にこそあるともいえる。本法が制定されると、第四九条は地方に対し着実に適用されているが、[24]地方の側は、ここでもけっして徹底抗戦の構えで臨んだわけではない。現実に一定の躊躇があったにせよ、中央政府の刺激をあえて受容する立場に転じつつあったのであり、それは先の統計に現れた動きとほぼ符合しているると考えられるのである。

さて、公衆保健事業をめぐり激しい論争にさらされた中央と地方の関係は、このような形で一応の収束をみることになるが、本節を閉じるにあたり、地方の活動がもつ性格についても簡単に言及しておきたい。

元来、大陸的な国と地方との間での事務配分という発想をもたなかったこの国では、住民生活にかかわる様々な問題への対応は、これまでも繰り返し述べてきたとおり、いずれも私的なものとして処理されてきた。こうした処理の仕方を正面から否定しようとしたのが、チャドウィックの構想であり、彼は中央政府の意思に従う地方機関の創設という仕方で対応しようとした。大陸的な発想にも近いこの構想は、「行政」権やそれを担う「行政」機関の生成といったイメージとも重なるが、この国の歴史において、それはかつての絶対王政をも想起させるだけに、チャドウィック自身も専制君主になぞらえ批判の的とされたのである。これにかわって登場した改革の動きは、したがって、再び「地方の自己統治」の問題として推移していく。そして、地方当局やその権限はといえば、当該地方社会に対する公的責任に裏打ちされた性格をもち、これまでみられなかった「公共性」を具備するようになった。しかし、その責任は、「自発性の原則」に基礎づけられた自治的責任ないし自己責任という性格を色濃くもつものであるだけに、「公共性」といっても、国（＝中央当局）の統治権から派生する権力的な性格を、はっきりとした形で読みとることは難しい。国の統治権は地方の活動を補完する機能をもつにすぎず、地方当局が実現すべき「公共性」は、結局のところ、「個人」を軸にすえる「共同性」に根ざしながら、その射程を徐々に不特定多数の住民へと拡げ、彼らの生活に現れる矛盾を自律的に克服していくところに、その内実をもつと考えられるのである。この点は、すでに第二章でもみたところではあるが、あらためてこの国の地方自治制度が生成される際の基本的特徴として確認しておきたい。

註

（1）“Sanitary Consolidation—Centralization-Local Self-Government,” in *Quarterly Review*, vol. LXXXVIII, 1851, p. 436.

（2）Evans, *op. cit.*, p. 72.

（3）“Sanitary Consolidation—Centralization-Local Self-Government,” p. 437.

（4）*Ibid.*, pp. 438–439.

（5）*Hanserd's Parliamentary Debates, Third Series*, vol. CXLICX, 1555.

（6）五八年法第八条は次のように規定している。「地方衛生委員会又は改良委員会がその権限を行使するために、法により中央保健局の認可、許可、指示又は承認が求められている場合、その権限は、一八五八年九月一日より、本法に特段の定めがない限り、中央保健局の認可、許可、指示若しくは承認又はそれに代わる認可、許可、指示若しくは承認がなくとも、行使することができる。」

なお、ここでは、"sanction" "consent" "direction" "approval" をそれぞれ「認可」「許可」「指示」「承認」と訳している。もとよりわが国の用語法と正確に一致するものではないが、さしあたり原文のニュアンスをふまえて以上の訳語をあてた。

（7）五八年法には、中央保健局の諸権限を行使する中央当局について「女王の主要な国務大臣のひとり（One of Her Majesty's Principal Secretaries of State）」とだけ規定があり、地方政府法担当局という用語はおかれてはいない。ちなみに、起草者であるアダレイは、当初、中央当局の役割はさほど重要にはならず組織は小さなもので十分と考え、法案通過後、内務省のなかに地方政府法を所掌する部局を設置し、そこにテイラーを含む旧中央保健局の職員の一部をあてたとされている（Lambert, *op. cit.*, p. 126）。

（8）「条項法（clause act）」とは、「モデル法（model act）」ともいわれ、地方当局が個別に採用しうる条項から成る法律で、地方にとっては地域的個別法律よりも容易な手続きで必要な権限を獲得することができた。一八四五年から四七年の間に一一の「条項法」が制定されたが、そこには公衆保健にかかわるものがその多くを占めており、本法においても、本文に触れたもの以外に、「都市警察に関する条項法（Towns Police Clauses Act 1847）」や「都市改良に関する条項法（Town Improvement Clauses Act 1847）」の編入が定められている（第四四、四五条）。

（9）G. Neuman, "The Health of the People," in H. J. Laski, W. L. Jennings and W. A. Robson, eds., *A Century of Municipal Progress*, Allen and Unwin, 1935, pp. 155–158.

（単位はポンド）

年	起債許可額	年	起債許可額	年	起債許可額	年	起債許可額
1858	269,905	1859	280,259	1860	356,192	1861	314,568
1862	236,892	1863	496,603	1864	538,446	1865	870,355
1866	668,488	1867	588,394	1868	648,286	1869	736,225
1870	1,212,890						

出典：Lambert, *op. cit.*, p. 131, n. 55.

（10）真性コレラ（asiatic cholera）だけをとりあげても、一四万人もの死者を出したことで有名な一八三一年だけでなく、一八四九年、一八五四年においても大量の感染者・死者を記録しており、そのため一八五四年頃になると、予防措置の必要性がいよいよ叫ばれるようになったといわれる。cf. *2nd Report*, p. 8.

（11）本法の下での地方当局は地方委員会とよばれるが、その委員会は四八年法における地方保健委員会の権限や義務をすべて有するものとされている（第六条）。

（12）Lambert, *op. cit.*, p. 132.

（13）ここでの統計は、地方政府法担当局の年次報告書を紹介・分析した Gutchen, *op. cit.*, p. 89; Lambert, *op. cit.*, pp. 129–132を主として参照した。

（14）起債は、地方委員会の申請に基づき、地方政府法担当局のインスペクターが当該起債事業を調査し、適正かつ効率的で合理的なものと判断されると、内務大臣により許可される手続きとなっていた。地方政府法担当局は、一八五八年から一三年間に、地方委員会の半数以上から提出された一六〇〇以上の計画を確認したといわれる（Lambert, *op. cit.*, p. 131）。なお、この間に起債許可を受けた金額の年次推移は上の表のとおり。

（15）*Ibid.*, p. 132.

（16）*Ibid.*, p. 123.

（17）六六年法は四部から構成されている。最後の第四部がアイルランドへの適用に関する規定であるため、主な内容は三つの部分から成っていると考えていい。第一部は下水利用法を、第二部はニューサンス除去法をそれぞれ修正するもので、第三部では地方当局に対し簡易宿泊所等の規制権限を付与している。

（18）六六年法第四九条は次のように規定している。「下水当局又は地方保健委員会が、所管するディストリクトにおける十分な下水道の敷設若しくは既設下水道の保守を懈怠し又は既設上水供給が不十分若しくは有害であることで住民の健康に危険が発生しかつ適正な上水供給が合理的な費用で可能となる場合に所管するディストリクトにおける上水供給を懈怠したことにつき、ニューサンス当局がニューサンス除去法における諸規定の実施を懈怠したことにつき、又は地方委員会が地方政府法における諸規定の実施を懈怠したことにつき、主要国務大臣のひとりに対し不服が申し立てられたときは、当該国務大臣は、相当な審問により当局が申立てのあった懈怠を犯したと判断するとき、期間を定めて当該不服事項に関する地方当局の義務が履行されるべき旨命令するものとする。命令に記載された期間内に同義務が履行されないときは、当該国務大臣は、同義務を履行するために別の者を任用することができ、履行にかかる経費に、履行状況を監督し手続きにかかる費用を命令に特記された額以内に収めるために任用された者への合理的な報酬を加え、懈怠のあった当局が支払うよう命令をもって指示するものとする。当該費用及び経費の支払いに関する命令は、女王座部裁判所（Court of Queen's Bench）へ移送し、同裁判所の命令と同等の様式において執行することができる。」

（19）武居、前掲論文「公衆衛生問題を通じた一九世紀イギリスの行政革命」八（二四二）頁。

（20）Gutchen, *op. cit.*, p. 91.

（21）T. Taylor, *The Local Government Act 1858 and the Public Health Act 1858*, pp. xiv–xv, cited in Lambert, *op. cit.*, p. 128.

（22）*Times*, 11 Aug. 1866, cited in Gutchen, *op. cit.*, p. 91.

（23）Gutchen, *op. cit.*, p. 92.

（24）第四九条の実施状況は、一八六七年が一三ヵ所、一八六八年が二二ヵ所、一八六九年が二二ヵ所、一八七〇年が八ヵ所、一八七一年が二五ヵ所となっている（*Ibid.*, p. 92）。

第三節　王立衛生委員会と一八七五年公衆保健法
――「自発性の原則」の制度的定着――

これまでみてきたように、一九世紀も後半に入ると、新たに解釈しなおされた「地方の自己統治」、すなわち「自発性の原則」に基づく改革路線がほぼ定着するようになった。しかし、現実に目を移せば、この段階にいたってもなお、従前の不活発で非能率な実情が払拭され合理的な自治的活動が展開したとは未だ言い難く、不衛生な生活環境は依然として放置されていた。なにより、これまでの場当たり的な対応が制度の混乱を生み、「自発性」に基づく積極的活動を実質的に阻害していたのである。そのため、一八七〇年代にはいると、この状況を解消し、新たな「地方の自己統治」または「自発性の原則」に沿った近代的地方自治制度の体系が形づくられていくのである。ここでは、その過程を追うことで、今日につながる制度の行方を見定めておくことにしたい。

1　王立衛生委員会

一八六八年一一月、自由党党首として首相の座に就こうとしていたW・E・グラッドストーン（William Ewart Gladstone）は、混乱の極みにあるといわれた公衆保健にかかわる制度を全面的に改革するため、まずは王立衛生委員会（Royal Sanitary Commission）を設置する。この委員会は、五八年法の立案者であったアダレイをその委員長にすえ、委員には医師や土木技師を加え、精力的に活動を展開する。そして翌一八六九年に第一次報告を、さらに一八七一年には、当時の実態を包括的に分析し様々な勧告を付す長大な『王立衛生委員会第二次報告（*Second Report of the Royal Sanitary Commission, 1871*）』を提出している。ここでは後者の報告書をふまえながら、改革の基本方向を探っていくことにする。

ところで、この委員会は、首都を除くイングランド及びウェールズにおける公衆保健関連法の内容と執行状況、そしてそれを担当する当局の構成と管轄権という限られた課題を検討するものであった。[1] しかし、委員会自身が「われわれに付託された課題は、それよりもはるかに大きな課題、すなわち国全体の地方統治にかかる包括的システム〔の構築〕という課題の一部にすぎない」[2]と述べるとおり、その射程はけっして公衆保健問題という限られた範囲にとどまるものではなかった。そこでの提言は、いよいよ確立しようとしていた新たな近代的地方自治制度をひとつの形として指し示しており、ここでもその点をふまえて、報告書の内容を概観していきたい。

まずは、直接の検討対象とされた制度の実情を確認しておくことにする。報告書によれば、問題とされる状況は次のごとく整理されている。

第一に、公衆保健にかかわる法律の混乱した状態である。委員会に調査が付託された段階において効力を有した一般法律をあげておけば、公衆保健法（一八四八年）、地方政府法（一八五八、六一、六三年）、ニューサンス除去法（一八五五、六〇、六三、六六年）、疾病予防法（一八五五、六〇年）、下水利用法（一八六五、六七年）、衛生法（一八六六、六八年）等であった。むろん、これら以外に各地に改良委員会を設置する地域的個別法も数多く存在していたし、さらに個々の地方に目を移せば、ときにこれらの国会制定法と対立する内容をもつ条例も相当数あったといわれる。[3] このように錯綜した状況につき、報告書は次のように指摘している。「これら数多くの制定法やそれらを枠づける様式は、衛生関連法の状態を著しく複雑にしている。この複雑さは、今日の衛生関連立法がもつ進歩的で経験的な性格から生まれたものであり、その性格のおかげで、再編の試みが行われることも配列への関心が抱かれることもなく、既存の法律の不断の拡大、拡張が導かれてきたのである。致命的なその帰結は、しばしば、法について何も知り得なくし、仮に研究されたとしても、その理解は困難であると気づかされることにある」[4]。

第二に、こうした法律の混乱によってもたらされたパッチワークのごとき機構とそれによるきわめて非効率な活動である。当面する問題に応じその都度個別的に対処しようと策定されてきたこれらの諸法律では、全体の体系や相互の関連性がほとんど考慮されてはおらず、そのため、設置された地方当局についていえば、組織、構成、権限のいずれについても実に複雑な様相を呈することになった。地方政府法は地方委員会を、ニューサンス除去法はニューサンス当局を、下水利用法は下水当局を設置していたし、疾病予防法についていえば、救貧官または貧民監督官を地方当局としていた。しかも、これらの当局は、名称こそ異なるが、実際には同一組織、同一人物から構成されることが多く、例えば、ニューサンス当局の場合は、地方委員会か、それがなければ救貧委員会（board of guardians）が、また下水当局の場合は、参事会、改良委員会、地方委員会、教区会が、それぞれ権限を割り当てられていたのである。そのため、しばしば、それぞれの当局において遂行されるべき責任に対する自覚が希薄化しがちとなり、その結果、不活発な状態が発生し、さらには責任の所在をめぐって訴訟すら提起されたといわれる(5)。また、たとえ与えられた任務を遂行するにしても、相互に権限が重複していたり、必要な連携に対する認識が欠如していたりと、実際の活動を阻害する要因は数多く存在していた(6)。そして、そのことが原因となり、住民の間には重大な誤解を生み出し、地方当局の活動に対して不信感を増幅させたことは、十分に予想のつくところである。

第三に、同じく法律の混乱による管轄区域の錯綜があげられる(7)。この時期の地方には、小治安判事裁判所区（petty sessional district）、救貧連合（poor law union）、公道区（highway district）、教区、カウンティなど、歴史的起源においても期待される機能においても異なる様々な区域が設定されていたが、これに加え、上述した法律によっても異なる目的をもつ区域が設定されていた。相互の関連性がわかりにくく、また個々の区域が重なり合うことも多々あり、レイトの徴収やインスペクション、計画策定などさまざまな任務の遂行に大きな障害となっていたのである。

また、こうした混乱状況とは別に、五八年法に明確に看取される「自発的適用（voluntary adoption）」もまた、全体からみると大きな問題であった。(8) すでに説明したとおり、四八年法の否定により法律の適用は基本的に地方の任意の意思に委ねられることとなった。その原則を維持することは、なるほど地方の「自発性」を引き出す重要な要因ではあったが、他方で、適用を決定した地方とそうでない地方とが混在する状況を生み出したのであり、特に下水道の敷設のように隣接ディストリクトとの協力が必要とされる場合には、十分な効果が得られないといった事態をもたらしていたのである。

以上のごとき無秩序な状態は、時代の過渡期に必然的に現れる制度の大きな乱れともいえるが、すでに公衆保健事業の推進に向けて動き出したなかでは、それらを解消するための早急な対策を講じる必要性が強く認識されていくことになる。(9) この報告書では、本格的な制度改革に向けた様々な具体的提言を行っているが、さしあたり、その基本方向に関係する部分を確かめておくことにしたい。

報告書では、まず地方統治にかかわる原則を総括して次のように述べている。

「地方の自己統治原則（the principle of local self-government）は、一般に、われわれの国民的活力（our national vigour）の真髄にかかるものとみなされてきた。地方の法執行（local administration）は、中央の監督のもとにおかれながら、わが統治の際だった特徴なのである。

その理論は、地方当局がなし得ることはすべて、地方当局がなすべきであるということ、そして公的支出は、主にそれを負担した者によって統制されるべきであるということ、である。

国民全体にかかわることは、それが何であれ、国民的に処理されなければならないが、その一方で、あるディストリクトにのみかかわることは、それが何であれ、そのディストリクトによって処理されなければならないのである。

しかし、地方の法執行は欠陥をもっている。教区という単位または区域の小ささは、公職者の資質を極小化するものである。

イングランドの人々が、発展しつつある歴史のあらゆる段階をとおして、常に自らに言い聞かせてきた自己統治の精神は、その諸制度において多くの矛盾を拡大させ、まとまりがなく相互に対立さえする多くの法律となって現れてきた。不完全な地方の法執行は、自然な成り行きであったのである。それにもかかわらず、地方の法執行は維持させるべきである。しかし、それは同時に、単純化され、強化され、そして、始動（set in motion）させられなければならないのである。(10)」

要約すれば、次のようになる。地方がなしうることは、財政的負担も含めて自ら行うという姿勢、それに裏打ちされた伝統的な「地方の自己統治原則」は、この段階になると、「多くの矛盾」や「まとまりがなく相互に対立さえする」状況を作り出し、もはや有用性を失っている、しかしそれでも、その基本原則は「維持させるべき」であり、その上に改革が進められるべきだ、というのである。報告書が示すこの視点は、あらためて説明するまでもなく、前節でみた改革の基本方向と同一のものといえる。したがって、問題は、現下の制度をいかにして「単純化」し「強化」し「始動」していくかという点に帰着するのである。ここでは、地方、中央の当局のあり方に絞って、より具体的な方向をみておくことにする。

まず、地方当局についてである。上述したとおり、様々な権限と当局が錯綜するなかで、報告書は、当然のごとく、地方当局の一元化を強く主張している。その際、まずもって課題とされるのは、様々に存在する当局のうち、いかなる基準に基づきいずれを選択するかである。

報告書は、都市部について、端的に次のように述べる。「法人化された都市の参事会、四八年法及び五八年法のもとで創設された地方委員会は、当初より代表団体として現れ、既存の諸制定法により規定された数多くの義務を確かに果たしてきた。したがって、これらは、われわれが勧告しようとしている新しい統合法においても当該ディストリクトで活動していくべきである」[11]。ところが、都市によっては、こうした参事会や地方委員会のほかに、地域的個別法に基づいて改良委員会がおかれているところもある。その場合、どちらが地方当局として適切か。報告書では、改良委員会が選挙によって選ばれる団体ではないことを理由に、参事会や地方委員会が地方当局となり、地域個別法によって改良委員会に付与された権限は、暫定命令をとおして移譲されるべきとしている[12]。さらに、農村部についていえば、三五年法、四八年法、五八年法のいずれも適用されていないディストリクトでは、治安判事、公道委員会、教区会、救貧委員会のうちから地方当局が選択されることになるが、救貧官が、選挙によって選ばれた者であること、各地に存在すること、それ自身が何人かの執行官吏を備えており、管轄区域となる救貧連合の疾病状況についての情報を得やすいこと、さらに、中央当局との連絡が継続的に行われていることをあげ、救貧委員会が地方当局としての妥当性を備えているとしている[13]。

地方当局を確定するときに共通してとられた基準が、代表団体としての性格であったことは、三五年法の制定過程において、当該地方の諸事を管轄してきた参事会が、「都市を代表」する「自治政府」として組み替えられていくときの論理と似ている。前章冒頭で触れた二つの改革方向は、この段階にいたり、徐々にではあるが、いよいよ融合しつつあったといえよう。実際、選挙に関し、報告書では、地方委員会にせよ救貧委員会にせよ、できるだけ参事会にあわせ、委員となる者の任期は三年とし、毎年三分の一が改選されるべきとし、その理由として、定期的に新しい構成員が入ることで活性化が図られることをあげている点は興味深い[14]。もっとも、選挙権については、担うべき任務が土地や家屋に深くかかわるだけに、その所有権者の意向を反映させる必要があること、そして、これまでの改革が最貧層の抵抗にあって頓挫しているところが多いことなどを理由に、従来どおりの複数選挙を支持している。[15] その点で、この時期には未だ三五年法の精神と一定の乖離があったことを付言しておく。

さて、次に中央当局についてもみておこう。地方当局の改革が、いわば「単純化」に主眼をおくものであったとすれば、中央当局については、そうした地方当局の活動をいかに「強化」し「指導」させるかに重きをおくものであったと考えられる。報告書は、中央当局のなすべき役割に関し、次のように述べている。

「中央当局は、提案されている地方統治にかかわる新しい主務官庁として、すべての衛生当局の監督という任務をその部局のひとつで負い、医事及びインスペクションにかかわる十分な能力を持つ官吏を備えることになるが、それにもかかわらず、地方政府の実際の職務を取り上げるようなことがあってはならない。われわれは、中央の権力に指導（*direction*）のみを委ねることにしよう。中央保健局を座礁させた岩を避けなければならないのである。なぜなら、自己統治が完全にイングランドの人々の慣習となり資質となっているため、もし、中央当局が地方の執行すべき義務を行使するようなことがあれば、国民（the country）は憤慨するからである。[16]」

四八年法のごとき中央集権体制は、国民の無用な「憤慨」を招くため、厳に慎まれるべきであるが、それでも改革は進めなければならない。そのため、中央当局には「指導」という役割が期待されるべきだというのである。では、この「指導」とはどのようなものであるか。報告書は、その具体的活動内容を、次のように整理している。

「新しい部局は、あらゆる地方当局とその官吏が、法的に課され責任を負うべき職務を積極的に遂行し続けるようにしなくてはならないし、何らかの懈怠があれば、それを認識し救済しなくてはならなくなるだろう。また、すでに列挙してきた当面の義務、すなわち、医療上その他の調査を指導し、求められれば助言や計画を提示し、地方当局の主な法手続きのいくつかに認可を与え、国会での確認を前提とした暫定命令を発し、苦情や不服申立を受理し、緊急時の医療統制を命じ、医療に関する報告書を徴収するといった義務を、できる限り果たさなければならなくなるだろう[17]。」

ここに現れる中央と地方の関係は、地方当局を直接中央当局のもとにおき、両者の間に上意下達の関係を作り上げ、「中央当局が地方の執行すべき義務を行使する」ものではない。それは、地方当局が「法的に課され責任を負うべき職務を積極的に遂行し続ける」ようにするため、中央当局は様々な形でそれを「指導」する関係であり、地方当局の自律した主体性が前提とされている点にひとつの特徴があるといえる。もとより、前述の六六年法第四九条のごとき地方の「懈怠」に対する「救済」も、この脈絡のなかで理解されている[18]。ただ、混乱した状況下では、こうした「指導」力も十分に発揮しえない[19]。したがって、中央当局自体もまた改革する必要があると、報告書は説くのである。

「諸事にかかわる法執行がいかに地方のものであれ、あらゆるところでの地方の執行を活発なものとし、高度の熟練または情報が必要とされるときはそれを援助し、さらに中央の監督にかかわる膨大な職務を実施に移すためには、ひとつの中央当局が常に必要となってこよう[20]。」

「したがって、新しい制定法では、ひとつの中央当局を設置し、そこに相当な力を付与するべきである。法執行を中央集権化するためにではなく、逆に地方の生活を活発なものとするために、ひとりの認められた十分な権限をもつ大臣、すなわち真の推進力（a real motive power）と、国全体の地方統治のためにすべての衛生当局が指示と助言を付託するひとつの当局が存在しなければならない。[21]」

地方の活動を「活発なもの」とし、地方が必要とする「熟練」や「情報」を適宜提供し、さらにその地方を「監督」するためには、「ひとりの認められた十分な権限をもつ大臣」と地方に対する「指示と助言」を付託された「ひとつの当局」が必要であるというのである。それだけを取り上げれば、かつてチャドウィックが示した提言にも通ずるといえるが、これまでの経緯をふまえれば、ここに現れた構想は、四八年法の単純な再来などではけっしてなく、むしろ、四八年法を伝統的な立場から否定しさらにそれを止揚した帰結であったと考えられる。その意味で、この国の統治構造は、たしかに、これまでとは異なる新たな段階へと突入しようとしていたといえよう。

最後に、こうした地方統治の基本枠組みのなかで活動する官吏についての記述についても簡単に触れておくことにする。長年私的領域において個別に処理された公衆保健のごとき問題が、依然として自己統治の範囲におかれたとはいえ、社会全体にかかわる公共の問題と認識された以上、そこで実際の対応にあたる地方当局の官吏には、これまでにない一定の資質が要求されるはずである。報告書においても、中央だけでなく地方の官吏の資質向上を仔細に説いているが[22]、ここでは、地方統治の近代化という側面をふまえ、次の一文を参照しておきたい。

「われわれは、次のような深い確信をもっていることを表明せずして、報告書のこの部分を閉じるわけにはいかない。すなわち、地域社会の健康のごとき重要性と複雑性をあわせもつ問題に関する法の成文は、理論上いかに完璧なものであっても、国全体において、高度な教養と知性をもつ人たちが法の運用に自ら進んで携わることを自らの義務と感じないかぎり、その目的が達成されることを期待できない、ということである。

イングランドの国民が正当にも誇りに思っている自己統治の体系は、統治団体が適正の比率で開明的で見識の高い者を含まない限りは、いかなる問題に対しても首尾よく適用されることはないであろう。そして、このことが一般命題として真理とされるならば、公衆保健にかかわるような問題については、特に真理とされるべきなのである。[(23)]」

引用文は、委員会としての意見（observations）を総括するにあたって記されたものである。ここでは、公衆保健にかかわる職務を遂行するにあたり、「統治団体」、すなわち地方当局に、「高度な教養と知性」や「開明的で見識の高い」者を導入する必要性を強調している。その提言には、専門的な知識や技術をもつ官吏を積極的に登用することで、旧来の地方制度に深く刻印されたアマチュアリズムを払拭しようとする意図を読みとることができる。ちなみに、ここで具体的に想定されている官吏とはニューサンス・インスペクターや保健医務官であり、右の一文も、直接的には、彼らに対し、管轄地域の実情を詳細に把握する技術とともに、衛生科学に関する高度な知識をもつことを求めているといえる。

かつてチャドウィックも、公衆保健にかかる職務を徹底的に遂行するために、専門的な官吏の導入を強く主張していたが、ここでの議論は、まさにそれに符合した見解とも考えられる。しかしその一方で、ここでは、専門的な知識や技術をもつ者が「法の運用に自ら進んで携わることを自らの義務として感じ」ることを要望しているのであり、メリット・システムを前提とする近代的公務員制度のごときあり方を予定しているとは言い難いのである。結局のところ、こうした提言も、それぞれの地方は、伝統的な「自己統治の精神」を最大限に発揮しながら、強固な地方当局を「自発」的に形成すべきという文脈のなかで理解されるものであり、したがって、地方当局が、一定の公権力性を具備した「行政」機関になりつつあったというには、いささかの躊躇がともなうのである。

さて、以上に概観してきた『王立衛生委員会第二次報告書』が一八七一年に提出されると、議論の場を国会に移し、報告書の勧告内容にしたがって、いよいよ立法作業が開始される。そこで次に、制定された法律の内容を確認しながら、近代的地方自治制度の原型ともいうべき制度の全体を大まかにみていくことにしたい。

2　近代的地方自治制度の原型

このとき制定された法律は全部で三つある。同時期に策定されたためか、相互に若干の重複がみられるため、以下では、公衆保健当局の組織的再編と新たに設置された当局に付与される権限とにあらためて項目を分け、それらの内容を整理しておくことにする。

［1］　公衆保健当局の再編成

立法化にあたり最初に着手されたのは、中央及び地方の当局の組織的再編であった。報告書が提出された年には、いち早く一八七一年地方政府庁法（Local Government Board Act 1871）が制定され、まずは中央当局の再編統合が行われている。この法律は、それまで内務省地方政府法担当局、枢密院医務局、救貧法庁（Poor Law Board）、商務院（Board of Trade）に個別的に付されていた諸権限をまとめ、それらを一括して管轄する地方政府庁（Local Government Board）を新たに設置している。

その構成は、国王に任命される長官と、職権上の構成員である枢密院議長、すべての国務大臣、王璽尚書（Privy Seal）、大蔵大臣（Chancellor of the Exchequer）とされ、さらに、大蔵大臣の許可を得て、書記官、副書記官、インスペクター等を任命することができた（第二、三、四条）。[24]こうして王立衛生委員会が提唱した「統一的な監督と単一の責任（an united superintendence and single responsibility）」の体制は実現されることとなった。地方政府庁は、公衆保健だけではなく、救貧に関する権限も所管することとなっただけに、この組織の設置により、産業革命後の社会生活に現れた様々な矛盾を包括的に克服するための基本的な制度枠組みがひとまず形づくられたといえる。ちなみに、地方政府庁は、一九一一年に保健省（Ministry of Health）に改組されるまで、地方当局の諸活動を監督する役割を担っていく。

中央当局の整備が完了すると、地方当局の改革がそれに続いて進められる。初代地方政府庁長官に就いたJ・スタンズフェルド（James Standsfeld）は、一八七二年、新たに公衆保健法案を提出する。これは同年のうちに可決され、これまで様々な法律により別々に設置されてきた地方当局は、一挙に一元化されることになる。

この一八七二年公衆保健法（Public Health Act 1872）（以下、七二年法と略す）についてまず注目されるのは、死亡率が一定の数値をこえること、または地方からの請願があること、といった四八年法や五八年法にみられた法律適用の条件が、ここではすべて排除され、全国に対し無条件で強制適用されるようになった点である(25)。人口が稠密な都市部だけでなく、人口が比較的少なく旧態依然とした対応に終始してきた農村部に対しても、本法を一律に適用するという方式がとられたのである。これにより、王立衛生委員会が問題視していた地方ごとの差異は、少なくとも制度上解消されることになった。これまで一度も採用されたことのない徹底した方式を可能にしたのは、その対象が早期の解決を必要とする緊急の課題であったからと考えられるが、同時にそれに対し反論らしき議論もほとんど提起されなかったからでもある。かつてチャドウィックが示した状況認識は、三〇年近く経たこの頃、国会の場でほぼ受容されたといえよう。また、理由はともあれ、本法が全国一律に強制適用されたことで、近代的地方自治制度の枠組みが現実に定着していく動きに大きな弾みがついたことも、見逃せない事実である。

それでは、地方当局再編の中身をみておくことにしよう。

ここではまず、公衆保健事業を実施する単位として、全国を都市部衛生ディスクリクト（urban sanitary district）と農村部衛生ディスクリクト（rural sanitary district）とに区分している。前者では、三五年法の適用を受けた都市、四八年法または五八年法の適用を受けた地方委員会ディスクリクト（local board district）、いずれの法律の適用も受けなかったが人口が三千名以上で確定した境界線を有する改良法ディスクリクト（improvement act district）が、また後者では、救貧連合が、それぞれの単位とされる（第四、五条）。ちなみに、後に制定される一八八八年地方政府法（Local Government Act 1888）及び一八九四年地方政府法（Local Government Act 1894）は、全国五八のカウンティの下位区分として、都市部ディストリクト（urban district）及び農村部ディストリクト（rural district）をおいているが、今述べた地域区分がその原型となっている。

また、これらのディストリクトには、参事会、地方委員会、改良委員会が都市部衛生当局（urban sanitary authority）として、救貧官が農村部衛生当局（rural sanitary authority）として設置され、公衆保健に関する権限を行使することになる。これらがそれぞれの地方当局として認定された基準が、選挙により選ばれる代表団体であったこと、さらにそのことが、一八三五年都市法人法との距離を埋めるものであったことについては、すでに述べたところである。ここでは、その点に関連する若干の事実を付け加えておこう。第一に、三四年法では職権上の救貧官と認められていた治安判事は、本法では、選挙によって選ばれないことを理由に、明示的に排除されている（第五条第三項）。かつての「地方の自己統治」の中心として君臨してきた治安判事を、その舞台から引きずり降ろそうとする姿勢は、三五年法の基本理念と合致している。第二に、参事会以外の都市部衛生当局もまた法人格を取得することができるようになり、その名において訴訟当事者になれるだけでなく、公衆保健という目的に即して土地を保有することができるようになった。この点でも、三五年法との融合は進みつつあったといえる。ちなみに、後者は、七二年法ではなく、その法律の一部をそのまま組み込んだ一八七五年公衆保健法（Public Health Act 1875）（以下、七五年法と略す）第七条に盛り込まれている。

他方、地方の衛生当局についての選挙については、先に紹介したとおり、基本的に四八年法以来の制度を踏襲している。この点も、七五年法に詳しい規定が設けられているので、そちらを参照しておこう。まず被選挙権については、当該ディストリクト内またはそこから七マイル以内に居住する者のうち一定額以上の物的または人的財産の保有者または救貧税納付者に付与されることになっている。より具体的には、人口二万人未満のディストリクトの場合は、年価値五〇〇ポンド以上の財産保有者または年一五ポンド以上の救貧税納付者、人口二万人以上の場合は、年価値一〇〇〇ポンド以上の財産所有者または年間三〇ポンド以上の救貧税納付者とされている（七五年法附則二第三条）。また、選挙権を有する者については、救貧税の課税対象となる財産を当該ディストリクト内において実際に占有する者またはその財産に対し譲渡担保その他の担保権を有する者であり、当該ディストリクトに選挙直近の一年間、居住し本法に規定されたレイトを納付している者となっている（第一〇、一一条）。複数選挙制度をとっているが（第一二条）、その内容は四八年法に倣っている。[26] なお、これらの規定は、三五年法の規定をうける参事会に対し適用されることはない（第七一条）。

さらに、地方当局のもとにおかれる官吏についても、七二年法に規定があるが、より詳しくは七五年法に定めがある。それによれば、都市部、農村部のいずれの衛生当局も、保健医務官、土木技師、ニューサンス・インスペクター、書記官、収入役、その他本法遂行上必要と考えられる官吏を適切な条件で任用することが義務づけられている（第一八九、一九〇条）。なお、保健医務官だけは法的に資格ある医師が充てられ、その際、地方政府庁は、保健医務官となるべき任用資格や遂行すべき義務を命令することができる（第一九一条）。ここからは、公衆保健に関する専門性を確保しようとする意図を読みとることができるが、その一方で、書記官や収入役など地方統治にかかわる一般職の任用も義務として課されていたこと、さらに、これら一般職を含むすべての官吏は地方当局と何らかの契約を結び私的利潤をあげることを禁止されていたこと（第一九三条）をふまえれば、衛生当局とはいえ、地域住民に対する責任を公正に果たす地方政府としての性格を多分に持ち始めていたと理解されるのである。

ともあれ、これまで懸案となっていた衛生当局の組織的混乱状況はなんとか収拾され、このように中央、地方の双方において公衆保健に対し責任を有する組織が一元的に確定されることとなった。ただ、これらの当局が、時代のニーズに即しながら、実際に効率的で有効な活動を行いうる体制を整えるためには、それぞれの組織に付与されるべき権限についても整理される必要がある。そのため、一八七五年には、体系的に整備された制度を包括的に規定した公衆保健法が制定されることになるのである。

［2］ 衛生当局の権限

① 地方統治の基本枠組み

そこで最後に、七五年法により確立した公衆保健を目的にする地方統治体制を概観しておく。本法は全部で一一章三四三条から構成される大法典であり、その規定の多くが地方の衛生当局に配分される諸権限に充てられている。以下では、そうした権限を、中央当局のものも含め整理、紹介していくが、その前にまず、これらを根本的に規定している地方統治の基本枠組みにつき手短に検討しておきたい。前節末でも触れた論点ではあるが、ここでは、あらためて公式の文書に基づきやや具体的に議論しておきたい。

王立衛生委員会は、地方統治全体が対象とする主題につき、次のごとく示唆に富む説明を行っている。

「一般に、地方統治の主題は、二つの主要な類型、すなわち、警察（police）という課題と、公共の必要物の供給（the supply of public requisites）という課題とに分けることができる。そして、後者の類型は、一般的なコミュニティにとって日常的に必要なもの（ordinary requirements）〔の提供〕と、他者の支援に頼る者への公的な提供とに下位区分される。

一　警察

二　供給（公衆保健の）日常的供給――本調査の課題である

（救済の）慈善的（eleemosynary）供給

必要物の供給を日常的なものと慈善的なものとに下位区分するのは、すべての課題を警察と供給とに二元区分するのと同じ原則に基づいている。公的な提供が貧困者に対して行われたとき、真の困窮を救うための供給と、その供給を着服しようとする手に負えない怠惰な者に対抗するための供給とを区別することが必要になった。〔必要物の〕積極的使用（use）と消極的使用（abuse）、維持（maintenance）と防御（protection）との間にある区別、そしてそれに類似する日常的必要物の供給と赤貧（destitution）の救済との間にある区別は、明確で本質的なものである。(27)」

簡単に要約しておけば、地方統治の主題は、当該社会の住民を犯罪等から守る「警察」と、その住民に対する「必要物の提供」とから構成され、さらに後者には、「一般コミュニティ」を「維持」するための「日常的供給」と、そのコミュニティを「手に負えない怠惰な者」から守る「慈善的供給」とが含まれているというのである。「警察」にせよ「慈善的供給」にせよ、それを「防御」と捉え、その一方で、「日常的供給」を「維持」とみる視角からは、当該社会の内側からその社会を主体的に作り出そうとする「地方の自己統治」の発想をはっきりとみてとることができる。そして、この発想を前提にしているがゆえに、地方統治のあり方には、次の二つの特徴が浮かび上がってくると考えられるのである。

第一に、地方当局の活動は、当該社会全体に共通する利益、すなわち地域の「公共性」の実現を目的にしているという点である。四八年法の挫折とともに復活した「地方の自己統治」の理念は、同義の「自発性の原則」という用語が示すとおり、当該社会に対する自治的責任を強く自覚するところに特色があり、それは右のごとく「一般コミュニティ」の基盤強化を志向する活動内容となって現れている。やや視点をかえれば、そこに含まれる実質的な意味は、第二章で確認した「住民の公共の便益や自治邑の改善」を目的とした参事会の活動と重なることにも気づこう。なるほど、この目的が初めて提起された一八三五年当時には、具体的内実をそれほど備えていたわけではなかったが、その後の過程で都市生活全般にかかわる深刻な問題が顕在化していくにつれ、そこに含意される活動内容も徐々に豊富化し、この段階になると、「警察」「日常的供給」「慈善的供給」と三つの領域をもつにいたったと考えられるのである。

そして、本章が対象とする公衆保健は、「一般コミュニティ」の「維持」を目的としているだけに、三領域のなかでも特に、当該社会の住民生活に直接かかわる活動内容を想定していると理解される。それは、例えばわが国と比較すれば、際だった特質をもつことがわかる。よく知られるとおり、近代日本においても公衆衛生が開始されているが、それは、防疫という国家目的を実現する中央集権的警察行政の領域に位置づくものであった。それに対し、ここでの公衆保健は、当該社会における「公共の必要物」の「日常的供給」をめざすものであり、そこでは単に特定行為の規制だけではなく、役務や公物の提供を包摂する広範な活動が含まれるのである。その活動は、性格において警察行政と根本的に異なるだけではなく、その中身においても、警察行政にはとうてい収まりきれない多彩な内容が想定されているといえよう。それだけに、「公共の必要物」が変化すれば、「一般コミュニティ」を「維持」するこの活動も、それに応じて柔軟に変化していくことが可能になるし、後の時代になれば、実際に「福祉国家」体制を支える重要な制度として大きな役割を果たしていくのである。

以上のような地方統治のあり方は、地方当局の特異な活動形態にも目を向けさせる。地方当局は、まさに自治的責任に裏づけられているがゆえに、その権限を行使する際には、裁量に基づく独自の法判断領域を相当に確保していく。それが、「地方の自己統治」から派生する地方統治にみられる第二の特徴である。

ここで、第一章にみた一八世紀の統治構造を思い起こせば、裁判所以外の組織が、裁判所とは異なる法判断領域をもち、その判断に即して自律的な活動を遂行しうるようになることは、統治構造に現れた地殻変動の一断面とすら受け止められる革新的な変化であった。さらに、「行政法の不存在」や「行政裁判所の不存在」を伝統的な「法の支配」原理の特質として描いた彼のダイシーが、二〇世紀初等には「イングランドにおける行政法の発展」(28)と題する論文を書かざるを得なくなる状況をふまえれば、この地殻変動が、この国に長くなじみのなかった「行政法」の登場を誘引するものであったとも理解できる。したがって、その限りにおいては、地方当局の権限をひとまず「行政」権と呼ぶこともできるのかもしれない。しかし、すでに繰り返し指摘してきたように、それはあくまで自治的責任を起点におくものであったから、そこに公権力の契機をみいだすことはさほど簡単ではない。そのため、制度として定着しようとしている地方当局の権限を「行政」権と称するにしても、その含意は、自分たちの社会を自分たちが積極的に創出していくために、これまで認められなかった固有の法判断権を具備するようになった点にこそ求められるべきなのである。

そしてそうであったがゆえに、こうした権限に対する統制のあり方もまた、一定の特色を帯びることになる。地方当局の裁量は、裁判所と中央当局の二つの方向から統制されると考えられる。裁判所の統制については第二章でも言及したところであり、権限踰越の法理や信託違反をとおして、地方当局の活動を国会制定法が設定した範囲に限定するものを指す。なるほど、こうした裁判所の統制をとおして、地方当局の活動はある程度制約されるようになったことは確かなのであるが、その際においても、合理的な範囲で制定法上の権限に対し付随的な領域の存在が認められ、独自の判断を行う余地が実質的に容認されていくのである(29)。他方、中央当局による統制についても、すでに王立衛生委員会の報告書にみたとおり、地方当局の活動が消極的である場合にのみ、その介入が行われるのであり、逆に地方が活発に活動している場合には、それを抑制する形で裁量を統制することはほとんどなかったのである。後者については、後に、中央当局の権限をとおしてあらためて確かめることにするが、こうした一連の統制の本質が総体として地方当局の活動を促進するところにあったことは、ここで確認しておいてよかろう。

七五年法が前提とした地方統治の基本枠組みを、さしあたり以上のように理解した上で、次に、中央、地方の各当局に付与された公衆保健にかかわる権限がどのようなものであったのか、具体的に確かめていくことにしよう。

②地方当局の権限

まず、地方当局に配分された権限である。本法はこれまでの関連法律を統合しただけあって、そこに含まれた権限の数は多く、また内容も多岐にわたっている。王立衛生委員会の報告書は、具体的な活動分野を、「飲用及び洗濯用の安全で十分な水の供給」「水の汚染の予防」「下水道の敷設と汚物の利用」「街路、公道及び新しい建造物の規制」「住居の健全化」「ニューサンスや廃物の除去と煙の吸収」「食物のインスペクション」「疾病原因の抑制と伝染病発生の際の規制」「生存者にとって無害な死者埋葬の実施」「市場等の規制と町の公的照明」「死と病気の登録」の一一分野に設定している。(30) そこからも地方当局に課せられるべき職務の多様さがわかろう。

先にも付したとおり、これら多様な分野に拡がる地方当局の権限は、その大半が裁量に基づいて行使されることを予定している。しかし七五年法には、そこに該当しない権限、すなわち、裁判所（治安判事）の手続きに基づかなければ実施することのできないものも含まれている。これは、行為執行後において権限外であったか否かを審査する裁判所に服すべき多くの権限とは異なり、権限内の行為であっても、常に裁判所の事前的判断に拘束されるという点に特徴がある。かつての統治構造のもとであれば、決定から実施にいたるまで治安判事の管轄におかれていたが、時代が下るにつれ、手続きの簡素化を図るという観点から、その実施を地方当局に委ねるようになった領域と考えられる。やや形式的な言い方をすれば、地方当局が従来の権力観念に基づく公的な法執行機関として現れるのは、むしろこの過程においてということになろう。以下では、地方当局の権限に対する統制の違いを考慮し、裁判所の事前的判断に拘束されるものと、相当な裁量が認められるが中央当局である地方政府庁や裁判所の事後的統制に服すもの、という二つの類型に分けて、整理しておくことにする。

(a) 裁判所の事前的判断に拘束される権限

ここに含まれる権限には、例えば、地下住居の閉鎖（第七五条）やニューサンスの除去（第九一―一一一条）、有害な食物を販売する建物への立ち入り検査（第一一九条）などが含まれる。いずれの規定も、地下住居の貸与や占有、有害食物の販売など特定の私的な行為を「違法（not lawful）」または「犯罪（offence）」とした上で、それらの行為が発見されるとき、地方当局に閉鎖、除去、立ち入り検査等の行為をなす権限を与えている。ただし、地方当局が権限を行使する際には、略式管轄権（summary jurisdiction）をもつ裁判所、すなわち二名以上の治安判事から構成される小治安判事裁判所による決定をまたなくてはならない（第二五一条）。ニューサンスの場合を例にとり、簡単にその手続きを紹介しておくことにしよう。

ここで対象となるニューサンスとは、当時すでにコモン・ロー上確立されていた公的ニューサンス（public nuisance）といわれるものであるが[31]、本法ではそれに該当する行為をあらためて定義し直した上で[32]、それを除去するための手続きを規定している。まず、地方当局は、実際に侵害を受けた者、当該ディストリクトに住む二名の戸主、地方当局の官吏、貧民救済吏（relieving officer）、またはディストリクトの治安官からの告発に基づきニューサンスの存在を確認すると、ニューサンスを生ぜしめた者に対して除去すべき旨の通告を送付する。それでもその通告に従わなかったり、地方当局が再発の虞ありと判断したときは、地方当局は裁判所に告訴する。略式管轄権に基づき告訴の妥当性が認められると、裁判所は被告人に対し罰金を科し必要な工事を施すよう命令を発給するが、それでもなお従わない場合は、地方当局は、当該土地家屋に立ち入り、ニューサンスを除去し、そのために要した費用を略式手続きによって回収する権限を与えられるのである。

この項目に含まれる権限は、一般に住民の財産を規制する警察的機能をもつが、ニューサンスの手続きが示すとおり、地方当局に独自の法判断領域は認められていない。それは、一八世紀から連続した法構造に依然として基礎づけられているともいえるが、それでも、手続きのすべてを治安判事が掌握した頃と違い、実施については地方当局が責任をもつにいたった意義は大きかったと考えられる。右の手続きをみても、住民の側からニューサンスを告発しようとする場合、煩雑かつ高価なかつての裁判手続きと比べれば相当に簡便になったし、さらに、実際に侵害を受けた者以外にも告発の権利が認められたことは、ニューサンス除去という目的からみてかなりの効果をもつことになった。

なお、この項目に位置づけるのは不適切であるが、裁判所と直接関係をもつ権限として、以上のものとは別に、地方当局が訴訟当事者として裁判過程に現れる権限も付与されている。例えば、地方当局は、河川等に汚水を垂流すことで水質汚濁を招いたガス製造業者に対し、その名において訴追する当事者となることができた（第六九条）。また、獣皮取引や石鹸製造、獣脂蝋燭製造等の侵害事業は、その事業が都市部衛生当局の許可なく行われれば、それ自体として犯罪行為とされ罰金も科されたが、仮に許可を受けても、保健医務官または二名の資格ある医師により健康に有害であると認定されると、地方当局は当該事業者を治安判事に告発しなくてはならなかったのである（第一一四条）。こうした権限の行使は、法人格を付与されたことで可能になったともいえ、それだけに、ここに登場する地方当局は、伝統的な「法の支配」原則の枠内で、私人と同一の立場に立つと考えられる。

(b) 地方政府庁や裁判所の事後的統制に服す権限

次に、地方政府庁や裁判所の事後的統制の下におかれる権限をみていこう。先に指摘した地方当局の「行政」権といわれるものは、ここに含まれる。そこで規定されている内容は多岐に及ぶが、以下では、権限の性格に応じて、

「住民の人身や財産を規制する権限」と、「住民全体に役務や公物を提供する権限」とに分けて整理しておくことにする。

まず前者には、例えば、土木技師やニューサンス・インスペクターにより便所や排水設備が設置されていない家屋が明らかとなれば、当該家屋の所有者または占有者に対しそれを設置するよう命令し、なおもそれに従わない場合には代執行を行う権限（第二三、三六条）や、保健医務官により家屋におかれたゴミ置き場が健康に有害な状態にあることが判明すると、同様の手続きにしたがって浄化・清浄を強制する権限（第四六条）が含まれる。また、保健医務官または資格ある医師の証明に基づき浄化及び消毒することで感染病が予防できると判断したとき、地方当局が、当該家屋の所有者または占有者に対し適切な対応をとるよう命じ、それでも履行されない場合には、代執行を行う権限（第一二〇条）もまた、この範疇に入る。ちなみに、感染病の予防措置については、地方当局が、当事者の貧困等が理由で履行不能と判断するときは、代執行の費用を負担することができる。いずれの権限も、地方当局自身の判断に基づき、積極的に規制的行為が行われることが予定されているのである。

他方、地方当局には、いくつかの具体的事項に関し、住民に一定の行為を強制しまたは住民の行為を規制するための条例制定権限も用意されている。例えば、家屋の所有者に対し、隣接する舗道の浄化や家庭廃棄物の除去、家屋内の便所や汚水溜の浄化を義務づける条例（第四四条）、簡易宿泊所の管理者に対し、宿泊者数の固定化や宿泊の際の男女分離、宿泊所の浄化及び換気の促進、感染病発生の際の通知と事前的予防、一般的な秩序維持を求める条例（第八〇条）、都市部衛生当局が許可する侵害事業につき、それが引き起こす健康被害を抑制するための条例（第一一三条）、あるいは新たに敷設する道路や下水道、新たに建設する建物の壁、基礎、屋根等の設置基準を設定する条例（第一五七条）などが、それにあたる。これらの条例では、地方当局の裁量に基づき、「犯罪」的行為を行った者に対し、略式管轄権をもつ裁判所において処理される罰金刑（五ポンド未満）を科すこともできるが（第一八三条）、条例に含まれた規定が効力をもつためには、地方政府庁の確認が必要となる（第一八四条）。
もうひとつの類型である「住民全体に役務や公物を提供する権限」についてもみておこう。ここに該当するものとしては、まず下水道を敷設及び保守する権限がある。地方当局は、株式会社が営利目的で敷設した下水道や地域的個別法律に基づき土地改良等の目的で敷設された下水道、国王に任命された下水委員（commissioner of sewers）のもとにおかれた下水道を除き、当該ディストリクト内の下水道すべてを管轄下におき、適正に維持する義務をもつとされている（第一三―一二条）。また、上水道についても、地方当局は、直営の給水事業を立ち上げるか、他から給水事業権を賃貸または購入するか、それとも給水事業者と契約を結ぶなどして、当該ディストリクトに衛生的な水を提供する義務をもつ（第五一―六七条）。このなかには、無料で住民に供せられる公共の貯水池や井戸、公衆浴場、消火栓等を維持する権限も含まれている。そのほか、地方当局は、家庭廃棄物の除去や便所の浄化を行うこともできたし（第四二条）、病院や死体安置所を設置及び維持することもできた（第一三一、一四一条）。さらに、七五年法では、こうした「衛生に関する規定」とは相対的に区別される「地方統治に関する規定」のもとに、街路や市場、公共の建物の照明を行うためのガス供給事業を、直営または関係事業者との契約により実施したり（第一六一条）、公衆の散歩や娯楽に供するための公園地を確保したり（第一六四条）、定期市や屠場を設置したりと（第一六六、一六九条）、様々な役務や公物を提供する権限が盛り込まれている。

以上が地方当局に付与された主な権限である。もとより、そのすべてを紹介できたわけではないが、それでも地方当局が、住民生活の改善を目的にしながら、多岐にわたる活動を展開しようとしていたことは理解できよう。そして、本法には、こうした様々な活動と深く結びつく財政権限についても、いくつかの規定がおかれている。簡単にだけ触れておくことにする。

財政制度は、都市部衛生ディストリクトと農村部衛生ディストリクトで異なっている。まず、前者では、本法執行にかかるすべての支出が、ディストリクト基金（district fund）によって賄われることとされ、それに不足がある場合に限り、一般ディストリクト・レイト（general district rate）を課すことができる（第二〇七条）。一般ディストリクト・レイトは、団体印を付した書面により設定することができるが、その使途は、将来的な支出及びレイト設定に先立つ六ヵ月以内に発生した支出に限定されている（第二一〇条）。また、都市部当局は、このレイト以外に、特定の家屋占有者（占有者がいない場合は所有者）に対して課す私的改良レイト（private improvement rate）（第二一三条）や公道補修を目的とした公道レイト（highway rate）（第二一六条）を徴収することもできる。なお、一般ディストリクト・レイトや私的改良レイトの設定にあたっては、個々の目的に応じた必要額、課税対象の評価額、レイトの総額をあらかじめ示し、利害関係をもつ住民のインスペクションを受ける手続きが定められている（第二一八、二一九条）。一方、農村部衛生ディストリクトでは、支出が一般支出（general expense）と特別支出（special expense）に分けられている。前者には、当局の幹部や官吏の手当、消毒や感染者の移動にかかる費用、その他特別支出にあたらない支出が含まれ、当該ディストリクト内にある教区の救貧税から繰り入れられる共同基金（common fund）が充てられる。また後者には、下水道の敷設及び保守、浄化や水の供給等にかかる費用が含まれ、これに対しては、当該事業が実施される分担地域（contributory place）（基本的には教区単位）に対し個別的に課される特別料金（separate charge）が充填される（第二二九条）。

なお、いずれの地方当局も、中央当局の許可に基づき、本法を執行する上で必要となる支出を賄うために借入権限（borrowing power）が付与されている。二〇世紀にはいると、例えば住宅建設等にかかわって急速にその重要性を増す部分であるが、本法での規定は、そうした制度に先鞭をつけたと理解される。なお、対象は、耐用年数を延長させる改良等の恒常的事業（permanent work）（例えば、上下水道・ガス供給にかかる事業）に限定され、ディストリクト内の課税対象となる不動産の評価額一年分を超えない範囲で設定されるものとされている。また、返済期間は六年を超えることはできない（第二三三条）。借入は、譲渡抵当（mortgage）による資金調達のほか、本法と同時期の制定法[33]に根拠をもつ公共事業貸付委員会（Public Works Loan Board）からのものがあるが、本法にはそれぞれについて詳しい規定が盛り込まれている（第二三五—二四四条）。

③地方政府庁の権限

さて次に、中央当局たる地方政府庁の権限についても整理しておくことにする。

地方政府庁の基本的役割は、全国の地方当局が与えられた権限を適正に行使し逸脱した行為を行わないよう「統一的な監督と単一の責任」（王立衛生委員会）をもつことにある。そして、本法には、そうした視角から、いくつかの統制手段が規定されている。

ここでは、地方政府庁の対象となる「ⓑ地方政府庁や裁判所の事後的統制に服すべき権限」に対する直接的な統制に焦点をあて、その内容を概観しておくことにする。上述のとおり、ここに含まれる地方当局の権限は、その性格に基づいて、「住民の人身や財産を規制する権限」と「住民全体に役務や公物を提供する権限」に分けることができる。そして、地方政府庁による統制も概ねこの類型に沿って二つの手段が用意されている。

まず、前者についてである。

元来、個人の「人身や財産を規制する」行為は、「法の支配」原理のもとで専ら裁判所に属す権能と理解され、したがって、様々な政策的配慮から国会制定法をとおして地方当局に規制的権限が付与されるにしても、無制約な裁量を委ねるべきでないとされてきた。本法において、こうした規制的権限は、上記「ⓐ裁判所の事前的判断に拘束される権限」と「ⓑ地方政府庁や裁判所の事後的統制に服すべき権限」の双方に含まれるが、一定の法判断領域が認められる後者に対しては、裁判所だけでなく地方政府庁による統制も行われることになっている。本来は裁判所の統制対象なのだろうが、多様な権限行使を裁判所だけで包摂することは困難であり、時間や費用の節約という観点からも、地方政府庁の統制が加えられたと考えられる。

では、地方当局の規制的権限に対する地方政府庁の統制手段は、どのようなものか。それを規定する第二六八条の一部を紹介しておこう。

「地方当局が自ら負担した費用を回収し又は私的改善費と宣言する権限を付与されている場合、その決定により侵害されたと考える者は、当該決定通告後二一日以内に不服理由を付した請願書を地方政府庁に対し提出することができる。そのとき、地方当局に対しても請願書の写しを送達するものとする。地方政府庁は、自ら公正（equitable）と判断するところにしたがい、その案件に対する命令を下すことができ、その命令はすべての当事者に拘束的で最終的な（binding and conclusive）ものとする。」

本条で対象とされる地方当局の「費用を回収し又は私的改善費と宣言する権限」は、例えば不衛生な家屋に対して修繕・解体等の代執行を行った場合の費用の徴収（第二三条等）をさす。地方政府庁は、この権限により権利が侵害された者からの上訴（appeal）を受け、「自ら公正と判断するところにしたがい」命令を下すことができ、さらにその命令も「拘束的で最終的」とされているわけであるから、まさに裁判所に近似した統制権限を与えられたことになる。特に、その判断基準となる「公正」という観念はエクイティ上の正義を想起させるだけに、このときの地方政府庁を単純に上級の「行政」官庁とみることは正しくない。しかし、逆にそうであったがゆえに、地方政府庁が政策的視点から地方当局を統制することは難しく、福祉国家建設が開始される二〇世紀に入ると、この領域での統制は徐々に存在意義を失っていくのである。(34)

他方、「住民全体に役務や公物を提供する権限」に対する統制もみておこう。先に示した「地方統治の基本枠組み」からすれば、住民に対する「必要物の供給」に属す地方の権限は、「警察」という課題を念頭におく規制的権限以上に大きな意味をもっている。したがって、その権限を統制する地方政府庁についても同じことがいえ、すでに触れたとおり、地方当局の懈怠に対し介入する権限については、王立衛生委員会も、六六年法第四九条を引き合いに出しながら[35]、地方当局を「指導」する機能として大きな期待を寄せていたところである。

この統制については第二九九条が定めている。やはり一部を紹介しておくことにする。

「地方当局が、所管ディストリクトにおける十分な下水道の敷設若しくは既設下水道の保守を懈怠し又は既設上水供給が不十分若しくは有害であることで住民の健康に危険が発生しかつ適正な上水供給が合理的な費用で可能となる場合に所管ディストリクトにおける上水供給を懈怠したことにつき、又は地方当局が本法において義務とされた諸規定の実施を懈怠したことにつき、地方政府庁に対し不服が申し立てられたときは、地方政府庁は、相当な審問により当局が申立てのあった懈怠を犯したと判断するとき、期間を定めて当該不服事項に関する地方当局の義務が履行されるべき旨命令するものとする。命令に記載された期間内に同義務が履行されないときは、職務執行令状（writ of mandamus）により当該命令を遵守させることができ、又は地方政府庁は同義務を履行するために別の者を任用することができる。このとき、地方政府庁は、履行にかかる経費に、履行状況を監督し手続きにかかる費用を命令に特記された額以内に収めるために任用された者への合理的な報酬を加え、懈怠のあった当局が支払うよう命令をもって指示するものとする。当該費用及び経費の支払いに関する命令は、女王座部裁判所へ移送し、同裁判所の命令と同等の様式において執行することができる。」

六六年法第四九条と比較すれば、[36] 本条の規定がそれをほぼそのままの形で踏襲していることがわかる。しかし、本条には、こうした代執行以外に、地方当局に義務を履行させる手段として、職執行令状が新たに付け加えられている。上級の裁判所が下級の裁判所による違法行為を統制するために中世以来用いられてきた大権令状（prerogative writ）が、一九世紀になると、新しい「行政」機関を統制する手段として利用されるようになることは、よく知られた事実である。そして、その令状のひとつである職務執行令状が本条に登場した経緯も、同じ脈絡に位置すると捉えられるのである。

六六年法から引き継いだ代執行の手続きは、それまで中央の介入強化という側面ばかりが強調されてきたが、反面で、それを実施するためには、公開の地方審問を開かなくてはならないこと、そこで懈怠の事実が明らかになっても、懈怠を治癒する時間的余裕を地方当局に与えなければならないことといった制約が課せられている点にも留意すべきである。確かに、代執行の手続きが存在するだけで、地方当局に対しては一定の威嚇効果が働いたとも思われるが、それでも、その義務をより確実に履行させるためには、けっして十分でない。[37] ここに、地方政府庁の請求に基づき裁判所が発給する職務執行令状の意義があったといえる。職務執行令状は、法的に義務づけられた職務を適正に執行させる目的をもっていたから、国会制定法が地方当局に対し様々な権限を付与していくこの時期には、有効な統制手段となっていくのである。

以上が、地方政府庁が地方当局の権限行使に直接介入する主な手段である。中央当局の統制といいながら、地方当局との間で上意下達の関係を作り上げ、地方に対し中央の意思を強制しようとするものでないことは、ここからも読み取れる。その機能は、あくまで地方当局の活動範囲を設定するにとどまり、そのなかであれば、地方当局が独自の意思により自由な活動を行うことが可能となるのである。地方政府庁は、そうした積極性を尊重しながら、全体として地方の活性化を促進する存在であったといえよう。

註

（1）*2nd Report*, p. 15.

（2）*Ibid.*, p. 16.

（3）*Ibid.*, p. 21.

（4）*Ibid.*

（5）*Ibid.*

（6）具体的に、ニューサンスの除去が地方統治とは無関係であるとされたり、伝染病の予防と抑制とはまったく別個のものと理解されたりしたことなどは、まさにその一例といえる。*Ibid.*

（7）*Ibid.*

（8）*Ibid.*

（9）報告書では、ここにあげた様々な混乱状況を前に、検討すべき課題を次のようにまとめている。「したがって、われわれは、衛生に関する不完全な法執行の原因のなかでも、当局の多様性と混乱、中央当局における十分な推進力の欠如、多様な地方統治にかかる領域の非対応性、制定法の数の多さと複雑さ、課題の不必要な分離、いくつかの一般法律の自発的採用の放任、いくつかの法律における任意的性格（permissive character）、法の不完全性について、検討を進めなければならない。」（*Ibid.*, p. 22）

（10）*Ibid.*, p. 16.

（11）*Ibid.*, p. 22.

（12）改良委員会が四八年法や五八年法の適用を受けてきたディストリクトについては、次のように述べている。「資格付与や職権上の構成員に関する一定の留保にしたがいつつも、法律〔四八年法や五八年法〕を採用した事例では、その組織が終身任期で選出される場合、その構成員が通常の地方委員会の選挙を規制する規則にしたがって選出されるよう大きく様変わりしてきた。新しい制定法では、そのような事例すべてに適用される類似の規定を策定すべきである。こうした条件を付すことで、当該委員会は新しい制定法のもとでの当局とされるべきである」（*Ibid.*）。すなわち、仮に地域的個別法で設置された改良委員会が地方当局となるにしても、通常の選挙手続きに基づいて選出されるべきだというのである。

（13）*Ibid.*, p. 24.

（14）*Ibid.*, p. 29.

（15）*Ibid.*, p. 30.

（16）*Ibid.*, pp. 35–36.

（17）*Ibid.*, p. 36.

（18）報告書のなかでは、六六年法第四九条に触れ、次のように述べ、それが単なる介入ではなく、むしろ地方の活動を促進するための方策であることを説いている。すなわち、「自分自身のことがらを管理する場において取って代わられ、またレイト徴収権がレイト納付者の代表者からロンドンにある役所に移管されることに自然な抵抗感をもちながら、〔それでも〕権力が保持されていると認識することは、〔地方〕当局に対するひとつの刺激となるだろうし、またこれら並はずれた権力に対し頻繁に依存することを不必要にするだろう。レイト納付者たちは、ひとたびその任務が必ず実施されなければならないことに確信をもてば、自らその詳細を執行し、支出に対する統制権を行使しようとするだろう。」（*Ibid.*, p. 36）

（19）中央当局が抱える問題については、次の三点に整理されている。すなわち、第一に、集中の欠如である。地方統治の一般的問題は地方政府法担当局が、疾病予防への対応については枢密院が、そしてそれ以外の問題については商務院が所掌しており、相互に関連するはずの政策が有効に機能しない。第二に、中央官吏の欠如である。例えば、地方に対するインスペクションについて、恒常的にそれを行う職員はおらず、単に臨時にあたる少数の職員しかいない。第三に、中央官吏と地方官吏との間における恒常的な公式のコミュニケーションの欠如である。（*Ibid.*, pp. 30–31）

（20）*Ibid.*, p. 30.

（21）*Ibid.*, p. 31.

（22）*Ibid.*, pp. 32–35.

（23）*Ibid.*, p. 71.

（24）*Ibid.*, p. 31.

（25）この結論を導いた王立衛生委員会の考えを紹介しておくと、次のようになる。「最悪の懈怠が拡がっているところや深刻な悪弊が現れているところでは、請願またはその他の手続きがあっても、なかなか動きがでてこないことが、証言や日常的な経験から明らかとなっている。また、死亡率が一定数を超えた場合に中央のイニシアティブの発揮を限定することは、病害の存在を前提にしている。〔しかし〕公的当局の義務は、人口が死によって減少し、疾病によって衰弱死、たえず低劣な身体的条件を伴う貧困や社会的地位によって退廃した後に、遅れてそうした病害を撤廃することではなく、迅速な対応をもって〔事前に〕その病害を防止することなのである。」（*Ibid.*, p. 25）

（26）具体的には、本章第一節註（27）参照。

（27）*2nd Report*, p. 20.

（28）A. V. Dicey, "The Development of Administrative Law in England," *Law Quarterly Review*, vol. 31, 1915.

（29）地方当局の「行政」権に対する権限踰越の法理や信託違反をとおした司法統制については、第二章でも若干言及したところであるが、本来的には、その歴史過程を含めより詳細な検討が必要とされる分野である。ここでは、さしあたり以下を参照。W. I. Jennings, "Central Control," in Laski, Jennings and Robson, *op. cit.*; do., *Principles of Local Government Law*, the 4th ed., University of London Press Ltd., 1965,（以下、Jennings, *Principles* と略す）esp. ch. 9.

（30）*2nd Report*, p. 20.

（31）当時の文献によれば、コモン・ロー上の公的ニューサンスは、「公衆が、あらゆる女王陛下の臣民に共通する諸権利を行使するのに対して、妨害、あるいは、迷惑もしくは損害を及ぼす作為または不作為」をさす刑事法上の犯罪の一つであり、ここには、健康、生命、財産を侵害する行為のすべてが含まれていると説明される（J. F. Stephen, *A Digest of the Criminal Law*, London, 1887, pp. 125, 131）。

（32）　七五年法上の定義をそのまま紹介しておく。

「第九一条　本法の目的にてらし、

一　ニューサンス又は健康に有害な状態にある家屋

二　きわめて不潔である又はニューサンス若しくは健康に有害な状態にあるため池（pool）、堀割（ditch）、道路沿いの溝（gutter）、水路（watercourse）、屋外簡易便所（privy）、小便所（urinal）、汚水溜（cesspool）、排水溝（drain）、灰溜（ashpit）

三　ニューサンス又は健康に有害な状態で飼われる動物

四　ニューサンス又は健康に有害な状態にある堆積物又は沈殿物

五　家族の成員であるか否かを問わず同居人の健康に危険又は有害であるほど過剰収容する家屋又はその一部

六　清潔な状態に維持されていない若しくはいかなる石炭ガス、蒸気、塵芥その他作業の過程で発生する不純物を可能な限り無害化し換気しないため、ニューサンス若しくは健康に有害な状態にある、又は作業が行われるとき人を入れすぎるためそこで働く者の健康に危険若しくは有害な（工場又は製パン所を規制する一般法の適用を受けていない）工場、作業場又は仕事場

七　そこで燃やされる可燃物若しくは蒸気エンジンを動かすために燃やされる可燃物から生ずる煤煙を可能な限り取り除くことをしない炉又はかまど、又は製粉所、工場、染色工場、醸造所、製パン所、ガス工場、その他の製造又は業務

ニューサンスとなりうる量の黒煙を吐き出す（私的な住居の煙突ではない）煙突

以上のものは、本法に規定された様式において略式で処理されるべきニューサンスとみなされる。」

（33）公共事業貸付法（Public Works Loan Act（38 & 39 Vic., c. 89））。
（34）Jennings, *Principles*, pp. 251–252 参照。
（35）本節註（18）参照。
（36）本章第二節註（18）参照。
（37）事実、この代執行権限は一九二九年地方政府法（Local Government Act 1929（19 & 20 Geo. V, c. 17））において廃止され、代わって、地方当局＝ディストリクト参事会（district council）に付与された義務の履行をその上位に位置する地方当局＝カウンティ参事会（county council）に移管する手法がとられることとなった。より詳しくは、Jennings, *Principle*, pp. 252–253 参照。

小　括

本章では、一八世紀における「地方の自己統治」の実態が、様々な社会矛盾に直面することで、そこに内在した致命的欠陥をあらわにし、結果として、新たな方向へと自己展開していく過程を追ってきた。ここでは、その方向を、新しい「地方の自己統治」または「自発性の原則」という用語をもって理解し、その具体的制度を一八七五年公衆保健法に基づき概観した。本論のなかでも述べたとおり、この改革はその後もさらなる制度的整備をめざして進んでいくが、本章では、さしあたり、この段階を、近代的地方政府が本格的に活動を開始する出発点と位置づけてきたのである。

最後に、ここに示される地方自治活動の特徴を、本章の議論をもとにしながら、以下の二点に整理しておくことにする。

第一に、本章の主題とした新しい「地方の自己統治」が示す活動の特徴である。

あらためて説明するまでもなく、これは、一八世紀の「地方の自己統治」が、それと対極にある中央集権体制との対立をとおして登場した地方の統治構造に関するひとつの結論といえる。一八世紀の「地方の自己統治」と一九世紀のそれとは、用語が同じであるという以外に、中央政府の介入を前提とせず、あくまで自律的な統治を行うという点で、一応の共通性をもっている。しかしその一方で、地方の住民生活にかかわる諸問題への対応という点では決定的に異なっている。前者は、その実態において、身分的ヒエラルヒーを維持し上位に位置づく者にとってその権限が最も都合よく編成されており、逆に下位者たる住民は規制の対象とはなっても、その意向やニーズが意識されることはなかった。それに対して、後者では、地方住民の生活に現れた諸矛盾に対して積極的に対応するところに大きな特徴があり、そこでの住民は、もはや単なる規制の対象ではなく、むしろ役務や公物の提供対象となっているのである。

こうした違いが生まれた背景には、近代的地方政府としての性格が大きく影響していると思われる。前章「小括」で指摘したとおり、一八三五年都市法人法が示した地方政府像には、制限された民主主義とはいえその潮流が流れ込み、地方政府は、かつてのごとく「狭量な党派的視点」のみで活動を行うことはできなくなっている。これを本章での脈絡に置き換えれば、地方当局は、未だ相当な財産保有者に限定されていたにせよ、住民の選挙によって選ばれた団体であるがゆえに、常に選挙民の存在を意識し、彼らが抱える矛盾に迅速に対応すると理解できる。この点については、王立衛生委員会が、地方当局を代表団体にすべきと提言したときに述べた理由を想い起こしておきたい。すなわち、「法人化された都市の参事会、四八年法及び五八年法のもとで創設された地方委員会は、当初より代表団体として現れ、既存の諸制定法により規定された数多くの義務を確かに果たしてきた」（傍点引用者）と述べ、代表団体であることの優位性を指摘しているのである。

しかも、一九世紀の「地方の自己統治」のなかでは、同義で用いられる「自発性の原則」が示すように、地方当局に対し、あらかじめ定められた権限だけの行使を要請しているわけではない。地方当局には、「自発性」、すなわち、状況に応じて、自らの判断に基づき、積極的に対応するとの姿勢を求めているのである。そして、その姿勢にこそ、依然として地方当局を構成する「知的で尊敬に足る部分」が、一定の民主主義を念頭におきながら自ら果たす「公的責任」の具体像が込められているといえるし、さらにまた、それが、新しい「地方の自己統治」が示唆する地方当局の活動ではなかったかと考えるのである。

第二に、地方当局に付与された多数の権限に着目しよう。こうした権限の内容から、地方当局のいかなる活動の特徴がみえてくるか。

まず、地方当局の権限について、これまで述べてきたことをまとめておこう。一八七五年段階において地方当局が行うべき統治活動は、王立衛生委員会の説明によれば、「警察」「日常的供給」「慈善的供給」の三種類に分けられ、公衆保健は、「一般コミュニティ」の「維持」を目的とした「日常的供給」に含まれる。それは、七五年法において数多くの権限として規定されているが、本章では、その権限を、統制の違いにより、「裁判所の事前的判断に拘束される権限」と「地方政府庁や裁判所の事後的統制に服す権限」に分類した。むろん、広範な裁量が認められるのは後者であり、数の点で前者をはるかに上回っている。また、後者の領域に対しては、その分類名が示すとおり、地方政府庁や裁判所の事後的統制も行われるが、前章及び本章でみたとおり、その統制は、地方当局の大まかな活動範囲を設定するものでしかなく、範囲内にあれば、地方の自由な活動を尊重するように働いていた。ちなみに、「日常的供給」とはされているが、後者の領域には、上下水道の敷設や保守、家庭廃棄物の除去や便所の浄化など「住民全体に役務や公物を提供する権限」と並び、各家屋への便所や排水設備の設置命令及び代執行、ゴミ置き場の浄化・清浄命令など「住民の人身や財産を規制する権限」も含まれていることには注意しておきたい。

さて、地方当局の権限、とりわけ広範な裁量が認められる権限を整理してきたのは、ここに、地方当局が行使する「行政」権の実態があると考えたからである。本来、国会制定法上の一機関である地方当局が行使する以上、そこに一定の権力性が含まれているはずであるし、またそうであるならば、「法の支配」原理に基づき、そこから恣意性を排除するための統制が加えられるべきである。ところが、そうした統制は必ずしも厳格ではなく、むしろ地方当局の積極的な活動を促進する機能をもっているとすらみられるのである。[1]ではなぜ、そのような対応が生まれるのか。それは、これら地方当局の権限に何らかの特殊な性格が含まれているからなのか。

ここで、上記第一の論点をあてはめると、地方当局に「自発」的対応が求められるのは、それは自律的判断を前提としているだけに、「地方政府庁や裁判所の事後的統制に服す権限」ということになる。そうであるとすれば、この権限に広範な裁量を認め、それに対する統制もあえて厳格にしない理由も、ある程度合点がいくことになろう。「自発」的対応とは、何より、私的要素を含む内在的意思に基づく行為を意味し、それゆえ、ここに該当する権限も、私的な性格を多分に含んでいると理解されるからである。それを外在的に制約することは、「自発」的対応、そしてこの権限行使の存在を、無意味にしてしまいかねない。ここで、前章で確認した都市法人の自治的財政権を想起するならば、その活動の具体像もより明確になる。すなわち、ここで念頭におかれる地方当局の活動とは、広範な裁量の範囲内で、自らの基金に基づき自らの判断に基づいて進んで行う活動という姿になり、それは私人のそれと相当に近くなってくるのである。その活動は、住民全体を対象としているという意味でなるほど公的な性格をもつが、公権力に裏打ちされたものでなかったという意味では私的であり、おそらくは、それが全体として、自治的（municipal）という用語がもつニュアンスを作り上げていたではないかと思われるのである。

以上、これまでの議論をふまえながら、近代的地方政府の活動にみられる特徴をあげてみた。もとより、これらは未だひとつの仮説にすぎず、したがって、今後より豊富な視点から深められるべきと考えている。

註

（1）この点につき、憲法・行政法学者M・ラフリン（Martin Loughlin）の用語を使えば、中央当局と地方当局の関係は、「規制的枠組み（regulatory framework）」というよりはむしろ「促進的枠組み（facilitative framework）」であったし、また裁判所による統制は、「自由主義的解釈アプローチ（liberal approach to interpretation）」であったとなる。M. Loughlin, *Legality and Locality: The Role of Law in Central-Local Government Relations*, Clarendon Press, 1996, pp. 39–50; do., "Restructuring of Central-Local Government Relations," in J. Jowell and D. Oliver eds., *The Changing Constitution, 4th ed.*, Oxford UP, 2000, pp. 138–141.

あとがき

本書では、一八世紀の統治構造を起点にしながら、一九世紀において近代的地方自治制度がそれを土台に形成されていく過程を追ってきた。古いものが幾重にも折り重なり常に緩やかで連続的な変容を遂げるこの国の歴史にあって、近代的な制度が、いかにして、またどのようなものとして作り出されてきたのかという視角に立ち、その問題をできる限り実証的に確かめようとしたのである。これら一連の作業が、従来の研究になにがしかの新たな観点を付け加えるものであったかどうかについては、読者諸賢のご批判を待つしかない。

ただ最後に、これまでの議論を総括する意味を込めて、「序」に付した論点、すなわち、一九世紀に登場した近代的地方自治制度が比較的最近にいたるまで生きながらえてきた事実にかかわり、若干の考えを述べておくことにする。

一九世紀社会における注目すべき点は、大土地貴族を頂点におく旧来の身分的ヒエラルヒーが揺らぎ始めたところにある。それは、権威的支配の構造を払拭するほどの動きではなかったが、それでも、支配のあり方は、かつてと違い、「公共性」の担保をその正統性の根拠とせざるをえなくなった。ここでの「公共性」とは、社会全体に開かれた利益の実現を意味し、その前提に、被支配者に発生した矛盾の克服が、支配者の公的責任として認識されていく過程があった（ちなみに、本書では言及できなかったが、同時期に活発化するチャリティ（charity）の動きもまた、以上での動きと密接な関連性をもつものとみることができるが、その点については、後日を期すしかない）。

新たに登場した地方政府はといえば、こうした「公共性」の内実をめぐり支配者と被支配者とが相克するなかで、両者をつなぐ結節点として機能したと理解することができる。地方政府の活動に近代的な権力性が希薄であることは、その歴史的経緯を含め本論で繰り返し議論してきたことだが、ここでは、そうであったがゆえに、地方政府は、前近代的な権威的支配の構造により補完され、結果として、社会領域における公的責任の観念をも含み込むことになった点に着目しておきたい。地方政府を担う支配者は、選挙民となった被支配者と直接対峙しながら、私的生活領域に拡がった数々の矛盾のうち、地方政府が引き受けるべき問題を確定していくのである。そして、まさにこの過程をとおして、地方政府は、本来的意味における「公共性」を制度的に実現する公的機関となっていくといえる。そこでは、権力性をもつ公的機関が引き受ける問題を「公共性」と理解するわが国のごとき仕方とはまったく別に、「公共性」は社会全体にかかわるからこそ、その問題に対処する機関の公的地位が確保できるという構図が現れてくるのである。

時々の状況に応じて柔軟に対応する地方政府像は、こうした流れのなかで登場するのであり、そして何より、こうした地方自治制度が二〇世紀をとおして維持されてきた秘密の一端は、ここに隠されていると考えられるのである。むろん、その点は、さらなる検証を要する問題ではあるが、さしあたり、ここではこの点をひとつの結論として、考察を終えることとしたい。

さて、本書は、私にとって最初の単著となる。はなはだ拙いものではあるが、上梓にいたるまでには、実に多くの方々からご助力をいただいた。

本書のもとになった論文のうち二本は、私が名古屋大学大学院法学研究科に在学・在職中に書いたものである。当時、右も左もわからなかった私に、学問の作法から、深遠なるコモン・ローの世界を学ぶ喜びにいたるまで、優しく手ほどきしてくださった恩師戒能通厚先生（現早稲田大学教授）には、いくら感謝してもしたりない。生来の怠け者である私が、まがりなりにも研究者として今日までやってこられたのは、公私にわたる先生の暖かいご指導があったからにほかならない。また、先生が長年にわたり主催されてこられた近代イギリス法研究会の皆様からも、本当に多くのことを学ばせていただいた。この研究会には、法律学だけではなく政治学や法制史などを専門とされる方々が全国から集まり、イギリスに関する数多くの問題を夜を徹して議論したことを覚えている。おひとりずつお名前をあげることは避けるが、この場を借りてお礼申し上げたい。

また、名古屋大学の自由な雰囲気のなかで、研究を始めることができたことは、私にとってたいへん幸運であった。特に公法学科の諸先生、諸先輩からは、様々な学問的刺激を与えていただいたばかりか、専門をこえた共同研究の重要性を、研究会の場だけではなく、日常的なふれあいの場をとおして、お教えいただいた。あの時代がなければ、もとより、今日の私はない。計り知れない学恩に、心よりお礼申し上げる。

さらに、職場である神戸大学発達科学部の先生方には、これまでも、また現在も、たいへんお世話になっている。特に、私が所属する社会環境論講座の同僚の方々からは、多様な専門的立場から有用なご意見を常にご教示いただいている。大学院時代と同様、ここでもまた、自由な学問的風土と相互の信頼関係のなかに身を置くことができることは、現在の私にとってかけがえのない財産となっている。好適な研究環境を与えていただいていることに、厚く感謝したい。また、本書の出版に際しても、二宮厚美先生や和田進先生をはじめ講座の皆様から、ことのほか多くのご助力をいただいた。怠惰な私を、時に優しく見守り、時に叱咤激励してくださった。このご恩を生涯忘れることはないだろう。

桜井書店の桜井香氏には、出版事情の悪いなか、快く本書の刊行をおき受けいただき、さらに校正から装丁にいたるまで実に献身的に対応していただいた。あらためてお礼申し上げる次第である。

最後に私事になるが、本書を、四年近く前に他界した母美智子と、今もなおひとり力強く生きる父正夫に捧げることをお許しいただきたい。また、よき助言者として私の研究を支えてくれた妻順子に心より感謝する。

二〇〇五年五月　神戸大学発達科学部研究室にて

岡田章宏

1865年　下水利用法(Sewage Utilization Act 1865(28 & 29 Vic., c. 75))　**232**
1866年　衛生法(Sanitary Act 1866(29 & 30 Vic., c. 90))　**231, 233, 234, 237, 246, 265, 266, 268**
1871年　地方政府庁法(Local Government Board Act 1871(34 & 35 Vic., c. 70))　**249**
1872年　公衆保健法(Public Health Act 1872(35 & 36 Vic., c. 79))　**250, 251, 252**
1875年　公衆保健法(Public Health Act 1875(38 & 39 Vic., c. 55))　**251, 252, 253, 257–266, 270, 271, 273**
公共事業貸付法(Public Works Loan Act(38 & 39 Vic., c. 89))　**271**
1876年　上訴管轄権法(Appellate Jurisdiction Act(39 & 40 Vic., c. 59))　**45**
1888年　地方政府法(Local Government Act 1888(51 & 52 Vic., c. 55))　**251**
1894年　地方政府法(Local Government Act 1894(57 & 58 Vic., c. 49))　**251**
1929年　地方政府法(Local Government Act 1929(19 & 20 Geo. 5, c. 17))　**271**
1972年　地方政府法(Local Government Act 1972(c. 70))　**193**

判例索引

Attorney-General v. Aspinall[1837]2 My. & Cr. 613　**182, 191**
Attorney-General v. Corporation of Lichfield[1848]11 Beav. 120　**182, 192**
Attorney-General v. Fulham Corporation[1921]1 Ch. 440　**193**
Attorney-General v. Greater Eastern Railway Co.(1880)5 App. Cas. 473　**190**
Attorney-General v. Poole Corporation[1838]4 My. & Cr. 19　**182, 192**
Attorney-General v. Wilson[1840]Cr. & Ph. 1　**182, 191**
Colman v. Eastern Counties Rly. Co. Ltd.(1846)10 Beav. 1　**190**
East Anglian Railways Company v. Eastern Counties Rly. Co. Ltd.[1851]11 C. B. 775　**190**
Income Tax Special Purposes Commissioners v. Pemmsel[1891]A. C. 531　**111**
R. v. Local Government Board(1882)10 QBD 309　**193**
Sutton's Hospital Case(1613)10 Co. Rep. 1a, 23a　**104**

制定法索引

1531年　下水法(the Statute of Sewer 1531(23 Hen. 8, c. 5))　**220**

1535年　ユース法(the Statute of Uses 1535(27 Hen. 8, c. 10))　**23**

1540年　遺言法(the Statute of Wills 1540(32 Hen. 8, c. 1))　**23**

1601年　エリザベス救貧法(Poor Relief Act(Statute of Elizabeth)(43 Eliz. 1, c. 2))　**68**

1628年　権利請願(Petition of Rights 1628(3 Car. 1, c. 1))　**39, 61**

1660年　騎士土地保有態様等廃止法(Military Tenures Abolitions Act 1660(12 Car. 2, c. 24))　**23**

1661年　法人法(Corporation Act 1661(13 Car. 2, st. 2, c. 1))　**20, 114**

1673年　審査法(Test Act 1673(25 Car. 2, c. 2))　**20, 114**

1689年　権利章典(Bill of Rights 168)(1 Will. & Mar. sess. 2, c. 2))　**35, 39, 114, 137**

1701年　王位継承法(Act of Settlement 1701(12 & 13 Will. 3, c. 2))　**35, 39, 51**

1832年　第一次選挙法改正法＝国民代表法(Representation of the People Act 1832(2 & 3 Will. 4, c. 45))　**124, 125, 132, 143, 144, 148–150, 155, 159, 168, 170, 186**

国会に奉仕する議員の選挙のための法人財産の充当を防止する法律(An Act to prevent the Application of Corporate Property to the Purposes of Election of Members to serve in Parliament(2 & 3 Will. 4, c. 69))　**125**

1833年　照明及び監視法(Lighting and Watching Act 1833(3 & 4 Will. 4, c. 90))　**189**

1834年　救貧法改正法(Poor Law Amendment Act 1834(4 & 5 Will. 4, c. 76))　**94, 200, 212**

1835年　都市法人法(Municipal Corporation Act 1835(5 & 6 Will. 4, c. 76))　**7, 94, 96–99, 111, 118, 125, 127, 132, 136, 144, 147, 150, 169, 171, 173–183, 190–192, 194–196, 199, 209, 212, 213, 223, 229, 244, 245, 250–252, 272**

1840年　種痘法(Vaccination Act 1840(3 & 4 Vic., c. 29))　**220**

1841年　種痘法(Vaccination Act 1841(4 & 5 Vic., c. 32))　**220**

1846年　ニューサンス除去法及び疾病予防法(Nuisance Removal and Disease Prevention Act 1846(9 & 10 Vic., c. 96))　**220, 222**

1847年　市場及び定期市に関する条項法(Markets and Fair Clauses Act 1847(10 & 11 Vic., c. 14))　**228**

都市警察に関する条項法(Towns Police Clauses Act 1847(10 & 11 Vic., c. 89))　**236**

都市改良に関する条項法(Town Improvement Clauses Act 1847(10 & 11 Vic., c. 34))　**236**

1848年　公衆保健法(Public Health Act 1848(11 & 12 Vic., c. 63))　**94, 183, 201, 205, 206, 211–214, 218, 224, 226–233, 237, 242, 244, 245, 247, 250–252, 254, 267, 272**

1855年　ニューサンス除去法(Nuisance Removal Act 1855(18 & 19 Vic., c. 121))　**220, 232, 237, 238**

疾病予防法(Disease Prevention Act 1855(18 & 19 Vic., c. 116))　**220**

1858年　地方政府法(Local Government Act 1858(21 & 22 Vic., c. 98))　**224–231, 234, 236, 239, 242, 244, 250, 251, 267, 272**

公衆保健法(Public Health Act 1858(21 & 22 Vic., c. 97))　**228**

特別期治安判事裁判所(special sessions)　73, 79, 139, 180
都市社会主義(municipal socialism)　183
都市部
——衛生ディストリクト(urban sanitary district)　250, 262
——衛生当局(urban sanitary authority)　251, 259, 260
——ディストリクト(urban district)　251
特許理論(concession theory)　112, 136
屠場(slaughter house)　202, 213, 261
土木技師(surveyor)　212, 213, 229, 239, 252, 260
度量衡検査官(examiner of weight and measure)　116

な行

内務省(Home Office)　227, 249,
ニューサンス(nuisance)　178, 204, 205, 213, 221, 256, 258, 259, 267, 270
——・インスペクター(nuisance inspector)　213, 221, 248, 252, 260
——当局(nuisance authority)　221, 232, 238, 241
公的——(public nuisance)　258, 269
認可(sanction)　228, 236, 246
農村部
——衛生ディストリクト(rural sanitary district)　250, 262
——衛生当局(rural sanitary authority)　251
——ディストリクト(rural district)　251

は行

パターナリズム(paternalism)　29–31, 82, 83, 89, 97
パトロネジ(patronage)　28, 47, 48, 54, 71, 115, 121, 125, 209
バリスタ(barrister)　155, 214
ハンドレッド(hundred)　69, 75, 76, 99, 100, 108
貧民救済吏(relieving officer)　258
奉行(reeve)　100
不注意(neglect)　204
閉鎖選挙区(closed borough)　48
ベイリフ(bailiff)　101, 116
上級——(high bailiff)　74–76
ベンタム主義　170, 206, 221, 222
封建的附随条件収入管理官(King's escheator)　116
法人基金(corporate fund)　134, 135, 157, 158, 176, 182, 191
法人収入役(chamberlain)　116
法の支配(Rule of Law)　5, 21, 34, 64, 65, 78, 80, 81, 83, 84, 89, 90, 93, 96, 183, 256, 259, 263, 274
北部地方評議会(Council of the North)　66
保健医務官(medical officer of health)　212, 213, 229, 248, 252, 259, 260
保健省(Ministry of Health)　250

ま行

身分的ヒエラルヒー　22, 24–26, 28, 29, 31, 44, 45, 49, 56, 65, 71, 82, 89, 90, 114, 118, 194, 195, 203, 272, 277
「名誉革命体制」　5, 7, 17–19, 25, 40, 50, 65, 78, 89, 118

や行

郵政大臣(Postmaster-General)　54

ら行

リート裁判所(Court Leet)　80, 208, 219
リッチフィールド・ハウスの盟約(Lichfield House compact)　151
立法休止(legislative quiescence)　51, 53, 62, 170
立法権(legislative power)　36, 40, 41, 44, 46, 57
レイト(rate)　3–5, 164, 181, 182, 192, 193, 213, 225, 226, 241, 252, 262, 268

224, 228, 268
——医務局(Medical Department of Privy Council)　228, 249
——議長(Lord President of the Council)　63, 249
——司法委員会(Judicial Committee of the Privy Council)　211
枢密顧問官(Privy Councillor)　67
鋤奉仕保有態様(socage tenure)　23, 100
スコットランド民兵法案(the Scotch Militia Bill)　41
星室裁判所(Star Chamber)　66, 68, 70, 84
聖職貴族(spiritual lords)　25, 27
世俗貴族(temporal lords)　25, 27
絶対的諸権利(absolute rights)　39, 58
訴訟原因(causes of action)　80
ソリシタ(solicitor)　117, 126
村落共同体(vill, township)　99, 108

た行

大権裁判所(prerogative court)　66, 68, 70
大権令状(prerogative writs)　68, 79, 80, 266
大侍従卿(Lord Great Chamberlain)　54
代執行　232, 234, 260, 264, 266, 273
大主教(archbishop)　43, 63
大都市圏カウンティ議会(Metropolitan County Councils)　3
大陪審(grand jury)　74, 75, 77
大評議会(*magnum concilium*)　46, 47
大法官(Lord Chancellor)　54, 71, 117, 143, 160, 191, 220
大法官裁判所(Court of Chancery)　182, 192
大ロンドン都議会(Greater London Council)　3
タウン・クラーク(town clerk)　116, 117, 139, 142, 154, 165, 167, 175, 192
タムワース宣言(Tamworth Manifesto)　149, 159
単一の団体(*un corps*)　103
団体印(common seal)　101, 105
治安官(constable)　69, 70, 72, 74, 77, 80, 177, 180, 189, 258
治安監察官(high constable)　69, 74
治安書記(clerk of the peace)　117
治安判事(Justice of the Peace)　56, 67–80, 84, 86, 88, 89, 93, 96, 103, 117, 118, 123, 127–129, 132–134, 138, 139, 142, 154–156, 165, 168, 175, 177, 178, 185, 204, 244, 251, 256, 258, 259
——嘱任状(the Commission of the Peace)　76, 155
——記録保管官(Custos Rutulorum)　71, 74
——書記官(clerk of the peace)　74, 76
単独の——(single justice)　72, 86–87
複数の——(double justices)　72, 87
地代付封土権地代(fee-farm rent)　101
地方委員会(local board)　229–232, 237, 238, 241, 244, 251, 267, 272
地方委員会ディストリクト(local board district)　251
地方執事(dean)　43
地方政府庁(Local Government Board)　193, 249, 250, 252, 258, 259, 261, 263–267, 273, 274
地方政府法担当局(Local Government Act Office)　216, 227, 229–231, 236, 237, 249, 268
「地方の自己統治(local self-government)」　6, 7, 18, 53, 65, 201, 204, 208, 214, 218, 225, 226, 229–232, 234, 235, 239, 242, 243, 251, 254, 256, 271–273
「地方の自律性(local autonomy)」　18, 95
地方保健委員会(local board of health)　212, 213, 220, 223, 225, 227, 229, 230, 232, 236, 237
中央保健局(General Board of Health)　212, 213, 215, 218, 221, 222, 224, 226, 227, 228–230, 236, 245
長期議会(Long Parliament)　23
徴収請負特権(*firma burgi*)　101
超トーリー主義者(ultra-Tories)　149, 160
勅許状(royal charter)　99–104, 108, 112–116, 121, 136, 137, 153, 155, 162, 169, 170, 186, 190, 209
定期賃借権(leasehold)　23
ディストリクト基金(district fund)　262
統治構造上の習律(constitutional convention)　46, 61, 89
謄本保有権(copyhold)　23, 75

混合統治形態(mixed government)　37, 40

さ行

酒場営業免許付与　73, 155, 156, 165, 168
差止命令(injunction)　182
サットン病院事件(the Case of Sutton Hospital)　104
参事会(common council)　96, 101, 103, 113–117, 122, 132, 133, 139, 154–156, 165, 167, 168, 173–177, 179, 180, 190–194, 204, 212, 220, 228, 229, 241, 244, 251, 252, 255, 272
——員(common councilor)　115, 116, 141, 153, 154, 164, 165, 167, 172–176, 185, 186, 189–191, 195, 234
長老——員(alderman)　98, 113, 115, 116, 121, 164, 166, 167, 173–175, 189, 195
暫定命令(provisional order)　212, 228, 230, 231, 246
——確認法案　230
シェリフ(sheriff)　67, 71, 74–76, 78, 100, 101, 103, 108, 116
ジェントリー(gentry)　25, 28, 33, 71, 78, 88
ジェントルマン(gentleman)　25, 27, 71, 75
四季治安判事裁判所(court of quarter sessions)　71, 72, 73, 74, 76, 77, 78, 79, 81, 88, 93, 117, 138, 142, 155
——外の治安判事(justice out of sessions)　72–74, 76–78
侍従卿(Lord Chamberlain)　54, 63
自助(self-help)　214
市場書記官(clerk of the market)　116
自治革命(municipal revolution)　169
自治主義(municipalism)　209, 210
自治的民主主義(municipal democracy)　124
自治邑(borough)　49, 99–104, 107, 108, 112–117, 121, 142, 153–155, 165, 168, 171–175, 177–181, 186, 187, 190, 191, 196, 212, 255
——基金(borough fund)　177, 180, 192, 196
——記録保管官(recorder)　113, 116–117, 155, 180
——四季治安判事裁判所(borough court of quarter session)　113, 116, 132
——土地保有態様(burgege tenure)　100, 109
——レイト(borough rate)　153, 180, 192, 196
——牢獄管理官(keeper of the borough gaol)　116
市長(mayor)　98, 113, 115–117, 121, 122, 126, 132, 133, 138, 139, 142, 154, 164, 167, 172–176, 180, 186, 189, 192, 204
執行権(executive power)　36, 37, 43, 44, 46, 48, 57
執事(steward)　113, 116
私的改良レイト(private improvement rate)　262
『市民政府論(The Second Treatise of Government)』　36
市民名簿(burgess roll)　172, 175, 180, 189
市民リスト(burgess list)　172
シャイア(shire)　99, 100, 108
——・ホール(shire hall)　75
集合法人(corporate aggregate)　104
収入役(treasurer)　154, 175, 180, 191, 213, 252
自由土地保有権(freehold)　23, 70, 75, 112
自由放任(laissez faire)　214
自由民(freeman)　49, 114, 115, 117, 121, 124, 125, 130–132, 138, 139, 141, 154, 156, 163, 164, 167, 171, 172, 186, 188
巡回裁判(*tourn*)　108
準男爵(baronet)　25, 28, 43
条項法(clause act)　236
上訴(appeal)　183, 264
小治安判事裁判所(petty sessions)　73, 138, 139, 258
——区(petty sessional district)　241
承認(approval)　212, 228, 229, 230, 236
常任上訴貴族(Lord of Appeal in Ordinary)　45
小陪審(petty jury)　74, 75
商務院(Board of Trade)　249, 268
書記官(clerk)　213, 252
職務執行令状(writ of mandamus)　79, 265, 266
庶民院議員選挙管理官(returning officer)　116
侵害事業(offensive trade)　213, 259, 260
信託違反(breach of trust)　182, 190–191, 192, 256, 269
枢密院(Privy Council)　46, 66, 70, 71, 212, 221,

人名索引

あ行

アダレイ, C. B. (Charles Bowyer Adderley)　227, 236, 239
アバークロンビー, J. (James Abercromby)　126
アンダーソン, P. (Perry Anderson)　19, 20, 21, 32
アン女王(Anne)　41, 136
イノセントⅣ世(Innocent Ⅳ)　103
ウィリアムⅣ世(William Ⅳ)　149
ウィリアムとメアリー(William & Mary)　136
ウェッブ夫妻(Sidney and Beatrice Webb)　139, 145
ウェリントン公(Duke of Wellington)　149, 154
エドワードⅠ世(Edward Ⅰ)　136
エドワードⅡ世(Edward Ⅱ)　103
エリザベスⅠ世(Elizabeth Ⅰ)　136
エルドン卿(Lord Eldon)　143, 160, 161
エンゲルス, F. (Friedrich Engels)　201, 219
オコンネル, D. (Daniel O'Connel)　144, 151
オルソープ卿(Lord Althorp)　144, 149

か行

カーナヴォン伯(Earl of Carnarvon)　163
キング, G. (Gregory King)　25
グールバーン(H. Goulburn)　166
クック, E. (Edward Coke)　65, 104, 105
グラッドストーン, W. E. (William Ewart Gladstone)　239
クロムウェル, O. (Oliver Cromwell)　114
コテナム卿(Lord Cottenham)　191, 192

さ行

サイモン, J. (John Simon)　218, 223
ジェームズⅠ世(James Ⅰ)　26, 136
ジェームズⅡ世(James Ⅱ)　136
ジョージⅠ世(George Ⅰ)　43
ジョージⅡ世(George Ⅱ)　43, 220
ジョージⅢ世(George Ⅲ)　43, 48
スタンズフェルド, J. (James Standsfeld)　250
スペンサー卿(Lord Spencer)　149
スミス, J. T. (Joshua Toulmin Smith)　214, 215, 216, 217, 218, 225
スミス, S. (Southwood Smith)　218, 222

た行

ダイシー, A. V. (Albert Venn Dicey)　35, 51, 58, 62, 93, 96, 170, 256
タバーヴィル, A. S. (A. S. Turberville)　45
ダラム伯(Earl of Durham)　127, 168
チャールズⅠ世(Charles Ⅰ)　136
チャールズⅡ世(Charles Ⅱ)　136
チャドウィック, E. (Edwin Chadwick)　206, 208–211, 213, 215–219, 222–224, 232, 235, 247, 248, 250
テイラー, T. (Tom Taylor)　216–218, 223, 225, 231, 233, 236
ディンクウォター, J. (John Dinkwater)　144
トムソン, E. P. (E. P. Thompson)　19–23, 32, 34, 88, 139

な行

ネアン, T. (Tom Nairn)　19

は行

パーキン, H. (Harold Parkin)　28
パークス, J. (Joseph Parkes)　126–128, 133, 145, 146, 167, 168, 188
ハードウィック卿(Lord Hardwicke)　41, 45
バックルー公(Duke of Buccleuch)　209, 210, 222
ピール, R. (Robert Peel)　144, 149, 151, 152, 157–160, 162, 166, 174, 184, 186, 187, 195, 222
ヒューム, D. (David Hume)　59
ヒルスト, F. W. (Francis W. Hirst)　214

フィッツジェラルド卿(Lord Fitzgerald)　163
フィリップとメアリー(Phillip & Mary)　136
ブラックストーン, W. (William Blackstone)　26, 36, 38, 39, 42, 44, 58–59, 97, 98, 99, 105–107, 143, 215
ブラックバーン, J. (John Blackburne)　126, 127, 145
プランケット卿(Lord Plunkett)　188
ブルーム卿(Lord Henry Brougham)　126, 127, 144, 164, 167, 188
プレイス, F. (Francis Place)　127
ヘイ, D. (Douglas Hay)　80
ペイルグレイヴ, F. (Francis Palgrave)　144–146
ヘレフォード主教(Bishop of Hereford)　59
ベンタム, J. (Jeremy Bentham)　90, 156
ヘンリーⅧ世(Henry Ⅷ)　66
ホッグ, T. J. (T. J. Hogg)　127, 128, 144

ま行

マンスフィールド卿(Lord Mansfield)　41
メイトランド, F. W. (Frederic W. Maitland)　52, 142, 190
メルバーン子爵(Viscount Melbourne)　149, 152, 161, 163, 165, 184
モーペス卿(Lord Morpeth)　211

ら行

ラッセル卿(Lord John Russel)　125, 127, 151, 152, 156, 157, 159, 160, 167, 185, 186
ラングデイル卿(Lord Langdale)　192
リンドハースト卿(Lord Lyndhurst)　141, 160–164, 173, 187
レートリッヒ, J. (Josef Redlich)　214
ロック, J. (John Locke)　36–40, 43, 44, 50
ロバーツ, D. (David Roberts)　29, 30

事項索引

あ行

アイルランド
　——移民　202
　——総督(Lord Lieutenant of Ireland)　63
　——分離派　148, 151, 185
アサイズ裁判(assize)　74, 113, 137
　——官(justice of assize)　68, 71, 81, 88
イギリス典型論　22
イギリス例外論(British exceptionalism)　20, 21
移送令状(writ of certiorari)　79, 88
一般ディストリクト・レイト(general district rate)　262
一般法律(public act)　51, 52, 62, 63, 267
医務官(medical officer)　224, 224
医療審議会(Medical Council)　224, 228
インスペクター(superintending inspector)　212, 229, 232, 237, 249
ウェールズ地方評議会(Council of the Wales)　66
　——議長(President of the Council of the Wales and the Marches)　67
ウェールズ辺境地方評議会(Council of the Marches)　66
生まれながらの支配者(natural rulers)　18
エクイティ(equity)　24, 28, 106, 182, 183, 264
エスクワイヤ(esquire)　25, 27, 33
王国軍総司令官(generalissimo)　43
王座裁判所(Court of King's Bench)　67, 68, 70, 79, 80
　——首席裁判官(chief justice)　220
　女王座部裁判所(Court of Queen's Bench)　238, 265
王璽尚書(Lord Privy Seal)　54, 63, 249
王有財産返還請願(monstrans de droit)　45
王立委員会(Royal Commission)(1833年)　111, 125–129, 142, 147, 148, 152, 156, 161, 162, 165, 175
王立委員会(Royal Commission)(1843年)　209, 222
王立衛生委員会(Royal Sanitary Commission)　239, 240, 248, 250, 256, 257, 263, 265, 269, 272
大蔵委員会第一委員(First Lord of the Treasury)　63
大蔵卿(Lord High Treasurer)　54, 144, 220
大蔵大臣(Chancellor of the Exchequer)　249

か行

海軍委員会第一委員(First Lord of the Admiralty)　63
海軍司令長官(Lord High Admiral)　54
会計監査人(auditor)　172, 175, 213
改良委員会(improvement commissioners)　107, 155, 204, 205, 220, 229, 236, 240, 244, 251, 267, 268
カウンティ(county)　29, 47, 49, 66, 67, 70–72, 74, 76–78, 88, 93, 99, 100, 103, 112–114, 116, 138, 154, 155, 177, 241, 251
　——・レイト(county rate)　69, 180
確認(confirmation)　212
確認判決(declaration)　182
囲い込み(enclosure)　52, 119, 202
課税額査定人(assessor)　172, 173, 175
カノン法(canon law)　68, 103
簡易宿泊所(lodging house)　213, 237, 260
官職保有(tenure of office)　55
議会における国王(King in Parliament)　35
騎士(knight)　25, 27, 28, 99
擬制された人格(*persona ficta*)　103
急進派(radicals)　94, 123–125, 127–129, 133, 139, 143, 144, 147, 148–151, 155–157, 166, 167, 183–185, 194
　——主義(Radicalism)　119, 126
宮廷監査官(Controller of the Household)　54

救　貧
——委員会(board of guardians)　241, 244
——官(guardian of the poor)　221, 241, 244, 251
——税(poor rate)　52, 69, 72, 172, 174, 187, 207, 212, 222, 229, 252, 262
——法庁(Poor Law Board)　249
——連合(poor law union)　241, 251
貧民監督官(overseers of the poor)　69, 72, 79, 172, 241
中央救貧法委員会(Poor Law Commission)　206
教　会
——委員(churchwarden)　68, 69
——税(church rate)　68
教区(parish)　68–70, 72, 74, 76, 77, 80, 86, 108, 172, 212, 243
——会(vestry)　220, 241, 244
行政革命(administrative revolution)　94
強制競争入札制度(compulsory competitive tendering)　3
行政法の不存在　65, 93–94, 96, 256
許可(consent)　212, 228, 236
ギルド(guild)　101, 102, 115
——入会料(entrance fee)　102
商人——(marchant guild)　101
均衡した統治構造(balanced constitution)　40
禁止令状(prohibition)　193
クーリア・レーギス(*Curia Regis*)　46, 47, 66
区割り委員会(Boundary Commissioners)　165
クワンゴ(Quangos)　3
軍役的土地保有態様(tenure in chivalry)　23
軍事代官(lord lieutenant)　66, 71, 78
軍事大臣(Secretary at War)　54
警察(police)　132, 134, 154, 156, 177, 185, 236, 253–255, 259, 265, 273
継承的財産設定(settlement)　52
厳格継承的財産設定(strict settlement)　24
婚姻継承的財産設定(marriage settlement)　24
警備長官(Earl Marshall)　54
下　水
——委員(commissioner of sewers)　261
——当局(sewage authority)　232, 237, 241
権限開示令状(*quo warrant*)　112, 113
権限踰越(*ultra vires*)　4, 181, 183, 190, 191, 256, 269
検屍官(coroner)　100, 116
公安委員会(watch committee)　176–178, 189
公益遺贈(charitable bequest)　121, 143
公益信託(charitable trust)　106, 110, 111, 128, 132, 158, 182, 191
——基金(charitable fund)　154, 158
公開審問(public inquiry)　126, 212
公共事業貸付委員会(Public Works Loan Board)　263
公衆の受託者(trustees for the public)　129, 134, 135, 196, 197
公　道
——委員会(highway board)　220, 244
——監督官(surveyors of highway)　69, 70, 72, 79
——区(highway district)　241
——レイト(highway rate)　262
港湾海事裁判所長官(admiral of the port)　116
国王大権(royal prerogative)　42, 44, 141
直接的大権(directive prerogative)　42, 44
付随的大権(incidental prerogative)　42, 43
国王の裁可(royal assent)　41
国王評議会(Council of Crown)　44, 46, 47
国璽尚書(Lord Keeper)　63
告知令状(*scire facias*)　112
国務大臣(Secretaries of State)　54, 63, 64, 236, 238, 249
国会主権(Parliamentary Sovereignty)　4, 5, 21, 34, 35, 41, 49–51, 58, 89, 96, 170
個別法律(private act)　51, 52, 62, 63, 105, 107, 111, 117, 121, 153, 154–155, 169, 186
——案(private bill)　41
地域的——(local act)　52, 121, 204, 220, 230, 231, 236, 261
人的——(personal act)　52
コモン・ロー(common law)　44, 66–70, 79, 80, 90, 99, 100, 102, 104, 110–112, 143, 155, 156, 169, 178, 183, 196, 258, 269

岡《おか》田《だ》章《あき》宏《ひろ》

1955年　名古屋に生まれる
1980年　名古屋大学法学部卒業
1986年　名古屋大学大学院法学研究科博士課程修了
名古屋大学法学部助手，神戸大学教育学部講師を経て，
現　在　神戸大学発達科学部助教授
専　攻　イギリス法・比較社会規範論
主要論文
「近代的地方自治制度」「現代地方自治の構造」「地方財政システム」（戒能通厚編『現代イギリス法事典』新世社，2003年）
「イギリスにおける『市民的公共圏』の現代的変容」（森英樹編『市民的公共圏形成の可能性』日本評論社，2003年）
「『公私協働』の政策動向」（室井力編『住民参加のシステム改革』日本評論社，2003年）

近代イギリス地方自治制度の形成

2005年7月5日　初　版

著　者　岡田章宏
装幀者　林　佳恵
発行者　桜井　香
発行所　株式会社 桜井書店
東京都文京区本郷1丁目5-17　三洋ビル16
〒113-0033
電話（03）5803-7353
Fax　（03）5803-7356
http://www.sakurai-shoten.com/
印刷所　株式会社 ミツワ
製本所　誠製本株式会社

© 2005 Akihiro Okada

定価はカバー等に表示してあります。
本書の無断複写（コピー）は著作権法上での例外を除き，禁じられています。
落丁本・乱丁本はお取り替えします。

ISBN4-921190-30-5　Printed in Japan

重森　曉
分権社会の政策と財政
地域の世紀へ
集権の20世紀から分権の21世紀へ
Ａ５判・定価2800円＋税

槌田　洋
分権型福祉社会と地方自治
自治体の再生に向けた改革課題と方向を提示
Ａ５判・定価3200円＋税

二文字理明・伊藤正純編著
スウェーデンにみる個性重視社会
生活のセーフティネット
福祉社会の最新事情を７氏が多彩に報告する
四六判・定価2500円＋税

エスピン–アンデルセン著／渡辺雅男・渡辺景子訳
福祉国家の可能性
改革の戦略と理論的基礎
新たな，そして深刻な社会的亀裂・不平等をどう回避するか
Ａ５判・定価2500円＋税

エスピン–アンデルセン著／渡辺雅男・渡辺景子訳
ポスト工業経済の社会的基礎
市場・福祉国家・家族の政治経済学
福祉資本主義の３類型論を新展開する1999年作品
Ａ５判・定価4000円＋税

成瀬龍夫
総説 現代社会政策
社会政策の過去と現状，そしてこれから
Ａ５判・定価2600円＋税

桜井書店
http://www.sakurai-shoten.com/